香港浸會大學
饒宗頤國學院 編
陈致 主编

吾兼問
問學集

海内外文史
暨汉学名家访谈录

南京大学出版社

不容於世但見君子兼善過頭須妨小人陳諍敢極无凡命乎辛卯子远

序言　006

正确的问题、诗意的注释 —— 专访王安国教授　014

从边缘解决中心问题 —— 专访瓦格纳教授　050

汉学、伯克利与六十年代 —— 艾兰关于学生时代的回忆　062

女性、八卦、文本史：中古文学的新兴领域 —— 专访美国汉学家艾朗诺教授　092

从中国艺术了解中国政治 —— 专访美国汉学家包华石教授　104

上古汉语的构拟与重建 —— 专访毕鹗教授　118

入乎老庄，出乎百家 —— 专访刘笑敢教授　130

在二十一世纪阅读中国古典文学 —— 专访美国汉学家宇文所安教授　148

中西对话的拓荒者：哲学与汉学之间的比较哲学家 —— 专访安乐哲教授　164

谈情说幻、论文衡史 —— 专访哈佛大学李惠仪教授　180

选择学术就是选择一种生活方式 —— 专访陈剑教授　194

以经学为一生志业 —— 专访林庆彰教授　208

早期中国考古学访谈略要 —— 专访罗泰教授　226

文章辉五色，心迹喜双清 —— 专访袁行霈教授　240

中国的迷信、理性与其预测文化 —— 专访德国汉学家朗宓榭教授　256

化民成俗：点亮中华传统文化的灯塔 —— 专访龚鹏程教授　270

我的求学、治学与教学 —— 专访蒋寅教授　284

"道枢"之道 —— 专访傅熊教授　300

编后记　314

序言

本书题为《容兼阁问学集——海内外文史暨汉学名家访谈录》，由香港浸会大学饶宗颐国学院编辑，由我组织编纂。关于书名的由来，因我们以"容兼阁"命名国学院一隅，这里有部分学院藏书，以及我和国学院部分同事的研究室。在2013年国学院成立之初，香港中文大学何文汇教授曾经书赠一幅对联："不容然后见君子，兼善仍须恕小人。"两句话中前一句出自《孔子世家》，是夫子忧道之不行，颜回宽慰之语。两句话颇获我心，故一直挂在我的办公室里，常用以自励。但以"容兼阁"命名此访谈录，一方面考虑到许多访谈确是在此进行，另一方面亦取"存异能兼，有容乃大"之意。表明学问之道，乃"殊途而同归，一致而百虑"。本文集既有海内文史方面的学者的访谈，也有海外汉学研究名家的访谈，就是体现了这一用心。

说到这里，不禁想到了一件轶事。2013年1月23日，浸会大学饶宗颐国学院在饶先生关怀下正式成立。成立当日，我召集了一个"国学与汉学国际论坛"的国际会议，邀请了海内外著名学者，如袁行霈、倪豪士（William H. Nienhauser）、林庆彰、夏含夷（Edward L. Shaughnessy）、葛兆光、叶翰（Hans van Ess）、稻田耕一郎、傅熊（Bernhard Führer）、大木康、黄朴民、朱汉民和何俊等教授。论坛大家围绕着学术的目的、国学的概念以及国学与汉学的异同等问题展开了讨论。说到国学院的名称，何俊教授特别提到"饶宗颐国学院"的英文名叫"Jao Tsung-I Academy of Sinology"，这个英文翻译非常好！"不直接翻译国学院，而是另外用了Sinology这个词，可见饶老的用心。"我没有说明。实际上，这个英文名称虽然为饶老认可，却并不是饶老起的。最初考虑饶宗颐国学院的英文名的时候，特别是在国学一词上，我们碰到了难点。显然不能直译作"National Studies"，或"National Learning"。我和浸会大学的同事如汉学家费乐仁（Lauren Pfister）教授、英文系主任杨忠（Stuart Christie）教授曾反复讨论，考虑过"Chinese Classical Learning"，然而最终还是放弃了。后来，考虑到 Sinology 是指国外学者研究中国的学问，特别是传统中国的文化的学问，我们决定英文名就叫"Jao Tsung-I Academy of Sinology"，这恰恰符合我们建立国学院的初心。首先，饶先生本人学贯中西，不唯在传统文史领域成就卓著，在西方东方汉学界也是建树非凡，具有广泛的影响。欧洲汉学家，特别是颇有渊源的法国汉学家都视先生如山斗；其次，国学院成立之初即定位要在香港这个东西荟萃、中外兼容之地建立一个沟通中外学术之津梁，其所专注的领域当然不只是传统的中国文史哲而已，也要推动海内外汉学研究，传播中华文化，建立传统文史学者与海外汉学家群聚论学、切磋琢磨的福地。

最初，我曾向陈新滋校长建议成立"饶宗颐人文学院"，但考虑到国人的认可度，最终还是定名为"饶宗颐国学院"。自二十世纪初章太炎等人提出"国学"的概念，"国学"多用以说明国人治中国之学问；而"国学"一词，最初是从日本舶来。在日本，原是说日本国的学术，讲日本的神道、日本的文学，日语读法为"koku-gaku-sha"，就是"国学者"的意思。在十八九世纪非常活跃的反中国朱子之学、阳明之学的思潮支配下，日本人的本土意识兴起而出现。清末中国学者游日本者很多，不知不觉地就将这个词借用过来了。同时"国粹"也是从日本来的。日本人在十九世纪晚期用"国学"或"国粹"已不再针对中国儒家，而是与西方的学术相抗衡。香港城市大学王小林教授有专著讨论日本国学的渊源问题，明辨洞察，足资参考。清末民初中国学者借用这两个名词都是为了与"西学"互相沟通。中国学者当时用"国故"一词，可以章炳麟《国故论衡》为代表。胡适在 1922 年北大《国学季刊》发刊词上就讲国学是"国故之学"。而"汉学"(Sinology) 一词，则本为西方近代学术对中国学的统称，其词义泛化之后，则泛指中国以外（包括日本、韩国等欧美以外的国家）的学者研究中国传统学术之学问。近年来，随着中国国际地位的提升，加之中国大陆经济的迅速发展、政治的渐近开明，学术界及整个社会都掀起了空前未有的"国学热"和"汉学热"。

我认为国学热在学界其实需要冷却一下。事实上，我们的国学研究有很多问题还未厘清。首要的一个问题是国学的学科界定问题。我们现在所说的"中国文学"、"中国历史"和"中国哲学"这些学科，是自晚清以来，1905年科举制度废除以后，采用了西方的学科分类。由西方传入日本，然后传入中国。现代的一门学科，如果要界定的话，我想它应该有一定的畛域，有某些基本的原理和一些核心的概念。如果我们把"国学"作为一门单独的学科提出，一定会面对下列问题：

一、它跟文学、哲学、历史这些既有学科之间如何划定，如何界分？我们知道，学术分科是不宜重叠的，因为重叠的分类在逻辑上就没有意义。而"国学"从狭义上说，是清末民初章太炎、黄侃、刘师培他们所推重的始自清初、盛于乾嘉时期，重声韵训诂的经典诠释之学。其与所关涉的领域，包括语言学、文字学、文学、历史学、哲学，怎么能区隔开呢？广义的国学更不用说了，凡是研究中国传统文化的都可以称之为"国学"，这一概念至大无外，那么其作为一门学科的界限和独特的方法又是什么呢？

二、"国学"的概念本身也是外来的，舶自我们的东邻日本。换句话说，每一个有自身传统和历史的民族都可以宣称有自己的"国学"。那么是否都应该在既有的现代学科之外，再设一个"国学"？这个也是我们应当思考的问题。

仅就学术研究而言，对于中国传统文化的研究，我觉得中西方学术研究在目的和方法上有些微的差别。中国的学者一般是以解决问题为目的。面对一个问题，学者写了一篇文章以后，就认定问题已解决了。一般谈论文章或研究好坏的时候，往往是以对错作为标准的。我说的这个是对的，你就是错的；或者你是对的，我就错了。研究历史问题、评价历史人物往往以进步、落后作为标签。这更倾向于一种价值判断（Moral Judgment）或者是事实问题（Factual Matter）。而西方学者的研究文章似乎不是以是非对错来作为终极的判断、最后的追求，而是追求一个复杂性（Complexity），更重视学术研究上概念化（conceptualization）的过程。比如说，是不是有足够的证据，这个证据是不是能够形成因果链、证据链，能不能够说明一个问题。我想同样不能用优劣对错来评判中西学术的异同，二者之异恰恰可以互相借鉴。基于道德和事实的判断往往有其局限性，如时代取向、个人性情、知识背景、意识形态等的主客观局限，而单纯追求复杂性，也有可能囿于预设的问题，偏离对象超验的思考。

　　有些西方学者的问题，往往是费尽九牛二虎之力，建构了一套说法和解释理论之后，最终却可能脱离了对象的实际。这也许如古人所说的"七宝楼台"，拆碎下来不成片段，或者如钱锺书先生所讥："盖了个漂亮的大房子，但是没人能住。"

　　但同时有很多海外汉学家的研究也是颇能启发人的思考的。如西方研究甲骨文的最重要的学者吉德炜（David N. Keightley）教授在甲骨文研究上有很多新说，我想可能现在中国学者还不能接受。其中，他有一个新说是关于商王的名号。我们都知道商王的名号，像帝乙、帝辛、祖甲、盘庚、武丁等。商代先公先王名号有一个特点，一般前面的一个字是"祖"或者"父"或者"兄"，都是辈份的标识，后面的字是甲、乙、丙、丁等十个天干之一。像帝辛，就是商纣王，商朝的最后一个王，他的父亲叫帝乙，再往上是祖甲、祖丁等，都是商朝贵族的名号。中国学者都认为商王名号是商王本人生前就这么叫的，生前叫祖丁，名号就是祖丁，后来就记录在司马迁的《史记·殷本纪》里。《殷本纪》里记录的这些名号恰恰跟考古发现的甲骨文对应起来，这是王国维的一大发现。王国维的《殷卜辞所见先公先王考》，发现甲骨文上面的名号跟《史记·殷本纪》的商王名号基本可以对应，少数有一些差别，但是确实无疑商王名号就是祖丁、祖乙那些名字。可是吉德炜教授换了一个角度，说祖乙时代是商朝贵族中心的时期，主管祭祀的商代贵族们在努力建构一套祭祀系统，那就需要先王的名字。但是先王早就死了，根本不知道他们的名字，生前的样貌更无从了解。于是，他们就按照记事的时间、位置来为先王起名。比如说把祖丁、祖乙、沃丁、沃甲等排列出来，事实上跟他本人生前叫什么名字是没有关系的。吉德炜教授的这篇文章认为商朝的贵族更关心当时社会的秩序和阶级状况，对于祖先的容貌和做过的事情根本不在意。这个情况跟希腊不一样，希腊有几万个人的塑像，跟生人的样貌是有些模仿的。中国对以前古人的面貌不是很关心，只是关心当下的社会秩序和阶级。而这种思维方法又影响到后世。这篇文章，我请周昭端博士把它翻译成中文，收入我编辑的《当代西方汉学研究集萃》（上古史卷）。商王的名号完全是虚构的这个说法，应该很难被中国学者接受。但是，这是从另一个角度去看问题，很难用是非对错来看待这一篇文章。从学术的角度来说，我认为这是一篇很精彩的文章，吉德炜从一个全新的角度，提出了另外一个可能。从科学研究的基本方法来看，提出假说（hypothesis），试验对错（testing true or false），这是一篇结构完整的学术论文。当然，最终的结论还有待于更多的证据呈现。汉学和国学之间的差异还是比较明显的，我认为有差异不是坏事，有差异正好可以互相借鉴，互相学习。

七年多以来，通过国学院同仁的不断努力，以及浸会大学同事、海内外学者的鼎力支持，国学院已经发展为海外研究中国传统文化的一个重镇。其间有影响的国际学术会议办了几十场，来国学院访问、客座、参加会议陆港台及各国学者更是不计其数。国学院又出版中英文学术著作数十部，并且创办了中英文文章兼收的《饶宗颐国学院院刊》，已出版至第七期。国学院也培养了多名港澳台和欧美籍的博士研究生、博士后。记得国学院成立的第三年，2015年，台湾"中央研究院"的林庆彰教授曾为国学院写下这样一段话：

近年中国因经济发达，国民自信心恢复，国学再度受到重视。各地纷纷设立国学院，多至数十家。大部分的国学院我都参观过，其中最具规模，最有前瞻性的就是香港浸会大学饶宗颐国学院。院长陈致教授年轻有为，善统筹规划，活力十足。该院在陈院长引领下已初见规模，正朝着国际汉学的研究大方向前进，收集世界各国汉学著作，甚见用心，现已有硕博士生数人、博士后研究人员数人，相信不久的将来，必成为世界汉学研究的重镇。

同年芝加哥大学的夏含夷（Edward L. Shaughnessy）教授来参加饶宗颐先生百岁华诞的庆祝活动，也曾留言道：

In celebration of Professor Jao Tung-i's 100th birthday, it gives me great pleasure to salute the accomplishments of the Jao Tsung-I Academy of Sinology at Hong Kong Baptist University. In the two short years since its establishment in 2013, JAS has already proven itself to be the most active center in Hong Kong for the study of all aspects of traditional Chinese culture, a fitting legacy for Professor Jao. I look forward to many more accomplishments in the years to come.

两位学者语中多赞赏鼓励之辞。而这几年下来，通过国学院同仁的不懈努力，也的确不负所期。

本书精选十余篇访谈稿。受访学者中既有中国传统文史领域的大家名宿如袁行霈教授、龚鹏程教授、林庆彰教授、刘笑敢教授、蒋寅教授、陈剑教授等；亦有海外著名汉学研究专家如安乐哲（Roger T. Ames）教授、宇文所安（Stephen Owen）教授、包华石（Martin Powers）、艾兰（Sarah Allan）教授、艾朗诺（Ronald Egan）、罗泰（Lothar von Falkenhausen）教授、李惠仪教授、毕鹗（Wolfgang Behr）教授、朗宓榭（Michael Lacner）教授、傅熊（Bernhard Führer），以及去年刚刚去世的瓦格纳（Rudolf Wagner）教授等。这些学者大多数都因不同的缘由与国学院结缘，有的来参加国际会议，有的在国学院客座访问。访问他们的多是国学院的博士生和一些学界的年轻学者。其中有些访谈是在这些学者滞留香港期间做的。其实，国学院组织的这一类访谈还远不止收入本书的这些，其中很多都已经发表在《国学新视野》不同的卷期。这一卷访谈录，内容不仅涵盖了各位受访者所专精的学术领域，亦包括了学者们丰富的个人求学、治学与教学经历。本书通过"访谈录"这样一种极具亲和力的对话文体，将名家们的治学经验与心路历程呈现在读者面前，以期为中国传统文化与世界汉学感兴趣的人士带来启发和思考。

想起这些年来，国学院同仁所做的这一切，思想交织、学者云集，其成绩方诸古之梁园、稷下，亦不为过。真有"瞻彼淇奥，绿竹猗猗"之盛。而近年来，疾疫流行，国际形势又朝着不可逆知的方向发展，真令人不胜扼腕。曾经和友人戏说2020年的关键词好像是"孤立"（isolation），小而至个人，大而至国家，都要孤立、隔离（quarantine），希望未来说起饶宗颐国学院的时候，不会是"玉盎诗酬成永跋"，回首前尘的感觉。

陈致

2020年8月12日，序于珠海榆栈隔离第7天

正确的问题、诗意的注释
——专访王安国教授

访问：黄冠云　文字整理：戚轩铭　校订：高峰枫　翻译：郭倩梦

王安国（Jeffrey Riegel）教授

美国加州大学伯克利分校东亚语文学系荣休教授，亦是澳大利亚悉尼大学艺术和社会科学学院荣休教授。他是古根海姆奖学金（1986）、蒋经国基金会高级学者研究基金（1999）和澳大利亚研究委员会"发现项目"基金（2010）的获得者，也是《吕氏春秋》（2001）和《墨子》（2013）的英文翻译者（与John Knoblock 合作）。他撰写了许多有关中国思想、文学与考古学等多个领域的文章，发表在《古代中国》《哈佛东亚学报》《美国东方学会学报》等处。他参与制作的纪录片曾于美国的历史频道与探索频道、英国BBC频道以及中国中央电视台播出，题材包括秦始皇陵、紫禁城、孔子的生活与思想以及江苏徐州出土的楚王东汉墓。目前正在撰写关于清代学者梁玉绳的专书。

黄冠云

美国加州大学伯克利分校历史学系学士及东亚语文学系硕士，芝加哥大学东亚语文学系博士，现任香港城市大学人文社会科学院中文及历史学系助理教授。研究领域为先秦秦汉出土文献、经学与国际汉学，曾于《汉学研究》、《中国文化研究所学报》、《简帛》等期刊发表多篇论文，目前正在撰写关于郭店竹简的专书。

戚轩铭

现为亚利桑那州立大学东亚语言与文明博士候选人。研究兴趣涵盖中国古代思想史、手钞本研究与数字人文学。过去曾在不同学术期刊发表书评数篇，并每年为《朱子学年鉴》撰写有关美国朱子研究的报告。

高峰枫

北京大学外国语学院英语系教授、系主任。北京大学英语系学士、硕士，美国加州大学伯克利分校比较文学系博士。主要研究领域为早期基督教、圣经与西方思想传统。代表论著有《古典的回声》（浙江大学出版社，2012 年）、《古典的回声 二集》（浙江大学出版社，2016 年）等，文章发表于《国外文学》、《中山大学学报》等刊物。

郭倩梦

香港浸会大学饶宗颐国学院在读博士，研究方向为清代文学，目前主要从事清世宗御制文集的研究。

黄 _ 黄冠云

王 _ 王安国

黄：王教授，谢谢您接受此次访谈。我首先想问，您是如何对中国研究产生兴趣的？

王：很简单。1963—1967 年期间，我在迈阿密大学读本科时，就从约翰·诺布洛克（John Knoblock）的课程中受到极大影响。他开了一门关于中国思想的讨论课，当然我们主要读的是英译本——其中包括华兹生（Burton Watson）刚出版不久的《荀子》、《墨子》和《庄子》等各种精选章节的译本。作为初学者，我们被深深地吸引住了。引人入胜的文本佐以绝妙的英译，辅之诺布洛克的指导，我对古代中国思想最早的兴趣也由此而生。

我记得很早时，我在考虑是否要考中文领域的研究生，诺布洛克对我说，这可是一个巨大的挑战。他直言不讳道："因为你根本不了解中国历史上发生了什么。"他是说，我对中国历史上发生了哪些事，无论是通史还是断代史，全无了解。他认为我需要大量补课、大量阅读才能顺利读完研究生。

但是他对我的想法十分支持。对我这样准备不足的学生而言，当时的情况还有比现在更多的可能性。现在要做研究生，本科阶段所需要的正规训练，比我当时多得多了。当时我并不具备这些条件。

在我大四那年，1966—1967 年，迈阿密大学首次开设了中文课程。因此在我的本科阶段，我最终只学习了一年中文。这门课是罗慕士（Moss Roberts）教授教的。他的著述广为人知，不过最闻名的还是他后来翻译的《三国演义》。当时他很年轻，刚从台湾留学回来，并在哥伦比亚大学获得了博士学位。他的汉语水平很高，但中文毕竟不是他的母语，因此我们在训练中更注重阅读、字符识别和词汇记忆。当时的教科书并不完善，许多优秀老师不得不另起炉灶，自编教材。罗慕士用的是耶鲁大学的一套教材。许多人都用这套教材来学习中文，我们也不例外。但对我而言，主要还是侧重于背汉字。我准备了很多盒词汇卡片，经常复习。我对词汇的掌握还不错，但理解长句方面就非常薄弱了。

第二个学期，罗慕士开了一门关于中国古代文献的课程，还是用英译本。那是我第一次钻研《论语》，这也是罗慕士的兴趣之一。我至今仍记得他当时用的是理雅各（James Legge）的版本，里面有中文原文、理雅各的翻译和注释，很大程度上是基于朱熹的注释。罗慕士自己很喜欢尝试用其他方式来解读《论语》。在课堂上，他详细介绍了《论语》的相关段落，并让我们充分讨论。罗慕士对文本各方面的知识都十分精通，现在回想起来，我当时并没有认识到那些我后来发现的疑难之处。对学生们从各方面提出的问题，他都一一作答。我所受的训练（如果还能称得上是训练的话）可以说融合了诺布洛克和华兹生的翻译，以及罗慕士的汉语教学。后来我还是向研究所提交了申请。

我被耶鲁拒绝了。哈佛录取了我，但前提是我需要先进入一个特殊的项目。他们正准备建一个教育学院，如果我想作一些中文方面的研究也无妨，因为他们正试图推动一个可以有不同专业侧重的教育学学位的计划。我考虑了一下。我想，这样就可以上哈佛了。以我有限的经验而言，哈佛当然应该去。我同时也申请了斯坦福大学。我可能也申请了伯克利。如果我申请了，那我就没有被录取，我确实记不太清楚了。但我可以确定的是，我申请了斯坦福。结果我不仅被录取了，还获得了令人满意的奖学金，可以确保四年的学费和其他开支。这让我感到非常惊喜。不用说了，有这样的结果，哈佛对我来说就不再那么有吸引力了，因为我被斯坦福的亚洲语言系录取了，还有优厚的奖学金。从我申请到被录取，我都不知道哪些老师在此任教。我来此就读，仅仅因为这是斯坦福，因为我知道这是一所名校。还有个原因，就是它位于加州，一个充满异国情调的地方，更不用说我还拿到丰厚的奖学金！

黄： 您当时知道倪德卫（David Nivison）和丁爱博（Albert Dien）两位先生吗？

王： 不，我申请的时候并不知道。作为一名本科生，我还没有接触很多关于中国的研究著作。当我来到斯坦福时，丁爱博正向学校请假，在哥伦比亚大学任教，还没回来。直到1969年他才回来。那时我已经跟随倪德卫写了我的硕士论文，因为我在第一年就上了他的文言文课。

还有谁在那儿呢？韩南（Patrick Hanan）、刘若愚（James Liu）、艺术史系的苏立文（Michael Sullivan）。我被录取后，就开始关注有哪些老师在斯坦福，还查阅了他们的著作。我感到异常兴奋，希望接下来可以跟他们所有人学习。我并不知道具体要学什么，只知道，我要研究古代中国、古代的哲学家。我在迈阿密大学读的是哲学专业。我不是很擅长西方哲学，但我仍以荣誉成绩毕业。我对美学感兴趣，上过美学的讨论课。

当然，刘若愚研究的是诗歌、诗学和文学美学。我想跟他学习，但我们的关系有一些问题，因为我有点儿咄咄逼人，而且爱争论。现在回想起来，我觉得有些羞愧。他容忍了我的许多行为，如果换成我是老师，我就无法忍受。然而，刘若愚本人有时也极具挑衅性，而且好辩。我有一部分是以其人之道还治其人之身，但是我自己也一定够让人讨厌的。有许多事情我感到后悔，而且我的课堂表现并不令人满意。但从另一方面讲，我从刘若愚身上学到了很多东西。这些课程很有启发性，也许正是因为我们这些争论。事实上我真的很投入其中。而且我觉得我在他课上写的有些论文很棒。

黄： 这些是关于中国诗歌的课程？

王： 是的，主要以唐代为主，他研究的就是这个领域。还有文学批评的讨论课，以及本科生关于中国文学史的小班课程，这些都会涉及文学理论。那是刘若愚的专长。当时他已经完成了《中国诗学》的写作，并已出版。刘曾在牛津大学读书。在美国时，他曾在芝加哥大学任教，后来从芝加哥转到斯坦福，正好是我在斯坦福读研究生的第一年。刘还从芝加哥大学带了一两个学生过来，他们是高年级研究生。

我还上了苏立文的课，但表现不好。我对中国青铜器很感兴趣；我还在迈阿密读本科时，就对几个画家产生了兴趣。但仅仅追随自己的兴趣，并不能上好苏立文开的课。而且我的表现也不是那么规规矩矩的。结果，我的整体成绩不好，但苏立文却对我极为友善。

我在第一学期表现得并不理想，部分原因是我的语言能力有限。我们当时正在学文言文。毫不夸张地说，我每天会花八个小时，来准备一周三节、一节一个小时的文言文课。我们的第一位文言文老师是韩南，那一年他还兼任系主任。他听说我在苏立文和其他老师的课上表现不是很好，就把我叫到办公室，问我："你为什么表现不好？"而我答道："嗯，我对这个和那个不太感兴趣。"他说："如果你先确定了什么有趣、什么无趣，那你就没法读研究生。不管你是否有兴趣，你必须尽力去做好每件事情。"他直言不讳，我也就接受了他的意见。我意识到我必须更有责任感。但这可不是一件容易的事，因为我对某些事很有兴趣是出于我的无知，然而有些事我毫无兴趣。我只想做自己感兴趣的事情，无法拿出精力来做其他所有的事。

刚才说过，我在本科阶段接受的中文训练极其有限，但我对中文有极大的兴趣。我一直努力着。第二年夏天，我们需要开始学习日语，我热情很高。我学日语非常努力。我的日语没有那么好，但是学习语言的挑战以及日语本身的魅力却让我非常痴迷，我对它的热情一直未减。

但是，总体而言，我并未拿出学生应该有的最好的态度。我想早点锁定注意力。而我来这里却是为了接受更广泛的训练。我最后做到了，因为这是要求。在中国历史和人类学方面有一些必修课，我也上了。我想其中有一部分是我的兴趣所在。毕竟我读的是斯坦福大学，这里的中文专业和其他领域都是一流的。做中国研究意味着要上不同系的课，像人类学、艺术史、历史学、语言等。但我从迈阿密大学毕业，对这些领域，像人类学、历史学等等，了解极为有限。因此可以说，我的专注和视野狭窄恰恰是一种自我防御。换言之，我试图去做一些让我觉得有信心的工作，而不是去处理那些我没有信心的事情。我对这些事情颇为防备。我花了很多年，才真正学会更加开放。我的意思是，作为一个研究生，我的策略是尽可能缩小范围，将精力聚集到我真正感兴趣的事情上。我很幸运。如果换个地方，他们可能会把我轰出去。但刘若愚很有耐心，倪德卫也是。他们没有放弃我。他们看到了一些什么。这并不是说他们降低了要求。他们所有人，刘若愚、倪德卫，还有后来的丁爱博，他们所有人差一点就对我大喊大叫了。他们都直截了当地指出我的缺点和我所需要改进的地方，一而再再而三。这些都是很严肃的批评，但我还是太年轻，没有意识到问题有多严重。我最后说："好的，我会照做。"但是没有完全理解我需要怎么做才符合他们的期望。我尽力做好把博士念完。

在斯坦福最初几年，从 1967 年到 1970 年，我和约翰·诺布洛克保持密切联系，他夏天总到斯坦福来。我在那里的时候，他已经开始做《荀子》方面的研究。关于我的研究方向，我们讨论了很多，但这样做可能效果不好，因为这让我的研究视野比较狭窄。我实际上依靠诺布洛克，他告诉我该做些什么，而没有利用我身边那些斯坦福老师所具有的渊博的专业知识。我好像过着一种双重人格的生活。换句话说，我还是我，但我体现了诺布洛克可能会感兴趣的一些题目。我用这些代替了我自己，以此发展我自己的兴趣，但我最终选择的道路肯定还是和我自己真正的兴趣相吻合的。

我记得是诺布洛克最早向我介绍前苏格拉底学派（Pre-Socratic）的哲学

残篇，以及德国学者赫尔曼·亚历山大·迪尔斯（Hermann Alexander Diels）的辑佚著作。我记得当我从他那里了解到这些时，我深受触动。从文本中提取古人思想的残篇，然后整合你对这些作品的意见——这个思路让我觉得是一件很奇妙的事情。这是很久以前的事情了，我现在很难把整个的前因后果都串起来。但因为这个兴趣，我也了解到中国传统也有类似的著作，就是马国翰的《玉函山房辑佚书》。我最早用的本子是一个台湾翻印的刻印本，现在还放在苏州。我的硕士论文研究的是《汉书·艺文志》提到的一些儒家学派的著作。你知道的，这些著作并没有传世。但是我究竟是如何从迪尔斯转到马国翰的，我只能讲这么多了。

黄：因为诺布洛克的知识背景其实是前苏格拉底哲学、希腊哲学，而不是清人考据。

王：是的，我也怀疑他是否知道马国翰所做的类似的辑佚工作。我在探索古代中国的残篇时，有人向我提到夏隆（Gustav Haloun）的研究。也许我是从夏隆那里接触到马国翰的。我觉得这很有可能。那么我就是通过一位欧洲汉学家的指点，找到第一手文献，因为夏隆为我介绍了很多中国传统的一手资料，其中很多我以前并不了解。在本科阶段我学过两年德语，可以勉强阅读他的研究。我就是这样了解到马国翰的。我想夏隆采集了一些与儒家相关的佚文，但没有我最终所做的多。倪德卫答应帮助我，所以我和他一同阅读了马国翰著作的相关片段。我们每周见一两次面。斯坦福图书馆藏有一本马国翰著作的清代原刻本，它的订册可能被我弄坏了，因为大约六到九个月间我几乎一直随身带着它们。我花了这么长的时间来写我的硕士论文。

黄：所以是您想出这个题目，而倪德卫……

王：倪德卫支持我做这个题目。与此同时，倪德卫也恰好在不久之前，出版了研究章学诚的著作。当时倪德卫门下所有学生都研究清代思想家，他们都想紧随其后。我还记得我当时的一个室友约翰·茨默（John Ziemer），他也是倪德卫的学生，他问我："你看上谁了？"他的意思是，你打算研究哪一位明代或者清代学者？而我一个也没有选。但我后来找到了一个，我至今回想起来仍觉得很有意思。我当时恰好在研究《荀子》，而研究《荀子》让我对王念孙以及《读书杂志》的注释和相关学术研究极为熟悉。王念孙是我心目中的英雄：一个考证学者，也是一个能够解答所有文本问题的实证主义者。这非常符合我自己的思维方式。告诉我问题是什么，告诉我解决的方案是什么。我认为那也是王念孙的工作方式。王念孙和他的儿子都很出类拔萃，他们博览群书，有扎实的音韵学知识，还有历史语言学等其他方面的积累。我看上的就是王念孙。接着我和倪德卫一起读了王念孙的传记。这对我而言非常困难，因为是用清代文言所写的。现在我读文言文的水平已经很不错了。我不知道这是怎么改变的。这些年就是持续不断地读而已。但是当时——可能你有一些现代汉语基础，也在读先秦和汉代的文献，但当你去读王念孙的清代传记时，就仿佛读另一种语言了。但在倪德卫的帮助下，我坚持了下来，而且那段时间我总想，也许我最后会专门研究王念孙。多年来，王念孙确实是我的一大兴趣。但最终我还是改变了我的硕士论文题目。

相比之下，我觉得研究佚文更为浪漫。因此我在倪德卫的帮助下改变了计划。我们阅读了所有相关文献，我把它们翻译出来，并做了一些注释。这是 1969 年春夏的事了。诺布洛克对我完成硕士论文提供了许多帮助，因为我以夏隆作为范例，但论文的格式和规范需要自己来处理，像注释、附录以及文献综述等。我从杰瑞·卡瓦诺夫（Jerry Cavanaugh）那里学过一些知识，他是斯坦福大学的一位藏书家，但我这方面的知识和技能还是有限。诺布洛克熟知学术技巧，他教我如何作注释、写前言，以及其他的学术规范。因为倪德卫的指导，诺布洛克的鼎力相助，我在 1969 年获得了硕士学位。

黄：您可以再多说一些关于斯坦福的情形吗？尤其是文言文的训练。

王：学习文言文的第一年，有三位老师教我。他们每个人负责一个学期：韩南、倪德卫和陈受荣。

韩南第一学期教我们《史记》。他要求我们通篇阅读《史记》中的一些传记。我就是这个时候一天花八个小时准备功课的。因为即使那时华兹生的译本已经出版，我们也都还不知道。不管怎么说，我们只有一个中华书局版《史记》的复印本。他给我们这个，一天大概只有一页的阅读量，但却需要我花上八小时的时间，因为我一个字都不认识。我的意思是，我需要一字一字地查字典。因为这个工作量实在是太大了，所以我组织了一个阅读小组。我们一共有三个人。我们每晚都会碰面，每个人查自己分到的部分，然后我们再一起讨论其中的涵义。韩南对此很不高兴。他说："你不能这么做。你像一个挑头的。"直至今日，我都不明白他为什么反对。如果我的学生想要组织一个学习小组一起学习，我觉得完全没问题。但韩南可能认为我这么做会削弱他的教学。

倪德卫也教了我一学期文言文，是在第二学期。我们使用的文本绝大多数是从先秦哲学著作中挑选出来的。换言之，对倪德卫而言，我们当时所谓的文言文基本上就是汉代以前的哲学，"汉代"指的是《史记》。第三个学期由陈受荣教授上课。陈受荣是广东人，是陈受颐的弟弟，我们都叫他"Dr. Chan"。他教的可能是唐诗或南北朝诗歌。他是一个了不起的人。

但这也仅仅三个学期。一个学期是大概八到十周左右的样子，对吧？所以时间十分紧张，正如我所言，我争分夺秒地工作。我在 1968 年至 1969 年下半年写我的硕士论文。那时，也就是第二年快结束时，我已经能够阅读一些东西了。直到 1969 年还是 1970 年，我继续跟倪德卫上阅读课的时候，倪德卫终于说："哦，看来你已经能开始阅读了。"或者类似的话。情况真正开始好转，应该是在第三年。

我的第四年是在台湾度过的，不是在斯坦福中心，而是在师大的国语中心。我读了《荀子》和一本名叫《蓝与黑》的台湾小说，然而我只理解了一部分内容。这两本书看起来像是汉语的两极，这两者我都难以掌握。

教我《荀子》的老师相当敬业，非常负责任。她不仅准备了文本，而且准备了注释，并且她会逐字逐句地用白话告诉我所有的意思，然而我只学到了一小部分。我尝试做笔记，通过这种方式我们几乎读完了整本《荀子》。这花了我们整整一年时间。根据我有限的理解，我开始对《荀子》有了一定的把握。我估计就是在那个时候，我觉得《荀子》中的某些内容可能会成为我博士论文，所以我才会读完。但我这么做的另一个原因是我想帮助诺布洛克，因为他当时肯定已经在研究《荀子》了。

黄：刘若愚呢？听起来，虽然您对他的态度不那么恭敬，但他还是很包容您。

王：确实如此。他是我论文委员会的成员，而且我认为我们已经达成了某种共识。我觉得他对于我最终没有从事文学研究可能有点不快。我没有从事唐诗或类似的研究，他很不高兴。我本来可以和他谈谈这件事，而且我对此也感兴趣。我非常敬佩宇文所安（Stephen Owen）和那些能够真正读懂唐诗、重构唐代文化语境的人，他们能说明为何一首诗在文学传统中如此重要。但我确实没有那方面的天赋。我上了刘若愚的高年级讨论课，而且我觉得我写出了还不错的课堂论文。但也有一些相关的课题我没有完成，而他对此并不介意。

他英年早逝，太可惜了。他不赞成我去伯克利。他也不喜欢薛爱华（Edward Schafer）。他觉得我好像投靠了"敌人"似的。薛爱华也不喜欢他。我记得有一本由芮沃寿（Arthur Wright）和杜希德（Denis Twitchett）编辑的书叫《关于唐代的多个视角》（*Perspectives on the Tang*）。他们发表新书的一个地点就是伯克利。那是因为简慕善（John Jamieson）和丁爱博等人获得了资助，他们举办了一场唐代学术研究的大型会议，重点讨论这本书，例如，其中有一篇关于李白的文章是艾龙（Elling Eide）写的。因此，那次会议上有一个关于唐诗或唐代文学的小组。我主持了这场讨论，因为我是伯克利的一名青年教员。在座的还有刘若愚、薛爱华，可能还有其他人，我记不太清楚。他们应该只是讨论唐代诗歌，而刘若愚感觉非常不开心，整场会议都表现得很恼火。他看起来是不太满意我，至少当时我是这么认为的。然而除此之外，他可以说对我一直比较支持。

黄：您的其他老师呢？

王：我前面说过，我的老师们对我总是要求极其严格、极其严厉、极其直接。在我完成学业后，这些年来我跟倪德卫和丁爱博相处得越来越好。有一段时间，我和倪德卫的关系如同我和丁爱博一样亲密，真的亲密。倪德卫经常和我通电话，有时候一周一次，我们会在电话里聊上好几个小时。没错，他对我离开伯克利到悉尼大学不太高兴。他试图说服我这是一个糟糕的决定，但我相信他的不快与我离开伯克利的决定并没有多大关系，更大一部分原因是因为我离开加州，去了遥远的澳大利亚。结果，在他生命的最后几年，我们渐行渐远，很少交谈。在我决定去悉尼大学之前，也是在他还未对我感到不快之前，他决定给我一份他所有年代学著作的副本。他就像司马迁一样，担心自己作品的命运，担心自己过世后作品会遭到不测。因此他决定将自己的文章存放在几个不同的地方以妥善保存。我到现在还留着它们。他让我保存，我深感荣幸。尽管我没有像夏含夷（Edward Shaughnessy）与倪德卫那样亲密，但我相信他觉得我是一个可以信赖的人。我衷心希望他能原谅我离开伯克利。在我和他的最后几次谈话中，我觉得他已经原谅我了。

很明显，我和倪德卫的关系，说得婉约一点，是很复杂的。他救了我，使我免于越南战争的征兵。我母亲改嫁的人——不是我亲生父亲——收养了我。这个人因为曾被关在日本集中营里，后来就去世了。正因为这个原因，即使我只是被他收养，我仍被视为他的独子。这意味着我无须被征召去越南。我对免服兵役这件事一知半解。1968年还是1969年，我收到征兵通知，那时我还在斯坦福，就跟倪德卫说了。他说我们必须采取一些行动。我告诉他我是退伍军人的独子，以及可能免服兵役的情况。在他的办公室里，他让我给迈阿密的征兵局打了电话，告诉他们这个情况。然后他坚持让我跑一趟迈阿密征兵局。他很了解我，他担心如果让我自己处理,我会为此担忧,但不会做任何事情,那么这就为时晚矣。他坚持我要立即采取行动。因为他就坐在那里,我就按照他的吩咐做了。我与征兵委员会预约了会见的时间,并在那个周末飞到迈阿密,拿到了免服兵役的证明。

我认为像我这样在那个年代读研究生是相当幸运的。对我的研究生,我不是像倪德卫那样的好老师、好人。但倪德卫和丁爱博——我可能无法再找到比他们更支持我的老师了。在我写博士论文的最后一年,1976年到1977年,我在不列颠哥伦比亚大学(UBC)做访问教授。夏德安(Donald Harper)和我一起在温哥华,并帮助我将定稿在打字机上打出。我需要飞回旧金山湾区向倪德卫和丁爱博请教。倪德卫到机场接我,并把我送到了丁爱博的家里,我周末就住在那里。他们对我就是这样好,真让人感动。

我和倪德卫的关系,可以从这件事略见一斑。等一下我会说到丁爱博。不列颠哥伦比亚大学之后,在我写博士论文的最后一个月,我做了一个重大的决定:不再从子思佚文的角度专注于《缁衣》等四篇,而是将其作为《礼记》叙事的一部分。当时我正拼命研究洪业的《礼记引得序》。我在伯克利与斯坦福大学在旧金山联合举办的一个论坛上,做了关于《礼记》的报告。总的来说,这个题目与我的博士论文并不直接相关,主要涉及与《礼记》编纂有关的重要背景问题。倪德卫也在场。我的策略是解释我对《礼记》的理解,但至少在论文的前半部分,那意味着复述洪业的论点。不用多说,倪德卫对此了如指掌,因为他曾跟随洪业学习。我想倪德卫当时的印象是我的发言只是重复洪业的研究而已。

因此,在我发言的前半部分,他就坐在那边,皱着眉头看着我。我对此并不担心,因为我知道我接下来要讲什么,而他并不知道。最后,到了我发言的关键部分,我说洪业的研究要么是错的,要么至少不够全面。我们需要采取下列步骤,以便更准确、更全面地理解《礼记》这本经书的编纂。倪德卫一下子坐直了,脸上的表情也变了。这是一个非比寻常的时刻,因为这时他才真正意识到了我论文的价值,我将注意力转向《礼记》也意味着我要开辟新的领域。他对我皱眉的样子影响了全体听众;倪德卫使得气氛变得异常凝重。但是凝重的气氛就这样(打了个响指)一下子消失了,我知道我成功了。我还一度心存疑虑,但在发言过程中,我的论点一下子聚拢,形成令人信服的结论。这就是我论文的前两章,我讨论的问题就基于为那次发言所做的准备,包括倪德卫最后觉得具有说服力的论点。能够超越洪业这样的权威,这是让倪德卫最高兴的事了。我做到了这一点。

在我的学术生涯里,有几件事可以说是转折点。我的意思是,它们让你有信心坚持下去,去完成下一个目标。这样几件事积累起来,就造就了现在的你。这些事加在一起,你就成熟了。这次发言是对我而言意义重大的最早的一件事,完全是我自己的努力,和任何人都没有关系。因为尽管倪德卫和丁爱博非常支持我,但他们并没有和我一同读《礼记》。这些观点是我自己想出来的,但如果没有丁爱博和倪德卫给我的支持和批评,恐怕我也不会形成这样的见解。

黄:或许我们可以顺道谈谈您的博士论文。

王:我写的是《礼记》中的四篇,传统认为是孔子的孙子子思所作。我在论文中否定了传统说法,认为这四篇和《礼记》中其他篇章一样,都是在汉代写成的。结果,众所周知,就是考古发现中出现《缁衣》一篇的先秦写本,证明我完全错了。当我听到这个发现时,我感到十分震惊。

不过,过了相当一段时间,这件事不再困扰我了。我并不介意我的论文中有错误。我知道在我写博士论文时,没有人在做同样的研究,而且也没有任何新材料。我当时纯粹是闷头研究。根据当时所掌握的材料,我觉得我得出的结论是合理的。但我错就错在,应该事先想到有人会挖出一些材料,这些出土材料会削弱你所有的结论。当然,《缁衣》写本的发现并没有彻底颠覆我的论点。你也知道，我仍然高度怀疑子思与《缁衣》乃至所有四篇之间的联系。其实我更根本的错误是对《礼记》的看法。我想当然地认为，如果它基本上是汉代材料的汇编，那么其中的材料应该绝大多数都是汉代的。当你思考这个问题的时候，你会发现这与我们所掌握的证据恰好相反。我应该更深入思考文献编纂的性质、它们是如何汇集的。我当时应该了解更多一些。

当然，我一直难以释怀，但我也没有止步不前，而是努力在以后的研究中纠正自己的错误，也大大方方地承认错误。我认为我后来的研究做得更好。能给别人树立一个负面的榜样，也不是一件坏事。我说的是心里话。你总是希望自己能够提供一些积极正面的例子，但如果你从他的研究中看到，他在应该左转的时候却向右转了，这也算给别人上了一课。这意味着我可能是在帮助他人开辟道路，他们自己可以选择是跟上来还是不认可。但你绝对不能批评我缺乏创意。除此之外，我认为我的论文中仍有很多可取之处。比如，我在《坊记》和《表记》中找到文本不同的分层，当然，这些层次归属哪种思想流派，我们可以采取不同的解读。我读后来学者有关《礼记》如何编纂与流传的著作，我觉得就我所发现和整理的第一手文献而言，没有人比我强过多少。我没有很多真知灼见，但还是有几个可圈可点之处。事实上，也有一些人对我评价很高。吴荣桂（Michael Ing）最近写了一些关于礼仪主题的文章。尽管他和其他人可能会说，王安国在这里和那里犯了一些错误，但他们仍然表示，要对这些问题有基本了解，还是需要参考王安国。这与我们说的子思问题并不是一回事，我是说像《缁衣》材料的年代考察，以及如何被编写进《礼记》中，我认为这仍是悬而未决的问题。我们需要更多的发现，而且今后肯定还会有新发现的。

黄：您会如何描述博士论文与较早的硕士论文之间的关系？硕士论文所研究的辑佚问题，不就是去寻找源头或者某位思想家、某个学派所遗留下来的最早著述吗？您并没有继续这样的工作，并没有尝试在文献中找到核心或者时代较早的层次，您后来的博士论文好像走上了另一个方向。

王：是的，研究子思时，我放弃了这个想法。是的，没错。这种看问题的方式，我觉得有点极端。我开始质疑自己先前对作者概念的假设，以及作者创作原创作品的想法。我开始更多地思考文本的有机生长。当我读到顾立雅（Herrlee Creel）关于申不害的作品时，我已经开始有了这样的想法，因为顾立雅运用有关申不害的材料重构了申不害的生命历程。对他而言，二者的关系非常紧密。而我越看这些残篇和顾立雅的研究，我就越相信事实并非如此。1976 年，我在哈佛大学参加了由罗思文（Henry Rosemont）和史华慈（Benjamin Schwartz）组织的会议，论文集后来由美国宗教学院（American Academy of Religion）出版。顾立雅当时也出席了此次会议，并作了关于申不害的报告。在提问环节，我指出某些特定的残篇不一定就真的与申不害这位历史人物相关，证据比较薄弱。他很不高兴，并且说："我不相信这是一个'写手'（hack）所作的。"那就是他的想法：创作者要么是申不害，要么就是一个"写手"。因为在 1976 年，我仍在写博士论文，并且思考着迪尔斯所提出的老问题，好像他正在做一种文献考古学的工作，要将深层的文献揭示出来。对我而言，这对古代中国的文献来说是不可能的。事实上，我认为古代写本的发现已经证明我是正确的，也就是一部作品的版本不断演变的情形。而且我仍怀疑，是否应该将其归结于单一作者。是吧？我们真能将《孟子》中所有文字都归在孟子名下吗？我们真的要把《论语》回溯至孔子吗？不行。文本有不同组成部分，因为有人（我坚信这一点）的确听到了孔子所说的话，并设法记录下来。我相信有一种情感，就好像子女对父母的孝顺一样，可以解释为什么有人会对孔子忠心耿耿。但我仍然认为需要质疑"作者"这样的概念和预设。尽管我在博士论文中没有提到，但这一点始终在我脑海中。

黄：听您说到这里，我忍不住拿您与夏含夷互相比较。夏含夷和倪德卫的关系非常紧密，特别是在倪德卫所从事的一些研究领域中，比如年代学。夏含夷可能是唯一真正了解他，而且紧紧跟随他的人。夏含夷也紧紧追随吉德炜（David Keightley）关于商代的研究。而您……

王：我没有追随任何人。

黄：您有意这么做吗？

王：这就像我前面说过的那样。这也许是我的狭隘，或是别的什么。但我有我的兴趣，我的老师，主要是倪德卫和丁爱博，他们对我有足够的信心，所以他们认为应该放手让我去做。这既是我的幸运，也是我的不幸。

我认为，正是由于夏含夷追随吉德炜和倪德卫，他最终能在他们各自的领域都受到很好的训练。他受到的训练很扎实，相比之下，我的训练就有一些巨大的缺口，至今也如此，因为我走的是自己的一条路。我刚才说过，我并未得到那样的指导。一部分是我的错，一部分也是由于老师对我太过纵容了。我的意思是，他们在我快交白卷时会发出最后通牒。其他时候他们会纵容我，让我做自己的事情。而我则犹豫不决，经常转变方向，等等。你要知道，我读了十二年研究生。从我获得硕士学位到我完成博士论文，差不多有九年时间。九年。时间可够长的。如果你读我的博士论文，你可能会说："哦，那一定花了不少时间。"但这也说明我没有将所有时间花在我应该做的事情上。我很容易被其他事情分心，像考古学和教学。别忘了，在1973年到1977年期间，在我博士毕业之前，我曾两次被邀请至亚利桑那大学、一次到不列颠哥伦比亚大学去教课。三年就这样过去了。

反正我和夏含夷不大一样。我们走了不同的道路。但从另一方面讲，我认为夏含夷不仅在这些领域有所贡献，还与吉德炜和倪德卫进行了公开、持续的讨论。而且他们俩都很关心他。我和他们也很亲近，但不大一样。

黄：您始终没有出版博士论文。后来，开始在伯克利任教以后，还继续研究《礼记》吗？

王：我要申请终身职位时，正在做《诗经》的研究项目。所以，这是我在伯克利开始教书后开始进行的第一个项目。这与我的学位论文几乎没有任何关系。大多数人在获得一份工作以后，都会花时间琢磨如何出版自己的博士论文。我从没想过出版我的博士论文，因为我知道它还不到火候。它之所以写完，是因为我需要完成它，而不是因为我得出了惊天动地的发现或是结论。我只是需要完成它。我需要继续向前，找一份真正的工作，开始做其他事。因此我开始了《诗经》研究。我没有任何计划就开始进行一个项目，后来也没有制定计划。我后来从这件事里也得到了教训。从那以后，包括我现在做的事，我就不一样了，我会非常注意每个开始、过程和结束。基本上，我只是把《诗经》重新翻译一遍，并通过细致的语文学研究展现我所有精妙的见解（笑）。

当然，这也为我的马王堆研究奠定了基础。但马王堆不在我的计划之列，当时我也没想过。如果没有做过《诗经》研究，我就永远也不可能写出1997年在《哈佛东亚学报》（*Harvard Journal of Asiatic Studies*）上发表的那篇文章。我做了些实实在在的深入挖掘，我对《诗经》序言的理解、各个层次的理解，比当时的任何人都更深刻。大家对《毛诗》序言说了很多蠢话，但至少在英语世界，很少有人能真正理清头绪。但在《诗经》研究的早期阶段，我自己真的把它搞清楚了。

你可能会说，我在《诗经》方面没有最后的成果。我写了一部篇幅很长的书稿，只体现了研究项目的部分内容，我把书稿提交给斯坦福大学出版社，收到的反馈并不理想。他们就是不喜欢。不管是谁担任评审——我想是柯睿（Paul Kroll），他和我关系还不错——他指出了我工作中的诸多缺陷。他是对的。如今回想起来，我清楚地意识到可能分量还是不够。这可能是个不错的起点，但距离完成还远呢。事后看来，我认为我的《诗经》研究确实产生了一些成果：我1997年的那篇文章，还有我为梅维恒（Victor Mair）编纂的哥伦比亚中国文学史系列所写的文章。

关于《哈佛东亚学报》那篇文章，我应该说一下，编辑一开始出于各种原因拒绝了它。我在原稿中突出了孔颖达的"疏",而他们认为这与我的主要论点相去甚远。我一直认为孔颖达的注释对我的研究至关重要,没有注意到批评意见。最终,我意识到我需要认真思考这些批评,所以我删除了关于孔颖达疏的大部分内容,并重写了剩余的部分。这样的修改使讨论更加聚焦,论证也更为有力。我跟吉德炜说,我学到了重要的一课。有时,最好的办法是接受批评,而不是固执地抵制它。我就这样做了。我再次投稿,这一次文章被接受了。而且,我要补充一句,我在随后的编辑过程中收获更多。

我想说的是,当我申请终身教职时,我手边有一部书稿,能展现一些潜力,但在很多方面也显得薄弱。幸运的是,我资深的同事看到了我的潜力。我的支持者之一是海伦·麦卡洛(Helen McCullough),她对我《诗经》的项目很感兴趣,部分是源自她对《平家物语》的研究。这是一部用《诗经》形式创作的日本经典诗集。海伦从我对《诗经》的处理中看到了一些价值,可以帮助她解决自己在翻译过程中所遇到的一些问题。薛爱华同样肯定我的研究。因为有他们的支持,系里就同意我留在伯克利继续教书。如果他们至今还在世的话,我希望他们看到,我后来的成果没有辜负他们对我的信任。但我必须承认,我随后的研究做了相当长的时间。

回想我的研究,我认为我写《孟子·公孙丑》"知言养气"章的文章,是我最早的文章之一,写得不错。我学会了很多东西,这篇文章也为我奠定了一个模式,我在写作关于《孟子》、《论语》与其他主题的文章时多次使用。我的研究方法也改进了。也许其他人并没有意识到这种进展,但我认为,每次我使用写《孟子》那篇文章的模式时,都有一定进展。这篇《孟子》的文章是第一篇。我还没有得到这方面的任何反馈,但我写《孟子》的最近一篇文章,关于《滕文公上》"墨者夷之"章的一篇,我认为是我写过的最好的文章。我希望以后有人能仔细看看。或许他们会意识到我在分析孟子的语言特征时倾注了多少心血。

当然，我希望我关于梁玉绳的研究会做得更好，但这是一种截然不同的分析，因为它是历史分析。我在"墨者夷之"章那篇文章中所做的，说明当你研究中国思想时，深入讨论语言特征是非常重要的。我的意思是，我展示了语言如何成为思想的载体。所以，当有些人说，"我们正在做一个哲学翻译（philosophical translation）"，这让我充满困扰。万百安（Van Norden）说何艾克（Eric Hutton）的《荀子》英译是哲学翻译。这是什么意思？它的意思是：忽视语言，提一些与文本无关的问题，这就是所谓的哲学翻译。就是这个意思。让它告诉我除此之外还有什么别的意思。它绝对不意味着认真对待文本。它忽视语言。不然又如何解释它过度依赖罗马字的转写、而非翻译呢？这也是安乐哲（Roger Ames）所做的，他也将自己的作品归类哲学翻译。你无法将语言从思想上剥离。

所以我对关于"墨者夷之"章的那篇文章最满意，因为我认为我说明了仔细观察语义就是在观察思想的轮廓。这不仅仅意味着狭义的词义，而是具有哲学深度与共鸣的意义。对我而言，发表在《哈佛东亚学报》的论文是我个人一个难忘的时刻，但是从《孟子》"知言养气"章到"墨者夷之"章，我看到了发展的轨迹。换言之，你从实践中学习。你自己去做，你就具有一种风格，而就风格而言，这两篇并没有太大的差异。我拿出一段文本，翻译，然后评论。我的意思是，这里有些东西可能会让人认出我来，但这里也有成长，思想的成长；还有更多的技巧，这些技巧的背后是更多知识。我就是这样理解我自己的。因此写好那篇文章，比翻译完整部《墨子》，更让我满意。也可能今后我对它们的评价会有所改变。

《墨子》的英译基本上是我做的。诺布洛克所作的部分，我切实感觉应该尽量保留，不能降低其重要性。然而我花了好几年时间研究《墨子》的语言。我重写了整个内容，译文以及注释。他做了一些校勘工作，和他过去翻译《荀子》时一样。他认为这是德国学者的风格，他认为他是在重建原始文本。而你不能那样做。但除此之外，《墨子》的翻译，当然还有《墨子》英译本的前言——正是这些工作给了我研究梁玉绳的信心。因为在写《墨子》前言的过程中，你必须跨越很多主题，而这些主题都没有定论。但你又必须让人信服。我是说，读者们不应该感到不知所从，而是应当对学到该学的东西而感到满意。那也是我在研究梁玉绳时需要做的，要让人信服，但在某些事情上可以持开放的态度。因此我从写作《墨子》相关文章中学到了很多。

但是关于"墨者夷之"章的那篇文章更清楚地反映出我如何思考古代中国文献、思考哪些问题。如果你读那篇文章，你就知道我是如何阅读古文的。我写那篇文章时，非常开心。文章大部分内容是我有一个暑假在悉尼写的。我与好友陈顺妍（Mabel Lee）和她的丈夫戴维·古德曼（David Goodman）一起待了一阵子。她翻译了高行健的作品。暑假期间，我总是和他们一起，还一同在海边租了一套房子。我在那里的时候，戴维和我早上会骑自行车或一起做些什么，然后就各干各的。我通常会找个地方开始工作，不是做研究——因为研究已经做完了——而是去修改论文。

好，回到刚才的话题。因为有这群人鼎力支持，我侥幸获得了终身教职。你现在根本无法想象到这些人有多棒。一群男士和一位女士。海伦·麦卡洛是系里唯一的女士，其他人几乎都是白人，除了张洪年和张琨，后者后来由丁邦新所接替。我回想起，那时有麦卡洛夫妇，和唐纳德·夏夫利（Don Shively）——他作为东亚图书馆馆长来到伯克利——还有白芝（Cyril Birch）、刘易斯·兰卡斯特（Lewis Lancaster）、薛爱华。不管他们之间存在什么敌意，他们都很支持我和系里其他资历尚浅的成员。我是系里这个大家庭的一个成员。我一直深爱这个系。

黄：加州大学伯克利分校东亚系有悠久的传统和独特的文化，您是如何融入其中的呢？

王：我是丁爱博的学生，这是个重要的关系，因为他是伯克利的博士。但是，即使一个系有自己的传统，教师仍然是个体，是思想极为开放的个体。

极为开放。我之前提到过，在做关于《礼记》的报告时，我知道自己做得不错。我人生中第二次发生这样的事，并非是在多年以后，而是在我在伯克利应聘教职的面试上。

我觉得我需要说服薛爱华就行了。我想归根结底，房间里只有一个人需要我去说服。我对薛爱华的兴趣有所了解。他对早期中国的研究主要是通过法国汉学。而法国汉学的经典著作我都读过。我也一直在阅读新考古学以及与经典相关的新发现，因为有一些发现与《尚书》有关。所以，面试时我被问到的一个问题是如何教授儒家经典。我在回答中提到一般是如何做的，也提到法国汉学的一些观点。但是，我补充说，关于经典文献，有一些新的考古发现表明法国汉学的方法过时了，比如说，我们现在可以用全新的方式来思考《尚书》各篇的年代。薛爱华本来几乎是背对着我坐着，但就在那时，他慢慢转过身来，好像我说了一个有意思的意见。无论如何，我的回答有足够的说服力，我获得了这份工作。那天深夜，系主任刘易斯·兰卡斯特打电话过来，告知我全票通过。

黄：您在伯克利有时会跟别人一同开设联合课程。您能谈谈这个吗？比如像您对整个古代世界的研究。

王：当我还是学生的时候，丁爱博就邀请我帮忙开设一门关于东亚文明的课程。在迈阿密大学读本科时，我协助诺布洛克开设了一门有关古代和中世纪世界文明的课程。我是他的助教之一，而且我记得他让我讲了一次大课，我想想，主题是关于早期波斯考古学，或者可能涉及波斯波利斯（Persepolis）图像学的演讲。别人总会给我机会去做一些不合常规的事。但他们也会说："如果你想讲授这门课，那么你需要阅读这些书来做准备。"我就会照做，然后准备一些东西出来。我就是这么做的，甚至在我很年轻的时候，我就这样做过几次。在那些日子里，我可以很快地学东西，而且我可以信心十足地讲出来。显而易见，你真正开始教书时，不能这样，但这算是个起点。此外，我非常喜欢参与将不同文化综合起来研究的比较课程。丁爱博邀请我在斯坦福大学尝试了一下。几年以后，伯克利的历史系同事也让我参与了类似的比较教学项目。我不能说这种教学方式对我的研究产生了多么深刻的影响。它确实没有。但是，它让我有机会与不同背景的同事一起工作，并且可以让我把更多问题整合在一起，而在本系上课就无法做到了。当然，我也比以前有更多的学生。我与伯克利古典学系的蕾丝莉·库珂（Leslie Kurke）一同开设了一门比较古代希腊和古代中国的课程，可以说，我的这些比较类课程的教学达到了顶峰。她是一位具有开创性的学者，也是一位好老师，我从她身上受益良多。

黄：作为学生，我总觉得您的课堂很有感染力。

王：在伯克利任教末期，我作了一系列讲座。这些讲座基本上源自我对马王堆的研究，我一直思考"内在性"（internality）的概念，因为我个人对这个概念有强烈的兴趣。这些讲座的内容在我关于《孟子》"墨者夷之"章的文章中、在关于《论语》"贤贤易色"章的文章中都有体现；甚至在我关于袁枚及其女弟子的文章中都有呼应。但内在性的想法、自我改造的概念、"更生"，这是一个引起我强烈共鸣的概念。我会设法在三到四次讲座中把这些东西编织在一起，然后使之上升到另一个层次。它并非每一次都奏效。有时候我做不到。我的意思是，有时候它就这么掉下来，我无法把所有的球都保持在空中。但有时我做到了，事实上有那么一次或两次。当我做到时，它是极其有效的。我甚至觉得自己是把别人知道的一些东西，带到他们不知道的地方。但我觉得，我差不多用一生所作的报告，才走到这一步。我认为我有那种不假思索的语言表达能力。我在这方面训练过自己，这可以追溯到我在斯坦福设计那门课程的时候。我会尝试不用任何笔记来讲课。我故意那样，强迫自己在进入教室之前将所有的东西都记在脑子里，没有其他东西可依赖。但是之后，当我在伯克利教书时，我不仅需要证据，还需要非常具体的证据和详细的参考文献。如果没有笔记的话，我就会省略太多的细节，而学生应该知道这些重要细节。因此，我就不再不拿笔记去讲课了。

黄：就您的写作而言，您有一种精读文献的独特风格。这是某位老师教给您的吗？

王：我不知道它从何而来。是我自己的风格吧。这又和我们先前谈到的事有关。坦率地说，一开始是因为，我把注意力集中在具体问题上，来弥补我对某些领域缺乏信心和我封闭的心态。所以我认为对具体问题的专注，可能就是我细读的原因。换言之，我一定要言之有物。但这还不够。我记得蒲立本（Edwin Pulleyblank）写过一篇文章，我年轻时候读过。我刚上研究生时读了那本书，我至今还保留着，是《中日史学家》(Historians of China and Japan)。蒲立本说在分析文本时，你必须学会提出正确的问题。他的意思是，这些问题与背景、作者的文化来源、作者所生活的时代、作者所接受的影响，与所有这些东西有关。如果你讨论的是一个汉语文本，你可以说"汉语文本"所具有的那些特质（Chineseness）。所以我反对以哲学方式来研究《孟子》或其他作品。在我看来，这样做等于没有提出正确的问题，因为这些问题并没有基于文本本身或是语言。所以，我希望随着时间的推移，随着阅读的进行，我能够培养出一种能力，能提出正确的问题，那些根植于语言和上下文所得出的问题。当你提出正确的问题，文本就被打开了。如果你没有提出正确的问题，文本就依然是关闭的，如果问题设计得不好，文本就不会就范。它就像一个谜箱之类的东西，会有一个问题迫使你进入文本，然后文本就打开了，变成几乎是透明的。当然，永远不会完全透明，因为这些文本都是极为复杂和困难的。因此你可以提出正确的问题，但或许还有另外一个更好的问题，或者是有另一个类似的问题是你没有想到的。所以你还没有完全弄明白。

先前当我谈到关于从《孟子》"知言养气"章到"墨者夷之"章的文章的写作历程时，我认为有一部分是得益于蒲立本的指点，即学会提出正确的问题。我想作为一个研究《孟子》的人——其实我不专门研究《孟子》，只研究《孟子》的一些片段——如果我获得任何的进展，我指的都是这方面。当然，之前所做的一切都是有用的。经验越多，你能提出的问题就会越来越好，因为你对上下文有了更深刻的认识。因此，我认为不同时期伟大的汉学学者都是那些对文本以及文本所处时代提出了正确问题的人。

黄：有一次您将您的作品描述为"一种具有诗意的注释"，这个表述让人浮想联翩，我一直都记着。

王：这应该包括好几层意思。注释本身可以是具有诗意的，我承认我多少有些刻意这样做。因为我就是这样想的。我认为这些文本的语言相当优美，它们启发我，我相信它们同样也会启发其他读者。它们启发我在英语讨论中做一些尝试，这些尝试不可能和原文一样有诗意，但也可以具有一些诗意的特质。这里我们谈论的是哲学文本，例如《荀子》和《孟子》，它们就等同于诗歌。我确信那种语言可以被解释，但无法转述。孟子表述的方式就是孟子表述的方式，没有其他方式。你不能用其他语言来复制孟子所说的。我认为翻译也是如此。我的意思是尽可能接近孟子的表述。注释是一种尝试带出意义的方式。但是当你使用其他的语言来复述《孟子》时，你只是用其他的语言在复述《孟子》。而我试图用我的其他语言使之变得引人入胜且更具表现力，因为我认为吸引别人是极为重要的，并不是通过我自己的想法，而是要吸引他们并将他们带回《孟子》文本本身，或者是其他任何的哲学文本，促使你的读者思考那个文本。

即使现在，当我在写梁玉绳时，我不会称之为"具有诗意"，但我会尝试以某种风格和某种兴趣来写作。我是有意这样做的。我也并非次次成功，但有时候，当我真正理解了梁玉绳针对《史记》所提出的问题时，我也真的认为我理解了他的想法，因而我也可以说出我认为他思想中的绝妙之处。当我理解它时，我也并非总能弄明白。我的意思是有时候它有点难，有时候它又会有点乏味。问题可能是一个小问题。当他问了一个我认为更大的问题时，我想他是极具洞察力的，而他的洞察也富有启发性，他的思想很具启发性。所以你就想忠实地呈现它，因此你希望对此说一些更让人信服的东西，并且希望自己能说得对。这是另外一个问题了。当我写这个时,我有些担心:我认为我明白了,但是否真的明白了?这些都不是简单的问题。它们都是历史学的问题,但历史学问题也可以如哲学问题一般复杂。因此,我总是不确定自己是否理解了其中的内涵,特别是因为梁玉绳的表述有时也会模棱两可。

黄:在您所有的著作中,您对《孟子》与《礼记》的兴趣都比较容易理解。《诗经》呢?

王:我已经不能很确定了。这些事情我不太想得起来,到底是什么原因让我下的决心。应该相当早。我想绝不会早于我开始在伯克利教书,因为当时我完成了《礼记》的研究。但有一点,我想我当时可能对别人说过,如果我再也不看《礼记》一眼,也无所谓了,因为我真的感觉有点疲倦了。如果有人说他不喜欢一个文本,我会觉得这话很愚蠢,但你确实会对阅读同一个文本产生厌倦。我想我已经对《礼记》厌倦了。但是在《礼记》中也有《诗经》和《尚书》的引文,我在写博士论文时,被这些嵌入的引文所吸引。甚至在我的博士论文里,我也尝试分析《诗经》的语言。我记得在更早的时候,是因为诺布洛克。诺布洛克确信高本汉(Bernhard Karlgren)是最高的权威。他对高本汉的注释和所有的相关材料都这样看。但当我开始写博士论文时,我开始对高本汉的研究感到怀疑。我并没有一个更好的答案,但是我开始怀疑高本汉是否绝对正确。我从那时起就开始意识到,《尚书》和《诗经》中还有更多值得探讨的东西,而这些东西是高本汉所做的那种语文学无法揭示的。当时我确实对语境(context)很感兴趣,我想你可以这么说。我认为这是部分原因。

因此我开始阅读葛兰言(Marcel Granet)的著作。虽然我没有足够的专业知识来下判断,但我认为葛兰言有点言过其实。我认为追求语境是一回事,而为诗歌创造一种语境则又是另一回事了。我的意思是,有时葛兰言能够指出《礼记》或者其他礼制相关的文本中所提到的特定礼仪,我感觉有些道理。但当他谈东南亚的宗教习俗,并将其与《诗经》并列在一起时,我认为这就走得太远了。但我也认为,寻找一个历史环境,这种做法是正确的。我们可以认识到毛诗和其他地方所看到的那种道德环境，虽然不一定完全合适，但一定源自某处，而这个背景或许在毛诗序言中留下一些线索，至少与那些讨论存在某种共鸣。

所以回到你刚才对我的著作的看法，就是寻找源头和原始的声音。这就是我早期的《诗经》研究。这种情况一直持续到1990年代，直到1997年我在《哈佛东亚学报》上发表了文章。宇文所安第一次读到这篇文章时对我有这样的评论，他说我强调有一个正确并且原创的声音。在那篇文章里——我已经比较低调了——我写了一句话，而这句话是写给宇文所安的，因为他说可以接受对《关雎》或《燕燕》有不止一种解读。所以我在文章的最后几行中写道："但有些解读确实比其他的更好。"我是写给宇文所安看的，因为我的确相信这一点。我不能绝对肯定马王堆文本一定可靠，但有些解读就是比其他的要好，因为当我们以中立的方式来处理一首诗的时候（这也是非常困难的），有些解读更加符合诗的语言特征。我是说，我们都有自己的想法和解释，这会影响你所做的事，但这会扭曲蒲立本的说法，因为如果你自己想法过多干预的话，你就无法提出正确的问题。因为你的先入为主干涉了语言特征，而你对那些语言特征有某种责任。但我觉得在那篇文章中我履行了我的责任。我觉得我已经真正投入其中了，但可能做得没有那么好。那时我比现在年轻。我认为自从那篇文章发表以来，事实上我又有了一些进步。考虑到当时的情况，我想我对这些诗篇、对马王堆的写本尽到了我的责任。而有些解读比其他的更好，这也是我从那篇分析中得出的结论。

回到你刚才说的，它根植于这样一个想法：通过我的分析，我可以找到《诗经》原始的声音。我要弄清楚，而正确的解读有助于我了解语境。这个想法从未实现。我的意思是，我对《诗经》的语言特征提出了一些有趣的看法。你读一下我为梅维恒编的哥伦比亚大学出版社那套书而写的文字，同时看一下我的翻译，它们能反映出我的知识水平。即使现在，我也不认为我已经做好了超越它们的准备。我不认为我完全明白了，即使是思考这些事情。我希望有人这么做，因为我不认为葛兰言、阿瑟·伟利（Arthur Waley）、高本汉——我不认为他们将谜底揭晓了。我觉得《诗经》是一个神奇的文本。我仍然有这样的观点，这也许有点天真，但我依然认为这里的关键就是我们需要提出正确的问题。但我不认为我比以前知道更多。我对《诗经》的了解，你可以在我发表于《哈佛东亚学报》上的文章和梅维恒的文章中找到。但你知道我对此无所谓。我就写了这些文章，但我不认为我浪费了时间，因为正如我所说的，我理解的尽管有限，但我现在可以打开《诗经》，而且我知道如何在那些文本中穿行。我可以将它分为几部分。这并不意味着最后我已经达到了什么目标。但至少我知道我有了一条贯穿文本的路线图。

我与夏德安的友谊也在我发展对《诗经》的兴趣和写作我的著作上起到了重要作用。他对早期中国宗教主题感兴趣，因此注意到《诗经》可能有祝咒的一面，他也鼓励我将其作为一种可能的方式来贯穿文本。事实上，我对《诗经》做了一些工作，它们最终发表在由梅维恒编辑的书中，那些内容我可以追溯至夏德安的想法和鼓励。还有许多其他的情况，夏德安读了我的作品并提出了建议使之大大改善。

黄：其他的学者对您的《诗经》研究有没有产生什么影响？比如您的老师或同事。

王：因为倪德卫的兴趣与影响，我也参考过金文的语言特征，而这一方面的工作也促发了我对《诗经》修辞结构的一些想法。倪德卫和吉德炜对占卜的研究一定也在某些方面影响了我。我几乎每天都和他们谈话、读他们的论文、参加他们的讨论课。有一段时间我在《诗经》里寻找占卜与祝咒的成分，如同我们在中古前期的诗歌里看到的那样。我1983年关于《周易》的研究札记就是根据我在这方面的研究整理而成的。在那篇论文里，我的目标是扩充卫德明（Helmut Wilhelm）曾经提出的观点。我感兴趣的是如何分解文本，并且找到它形式上的组合成分。但是我从未企图做像夏含夷或理查德·昆斯特（Richard Kunst）那样关于《周易》

的全面研究。我的工作聚焦于比较专门的话题。

黄：有一段时间，有好多位研究道教的学者聚集在旧金山湾区，您和他们的交流对您的著作有影响吗？

王：是的，柏夷（Steven Bokenkamp）选了我的《诗经》讨论课，写了一些极有意思的课堂论文，讨论《诗经》宗教方面的主题、礼仪与占卜等问题。因为伯克利的很多学生与同事都对道教感兴趣，我努力做到对道教的材料至少有所了解。但如果要做得更多，就意味着转行到中古时期的历史与思想，而我对汉代以前与汉代早期的兴趣太根深蒂固了。薛爱华、司马虚（Michel Strickmann）这几位研究道教的同事对我很有启发，他们都极其博学，发表了很多著作。或许受到他们的影响，可能是间接影响，我想让我做的先秦研究，也能达到他们做中古时期研究那样的深度。但并没有做到，我绝不是谦虚。但是回想这一切，我认为最重要的是我努力过了。我对道教文献的接触，很清楚地反映在我部分的著作中。我想到的是我为《墨子》英译写的前言，以及在某种程度上对马王堆《五行篇》的研究。

黄：这是您很久之前跟我说的，在您的职业生涯中有一个转折点，就是您在这个领域的活跃程度发生了变化。有一段时间您很有影响力。

王：我从来不认为我有过什么影响力。我想人们只是知道我的名字，并且我想他们或许是从《吕氏春秋》的翻译中知道我的。我希望我翻译的《墨子》能够引起更多关注，因为艾乔恩（Ian Johnston）的译本，虽然是全译，却有严重的缺陷。而且我写的前言也比他更胜一筹。我不认为我具有很大的影响力。但是是的，有过一个转变，那是因为……嗯，好吧，我不是很有影响力，但我确实很活跃。例如，在伯克利的第一年，我在美国东方学会（American Oriental Society）就非常活跃。我是这个协会西部分会的主席，那是自动产生的。因为如果你被选为秘书长，并且组织了一些会议，那么你就会被提拔成为主席。我就是这样。但是，当我开始给大班授课时，我对在伯克利尽职尽责更有兴趣，超过在中国研究领域做好一名学者的兴趣。很早以前，我还和丁爱博一起去参加各种会议，但后来就不这样了。我认为我从伯克利举办的活动中获得的个人满足感，远胜于我从这个领域中所获得的。尤其是我担任系主任以后，我实现了几个重要的改革，包括将系别的名称从东方语言（Oriental Languages）更改为东亚语言与文化（East Asian Languages and Cultures）。而在预算紧张的时候，我也能够保护系里的利益及课程设置的完整性。

黄：回到您职业生涯的早期，有一段时间您是《古代中国》（Early China）学报的编辑。

王：当吉德炜在休学术年假的时候，我为《古代中国》做了一年的编辑。我当时刚被伯克利聘用。南希·普瑞斯（Nancy Price）和夏德安给予了我诸多帮助。鲍则岳（William Boltz）是书评编辑。在我和夏德安位于奥克兰的房子里，我们编了这一期。进行工作的同时，我还组织了由美国学术团体理事会（American Council of Learned Societies）资助的关于马王堆的夏季工作坊。夏德安和我用一台IBM电子打字机制作了最后的定稿，是加州大学戴维斯分校的贾士杰（Don Price）写的书法。

黄：您刚才提到了马王堆的工作坊。

王：是的，那是一个重要的时刻，因为前一年的秋天（1978年），我第一次去中国，认识了李学勤。当时中国社会科学院及其历史学部刚刚成立。我们是社科院接待的第一个代表团。李学勤作为社科院历史研究所的成员，是接待我们的东道主之一。当然，考古所后来也成为了社科院的一部分，所以我在1978年还认识了夏鼐。我后来不想过多参加其他地方的活动，而越来越愿意参与伯克利的活动，也是因为伯克利是中国访问学者举办会议和活动的一个中心。伯克利是一个常规的停靠站，是来自中国的访问学者的必至之处。所以我才有机会组织第一个由中国人文学者参与的会议，参会者就是李学勤。李学勤是由美国国务院接待并资助的，他们还带他去了好莱坞，还在美国各地转了一大圈。

黄： 您曾讲过一个他和好莱坞明星的趣事。

王： 是的，李学勤遇见了好几位好莱坞明星。自此之后，每一位来伯克利访问的中国学者都希望我带他们去好莱坞见那些明星。我记得当时我接待过王仲殊和徐苹芳。我能做的就是带他们去加州大学洛杉矶分校与约塞米蒂国家公园。

我还接待了夏鼐，非常难忘。夏鼐在美国进行了一次巡回演讲，基本上是在哈佛和伯克利。夏鼐在伯克利的演讲吸引了大批听众。我介绍了他，我记得我说如果有一个名字能跟中国的考古项目联系起来——因为大多数的项目都是由匿名团队进行并发布成果的——那就是夏鼐了。我记得他对我的介绍感到非常满意。

我为夏鼐举办了一个大型的派对，就在我与夏德安居住的奥克兰的房子里。我还有夏鼐在那个房子里的照片。而夏鼐在他的回忆录中也提到了我以及他在伯克利的访问。回忆录写得有点像笔记，保存在考古所里。几年前，我在考古所参加一个会议的时候还见到过。

夏鼐的美国之行，以及王仲殊和徐苹芳的访问都是简慕善安排的。他是我在伯克利的一位同事，曾担任过使馆的文化专员，先是在中美联络处，然后是在美国驻北京大使馆。

关于来自中国的访问学者，我还应该提到，我与国家地理学会（National Geographic Society）的长期联系可以追溯至 1979 年。通过这个联系，我也有机会接待了段文杰，他当时是敦煌研究院的院长。他在伯克利作了一系列的演讲，而我也陪同他去华盛顿特区参观了《国家地理》杂志的总部，然后去洛杉矶受到了盖蒂文物保护研究所（Getty Conservation Institute）的接待。盖蒂为敦煌的文物保护出过很多力。后来，1992 年夏天，段院长邀请我去敦煌。我在《国家地理》的赞助和资助下在敦煌度过了整整一个月，杂志委托我撰写一篇有关敦煌、莫高窟以及当地文物保护工作的文章。但这篇文章最终被杂志"枪毙"了，因为他们无法从文物局获得摄影许可。

黄：这许多交流是不是都是您第一次到中国时开始的？
王：是的，在中国的许多联系都是因为在 1978 年，我作为美国国家科学院（National Academy of Science）组织的代表团成员首次访问中国。我很幸运被选中了，因为我对中国历史的了解还很有限，尤其是与代表团中的其他成员相比——张光直、余英时、毕汉思（Hans Bielenstein）、芮效卫（David Roy）、卜德（Derk Bodde）等人。当时我的汉语口语能力也有限。但是我也学到了很多东西，这都要感谢接待我们的东道主和我的同行旅伴。

黄：您在谈话中多次提到丁爱博，但似乎还没有机会详谈。
王：自我研究生时期开始，丁爱博就一直很支持我和我的研究。他不仅帮我找到了继续下去所需的经济支持，还允许我与他一起开展联合项目。其中最早的一项工作是为使用中文参考资料编写一本研究手册。我们还一起合作了中国考古学摘要的三册大书。最初是我提出这个想法的，但正是丁爱博使之成为现实，他组织了整个项目，并聘请我来做部分的工作。但我恐怕令他失望了，我并未完成最终的工作。部分原因是我刚刚被伯克利聘用，并承担了其他的职责。但也有这样的原因，我并不擅长从头到尾完成一个项目，弄清所有的细节。我相信随着我作为一个学者不断成长，我在这方面也做得较以前要好。但那时，在编写研究手册和考古学摘要的日子里，我没有坚持到底。由于这个原因，许多工作都落到了丁爱博身上。他对我很不满意，但他还是完成了项目所需的一切工作。

尽管之前有这种不愉快——他曾坦率地向我表达了这一点——丁爱博仍然对我非常支持，而我也相信他对我如今的工作习惯会感到更加满意。不久之前，在一次电话交谈中，他祝贺我为这个领域做出了"一个真正的贡献"。丁爱博从不随便发表溢美之词，所以我很高兴他在我的工作中发现了一些值得祝贺的东西。我想毫无疑问，正是因为丁爱博的支持和鼓励，我才得以完成他所认为的"一个真正有贡献"的工作。而更让我感到高兴的是，丁爱博与他的合编者南恺时（Keith Knapp）在《剑桥中国史》六朝卷的工作取得了圆满的结果。

黄：您在写完硕士论文后，为什么不继续跟随倪德卫呢？

王：当我完成硕士论文后，我还是继续跟随倪德卫的。我密切关注着倪德卫对《孟子》的研究，而我自己对这个文本的工作没有他的榜样也是不可能完成的。但是倪德卫也逐渐对铭刻学产生了更多的兴趣——中国历史最早时期的甲骨文和青铜铭文——以及与金石学和更广泛的早期中国历史有关的年代学问题。尽管我对年代学的兴趣可以追溯到我读研究生时期写的最早的一篇论文——我对孺子瘻和魏国的研究——但我的兴趣远不及倪德卫的那么浓厚、那么持久。此时我已经不再上课了，而是正处于写博士论文和寻找一份长期教学工作的最后阶段。倪德卫对铭刻学和年代学的兴趣吸引了他新一代的学生——夏含夷和班大为（David Pankenier）——他们都与他有着紧密的合作。

我最终在1978年提交了博士论文，倪德卫认真仔细地读了。我清楚地记得他是如何指出字母拼写错误和其他错误的，他让我一定要在他签字之前当场改正。虽然我无法跟上他的年代学研究，但我总是支持他的研究，并总是乐于倾听他在该问题上的最新发现和想法。正如我之前所提到的，我们相识的大部分时间里一直保持着密切的联系。

倪德卫坚持要我纠正我论文中哪怕是最微小的拼写错误，这个例子可以说明他多么有原则。另一个例子或许更能说明问题。当我申请伯克利的工作时，他为我写了一封推荐信。当他完成并寄出时，他对我说："我为你的这份工作写了一封信，但我想让你知道我的心情有些复杂，因为我认为鲍则岳至少也同样能胜任这份工作。"对我这样一个毫无把握的求职者，这番话是难以接受的。其实其他任何人听到这样的话，也难以接受。倪德卫毕竟是我的导师，而我当时年少无知，认为他应该因此而偏爱我。我认为他实际上是提醒我要尊重同辈的资历，而且当我获得这一职位时不要过于自以为是。我相信，他给他支持的其他同学也上过同样的一课。

我很怀念倪德卫。我和他很不一样。他研究的是章学诚，而我则对袁枚感兴趣，这很说明问题。尽管如此，我很怀念他，怀念他给我打的电话，那些深夜打来的电话，有时我们能聊好几个小时。我仿佛现在还能听到他的声音："喂，杰夫？我是倪德卫。"

黄：如果他没有将您从征召入伍中解救出来，您的人生肯定会大不相同。这跟学术没有多大的关系，但实在太充满戏剧性了……

王：我的母亲结过几次婚，也离过几次婚。在我出生后，与她结婚的那个人收养了我和我的姐姐。我的妹妹是在那段婚姻中出生的。他收养了我，但我的母亲后来又与他离了婚。但因为他收养了我，他们的离婚并未影响到我作为他儿子的身份。他在法律上依然是我的父亲。他二十多岁的时候入伍，参加了第二次世界大战，并在太平洋战场服役。他被日本人所俘虏，被关到集中营中，受到了虐待。战争结束后很多年，牢狱生活仍给他留下了累累伤痕。他在四十多岁的时候过世了。虽然我几乎不记得他了，因为我在法律意义上是他的儿子，他对我的人生还是产生了意想不到的影响。

因为他在法律上是我的父亲，故而我从美国政府那里继承了他的社会保险金，我妹妹也是如此。我的姐姐因为年纪太大而无法继承。他的退伍军人津贴以大学学费的形式发给了我。因此，我在迈阿密大学的本科学费就是通过这些津贴来支付的，学费其实很贵的。此外正如我之前提到的，我也被免除了兵役。

我的母亲并未与我亲生父亲结婚。当我母亲还健在时，她一直否认他是我的父亲。在我生命中的大部分时间里，我母亲还在世的时候，我从来没有机会和她谈起过他，更不用说从她那里了解到更多关于他的事情了。我母亲声称我的父亲是我姐姐的父亲，她嫁给了他；但这并不属实。当我姐姐的父亲在第二次世界大战中服役时，我母亲与一个相当富裕的人好上了，他的姓氏，实际上是我的真实姓氏，是温斯顿（Winston）。二十世纪九十年代初，在我母亲过世后，我姐姐决定让我与温斯顿家族的孩子取得联系，也就是我同父异母的哥哥和一个同父异母的姐姐，其中的一些人是她的高中同学。如果我母亲在世，我姐姐是不会这样做的。我姐姐年轻时，非常留心大人的谈话，并逐渐了解了整个事件。她永远不会拿这件事与我母亲对峙。她对母亲的否认和拒绝感到非常不满，因为她认为这对我而言很不公平。

不管怎样，在我母亲过世十年后，我姐姐让我与我的一个同父异母哥哥取得了联系。"我有你一个哥哥的邮箱地址，"她在电话里告诉我，"你要吗？"我给我同父异母的哥哥，爱德华，写了一封电子邮件道："我叫某某某，我是伯克利的一个教授。我姐姐里歇尔跟你一起上过学，我知道你认识她。我有充分的理由相信我是你父亲的一个不为人知的儿子。"不到 30 分钟，我就收到了回复。他说："我们一直都在找你。"他们早就知道了这件事。同样，他们也从未跟他们的父母谈过这个，因此他们缺乏关键的细节。我在温斯顿这一支的同父异母的兄弟姐妹们都比我大。到目前为止，我已经见过他们其中所有在世的人，还有他们的配偶和孩子。

从边缘解决中心问题
——专访瓦格纳教授[*]

访问：陈竹茗

[*] 初次发表于《稷风》第三期（2017年秋）。

鲁道夫·瓦格纳(Rudolf G. Wagner)教授

1941年出生于德国威斯巴登,凭着对汉学的突出研究水平,获得了1993年度莱布尼茨奖,是德国著名汉学家之一。不少著述均与王弼《道德经注》相关,堪称王弼研究的专家。生前为海德堡大学汉学系资深教授、费正清中心客座研究员,同时担任欧洲汉学学会(EACS)秘书长,系国际儒联理事会成员。

陈竹茗

香港浸会大学翻译系文学士(一级荣誉)、香港大学中文学院哲学硕士,现于香港大学继续修读博士课程。研究兴趣以秦汉六朝文学为主,硕士论文《为帝国书写——班固〈典引〉研究》对该篇汉代"符命体"文章作全面剖析和首次全文英译。现正从事颂体文学发展史之研究。访问时担任饶宗颐国学院研究助理。

国 _ 国学院
瓦 _ 瓦格纳

国：瓦格纳教授，谢谢接受是次访问，能够邀请到您担任本院杰出访问学人是我们的荣幸。

瓦：我很高兴来到这里访问交流，过程中获益良多，实在是一次非常愉快的体验。

国：在过去一个月，您就汉学的多个方面作了演讲和座谈，您的研究领域跨度之大令人赞叹。您会怎样总结自己异常博大的学问和宏富的著述？

瓦：假如一个人活得长久，用三言两语总结一切诚非易事。不过在我的研究著作里，"知识生产"（intellectual production）和政治之间的联系是其中一个共通点。我研究王弼玄学的专著（*Language, Ontology, and Political Philosophy in China*, 2003）的最后一章探讨了王弼的政治哲学，可以代表这一方面多年来的思考。

我的另一个关注点是跨文化联系，最初没想过用它来作研究进路，但后来它却成了博士论文的一个关键面向。我的博士论文主要研究《大乘大义章》，这是一部西域僧人和中国南方和尚之间的通信集。另外，只要了解一下我以前有关太平天国之乱、晚清报纸、新中国历史剧等方面的论著 [案：*Reenacting the Heavenly Vision: The Role of Religion in the Taiping Rebellion*, 1982; *The Contemporary Chinese Historical Drama: Four Studies*, 1990;（主编论文集）*Joining the Global Public: Word, Image, and City in Early Chinese Newspapers, 1870—1910*, 2007]，以及目前展开的概念史研究项目，不难发现跨文化研究是我念兹在兹的对象，我也指导别人进行相关研究。

国：您大作里的考据部分尤其精彩，我想知道您怎样看待考据。

瓦：我的论著往往带有详尽的文本考证分析，至于接着是探讨个中的政治见解，或是提出宗教、概念方面的问题，则视乎所处理文献的本质。在中国，知识生产和政治的关系从古到今都密不可分，有鉴于此，我采取的研究进路至少比较贴近中国的知识生产模式，不无可取之处。

国：能否阐释一下您采用的研究进路？

瓦：我是采用诠释学的进路，简单说就是从历史行动者（historical actor）的角度看待事情。举例说，中国人自古以来通过诗歌、文章和戏剧等间接形式表达其政治批评，与此同时有相应的阅读传统去解读这类作品。

因此，你在官方文件里找不到直接针对"大跃进"所引起问题的讨论。然而只要找一找当时的历史剧剧本来读，像周信芳编演的《海瑞上疏》或在北京上演的同类新京剧《海瑞罢官》，并且读得仔细，你会发现剧中对大饥荒、法律体系崩解及权力核心的斗争有着深刻且深入的讨论。这些国政大事都采用间接却极度尖锐而实在的形式在舞台上讨论。当然，这可能只是我个人的诠释。不过只要翻查"文革"期间对这些剧目的批评和抨击，便可知道当时舆论对个中政治涵义的解读正是我所说的那样。国家领导人很清楚这些历史剧的讽喻之旨、言外之音。

国：您在访问期间的第一场讲座里，强而有力地证明了"公正统治"这个概念通过各种非语言交流方式，尤其是绘画而传遍中世纪欧洲。您认为图像证据在跨文化研究中扮演什么角色？

瓦：图像证据也许只是其中一面。《诗大序》不是说"情动于中而形于言，言之不足，故嗟叹之，嗟叹之不足，故咏歌之，咏歌之不足，不知手之舞之，足之蹈之"吗？可见言语是非常笨拙的工具，因此才需要多层次的表达。修辞、隐喻、图像、舞蹈、音乐等等都是表达复杂概念的合理形式，却未能得到足够的正视和研究。我认为这种盲点部分源于西方对汉学的假设，即概念压根儿由言语所构成。我不相信这一套。只要观察一下真正的社会舆论如何运作，便会发现讨论是在所有平台同时进行的。

以我在讲座中探讨的公共设施为例，跟人们说这边是皇宫，而在外面的公众领域架设了一座钟鼓，假如在别的地方寻求不到公义，任何人都可以前来鸣钟击鼓。这种架构一看就明了，但如果要解释背后的整套哲学，可得追溯到上古中国非常具体的概念。所以我认为融合不同形式的概念表述非常重要，不过方法上不是太多人懂得如何操作。

国：我在讲座里听到您多次用"smoking gun"（比喻确凿证据）一语，可以举个例子说明何谓"冒烟的枪"吗？

瓦：我用这个词来谈"举证的责任"（burden of proof）。但凡做学术研究，前提是当你有一个观点或主张，你必须拿出证据去加以证明。没有论证的研究无异于獭祭鱼，不过是在堆垛知识。归根究柢，你需要有一个既关键、又可证实的论点，这就引出了确凿证据的问题。

不妨举我的博士论文《慧远问鸠摩罗什大乘要义研究》（*Die Fragen Hui-Yüans an Kumārajīva*, 1969）为例，毕竟你对这个案例并不熟悉。来自中亚的鸠摩罗什和中国僧人慧远通信，谈论相传为鸠摩罗什所编《大智度论》一书的奥义。二人来回通信据称各有十八通，由后人编集成《大乘大义章》，不过从传本所见实有如盲人跟聋人在对谈。慧远在这一章问了一个问题，接着在下一章问另一条问题，提问时仿佛没有看到鸠摩罗什的回答，鸠摩罗什亦一样，总之他们像是不太能沟通似的。在木村英一编的两大册《慧远研究》（1960—1962）里，一群京都学派学者得出的结论是两人各自代表的文化太悬殊，所以无法互相明白对方。此一说法尽管出自日本知名学者之口，但实在没法说动当年这个身在慕尼黑、名不见经传的博士生。

因此我开始质疑究竟是否真的有十八封来信和回信。我查阅相关文献，发现给二人送信的僧侣是一个年过七十的退役军人，而他们身处的庐山和长安之间相隔一千二百公里。我接着研究鸠摩罗什所在的后秦和慧远所在的东晋的历史，得知二人能够互相通信的时期，两国边境每年只开放六个月。假如有人跟我说,一个七旬老人在六个月内往返两地十八次,每次要走一千二百里路,我会感到是天方夜谭。至此一枝冒烟的枪已然成形:很明显这批书信的数目不对。于是我转而寻找个中的内部指涉,着手重构书信的原貌。一旦提出这样的疑问,一切便迎刃而解,手里出现了一枝冒着硝烟、甚至浓烟的枪:原信其实只有三封,后来为了教学需要而被剪裁成一连串的问与答。因此《大乘大义章》并未按顺序收录一封封原信,而是以教义问答的形式将信札内容流传下来。(案:瓦格纳教授曾亲自将其博士论文第二章译成英文,1971 年发表在《哈佛亚洲学报》第 31 期,题为:"The Original Structure of the Correspondence between Shih Hui-yüan and Kumārajīva"。)

我做了一些无人做过的事,也就是在研究佛教教义的论文里探讨了秦、晋之间的邮传制度,或是信差的年龄等非常边缘的问题,并得出一些极其新颖和发人深省的见解。从本个案得出的经验是,你需要收集所有史料和主要学者的意见,找出那些理解上不明不白的地方,接着用未经证实的假设去尝试解释,最后从表面上毫不相关的领域去寻找证据、解决难点,这就是所谓"冒烟的枪"。我的《老子》研究也一样,将焦点放在文体风格而不是内容上,这成功解决了该书在章节结构理解上的难点。所以不用在意别人认为哪些东西相关、不相关,把自己的手脚给束缚住。不过举证责任存在另一个问题。在跨文化研究里,我们需要面对两个互相抵触的过程。一方面,文化的命脉在于跨文化互动,一旦失去了互动,文化只会陷于干枯。与此同时,文化是人类自我认同最重要的支柱,所以一般都会宣称其所属文化真实不二。这就形成一个循环:人们从其他文化里各取所需,然后花很大力气和创意去归化"他山之石",最终宣称这些东西古而有之,并忽视、遗忘或毁灭个中跨文化互动的痕迹。文化保护和历史知识之间呈现的不对称性,往往令从事相关研究的学者左右为难:他们虽然能够展示跨文化互动的面貌,却苦于找不到历史行动者现身说法,缺乏解释这种灵光一闪的根据。

国：您刚才的一番话非常发人深省，令我想起叶凯蒂（Catherine Vance Yeh）教授对您的研究方法精辟的概括："无视中心，直攻边缘。"

瓦：不过这句话只说了一半，另一半是："身处边缘，沿波讨源。"假如身处边缘却没能追查所有线索，那只是困在边缘，一点好处也没有。之所以要直攻边缘而不是中心，是因为边缘在立论之际尚未齐一（homogenized）。这一方面既然没有人研究过，你只能够孤军作战，情形就像我刚才提及的《老子》链体风格。但这亦意味着没有主导叙述，只能靠自己的本事跟材料正面交锋，而这种锻炼非常有用。学生一般倾向直奔文本所提出的中心问题，我尝试说服自己的学生若要真正理解文本的核心问题，不妨从完全边缘的地方入手，然后追查每一条线索，不放过任何一个细节。

国：我听闻在您所属的海德堡大学汉学所，读书会的风气十分盛行，可以为我们介绍一下吗？

瓦：读书会的出现颇为偶然。我当时在教《申报》和《点石斋画报》，有七到九位学生跟我写那方面的硕、博论文。我们每隔两星期单独见面，非常费时失事，因此我决定安排大家每两周聚首一堂，不设散会时间。我们通常由下午四时开始围坐漫谈，有时到深夜才结束。每次由一名同学选定一篇报章文章，通过阅读和分析文本，引导其他参加者精读该文；大家都要预先做准备，但所下的功夫不及负责同学多。负责同学虽从其硕士或博士论文范围内选取文本并经过悉心准备，但面对集体智慧和他人的批评，每人带来的译稿到离开时都无法原封不动。即使做老师的也不例外，我把准备好的译文带进课室，学生乐此不疲地指出我偏离原文意思的地方。事后证明，这个训练令大家受益匪浅：一方面存在通力合作，因为学生们都在钻研相关的材料，建立起非常广阔的共同知识基础；另一方面形成良性竞争，人人都参与辩论，务求提出更具说服力的论点、拿出更准确的翻译。

我教的另一门课是原文与注释，主要指导学生通过注释以"外推"

（extrapolative）方式阅读原文，换言之，学习从某一注家的角度，设身处地阅读某一文本。我手头上有十五位学生面对相同的方法论问题，所以我另外给他们组织一个研读小组，同样隔周举行、不设时限，结构与《申报》小组无异，但我因此每星期都参与同类的聚会。这两个研读小组的每一位参加者，包括我在内都异口同声认为在小组期间所做的一切，成了学术生涯里一部分最愉快的回忆和最有收获的经验，原因无他：读书会的工作非常紧凑、极具批判性和挑战性，但同时充满合作精神和裨益。大家不断从同侪身上得到反馈，并积极参与别人负责导读的讨论，自觉处理文献的技巧都日益成熟，拿捏得更精准和到位。事实上，我有的旧学生还在延续这个传统。譬如梅嘉乐（Barbara Mittler）教授曾经是《申报》小组的一员，现为海德堡大学汉学所讲座教授之一，他便召开过读书会专门研读民国时期的娱乐小报。

回想早年跟从鲍吾刚（Wolfgang Bauer）教授读书的岁月，我从其他研究生身上学会的东西多不胜数。正是这一类研读小组给予同学大量合作的机会，有的人自此成为挚友，有些甚至共谐连理。在耐过十年寒窗的寂寞之余，成功营造一个友好而充满竞争的环境，让大家建立共同的知识基础，读书小组功莫大焉，我为此感到非常惬意。

国：我想香港的学生可以好好汲取您的经验。最后一个问题是，您对香港学术界的整体印象如何？您认为香港学术界相对的优势和弱点是什么？

瓦：我仅仅来了四星期，没资格作评估。于我来看显而易见的是，在本地不同院校可以找到实力很强的学者。图书馆资源相对丰富，尽管分布不平均，但通过图书馆联网可轻易调阅所需资料，因此可以说这里的学术环境颇佳。

我认为不利的条件是学术沟通不足。在晚餐会上很少出现深入的学术讨论，这儿的人也不太热衷言谈交流，譬如说在这四星期里，跟学生的学术交谈全都是由我主动开始的。至于体制安排方面，我的印象是一些大学图书馆拥有大量资金和优秀馆藏，但它们不是"猎书型图书馆"，不会着意访求猎取最有意思、最具争议、最多人谈论的书籍。馆员购书时只是看着出版书目按图索骥，却不去征求本校教授和教研人员的专业意见，使得教研人员不得不购置个人研究藏书。

不过这些问题并非香港独有，事实上在中国大陆更严重，即使最好的学府也难免。其他地方的大学也面临同样的问题，像我在哈佛便看到同样是中国研究专家，专研水利、卫生、政治和文化的学者彼此存在沟通问题。我每年有部分时间效力的费正清中国研究中心便积极做团结工作，不过要让学者们建立紧密交流，包括知名学者和研究生之间的联系，实在是非常艰巨的工作。所以我希望看到本地学生能主动打开话匣子，跟我展开各种学术交流、互动和讨论。

国：十分感谢您分享多方面的哲思睿见，给我们带来很多思考的空间。

瓦：不用客气。

附记

2017年5月中至6月中，瓦格纳教授以杰出访问学人身份进驻饶宗颐国学院，进行为期一个月的学术交流，是次访谈正是在他离开前数天所作的。受访者谈锋甚健，谈及改革开放初期在中国大陆的见闻和各式各样的内容，到处体现睿见与慧思，可惜访谈以治学心得为主，囿于篇幅无法尽录。

瓦格纳教授此次访行笔者有幸负责接待，协助他尽快安顿、投入研究，因而不乏亲聆謦欬的机会。其间发现这位汉学大家不单道贯中西、学问渊深，而且一言一行无不流露生活智慧，对饮食和养生尤其有心得。更令我敬佩的是老教授已七旬过半，但事必躬亲，每事不耻下问，诚所谓儒者以一物不知为耻。眼见他精神矍铄，毫无衰惫之态，原以为日后必有机会再遇，想不到一别竟成永诀，空留下绵绵的哀思。由于这一重因缘，当国学院上下闻知噩耗后，我便在院长陈致教授指导下撰写了讣文，登载于本院网站。现将英文版略加译改，附于此以志景仰。

永远怀念鲁道夫·瓦格纳教授

2019年10月25日晚上，我们敬爱的鲁道夫·格奥尔格·瓦格纳（Rudolf Georg Wagner, 1941—2019）教授在至亲陪同下于家中安详离世，享年77岁。

中外学界对瓦格纳教授的逝世深表惋惜，我们将永远怀念这位一代欧洲汉学大家、治学严谨的人文学者和循循善诱的教育家。2017年，瓦格纳教授荣膺香港浸会大学创意研究院杰出访问学人暨饶宗颐国学院杰出访问学人两项殊荣，进驻国学院作为期一个月的访问交流，主持一系列公开讲座和研究生座谈会，其间与香港高等院校的师生进行深入的研讨交流，情景之热烈至今仍为人乐道。

二十世纪六十年代，年轻学者瓦格纳在德国波恩大学、海德堡大学、巴黎大学及慕尼黑大学之间辗转求学，攻读汉语、日语、政治学和哲学。1969年，在著名汉学家鲍吾刚的指导下完成博士论文《慧远问鸠摩罗什大乘要义研究》，以净土宗初祖、庐山慧远大师与西域高僧鸠摩罗什之间的通信为对象，研究成果胜义纷陈。毕业后获取哈克尼斯奖学金（Harkness Fellowship），1969至1971年间先后访问哈佛大学及加州大学伯克利分校，其用力三十多载的王弼《老子注》研究正是发轫于此次访学。

瓦格纳教授1972至1977年间获柏林自由大学聘任为助理教授，虽然其东亚研究系侧重当代中国，而瓦格纳一直以来接受正统的古典学术训练，两者未能完全对口，但他勇于面对新挑战、学习新知识，足见其治学格局不拘古今，当代中国研究更成为他日后的一大研究领域。二十世纪八十年代初他多次前往美国访学，先后担任康奈尔大学人文学会研究员、哈佛大学费正清中国研究中心客座教授（2013年起获聘为费正清中心客座研究员），以及加州大学伯克利分校中国研究中心语言学研究员。其享负盛名的太平天国宗教研究、新中国新编历史剧以至新中国散文专题研究，都是八十年代访美之行的成果。

瓦格纳教授于1987年获海德堡大学礼聘为汉学讲座教授，随后在该所大学担当不同要职，包括东亚研究中心主任（2005—2009）及"全球脉络下的亚洲与欧洲"卓越研究群联席主任（2007—2012），2009年起出任汉学资深教授。在其辉煌丰硕的学术生涯里，海德堡大学占了很重要的位置。他一生获奖无数，其中1992年12月获德国研究基金会颁发莱布尼茨奖，该奖普遍被视为德国学术界的最高荣誉，获此殊荣亦容许他投放五年时间和精力钻研王弼哲学。研究成果最终体现在他的"论王弼哲学三书"，分别为 *The Craft of a Chinese Commentator: Wang Bi on the* Laozi（2000）、*Language, Ontology, and Political Philosophy in China: Wang Bi's Scholarly Exploration of the Dark* (Xuanxue)（2003）及 *A Chinese Reading of the* Daodejing: *Wang Bi's Commentary on the* Laozi *with Critical Text and Translation*（2003），奠定了他在汉学界的不朽地位。2008年江苏人民出版社印行中文版《王弼〈老子注〉

研究》，集中呈现了三书的内容。

瓦格纳教授晚年的治学兴趣主要在跨文化研究，主张以"跨文化视野"作为人文和社会科学的主导原则。他近年的学术贡献触及广泛的研究领域，协助构建重大的学术讨论，并开拓出新的探索场域。在抗癌的最后阶段，他仍凝聚心力准备"跨文化研究新方向"会议（"全球脉络下的亚洲与欧洲"完成历史任务前最后一场会议）的主题演讲。即使病情日益转差，瓦格纳教授依然尽其所能继续各种学术书写，足见他是以鞠躬尽瘁的态度追求学问，至此为学为人庶几两全，无愧"学人"之称。

当噩耗传出后，识者无不为之扼腕叹息。瓦格纳教授充沛的生命力、无限的求知欲，以及对家人、同事、同行的关爱和慷慨将长存我们心间。他的睿智、幽默和人格魅力将永远为大家缅怀。

汉学、伯克利与六十年代
——艾兰关于学生时代的回忆

访问：黄冠云　　文字整理：顾觉民（Benjamin Gallant）　　翻译：周康桥

艾兰（Sarah Allan）教授

1945 年生于美国，先后在加州大学洛杉矶分校和伯克利分校学习中文，1974 年获博士学位。1972 年始在英国伦敦大学亚非学院任教，1995 年夏始任美国达特茅思学院教授。她研究甲骨文、青铜器、竹简，在亚非学院长期教授中国古代哲学文献，对先秦的文献、考古、思想和文化颇多涉猎，在文字器物与思想哲学两大领域收获颇丰。她参与整理和编撰的《英国所藏甲骨集》是其甲骨文研究中的重要贡献。青铜器方面，她曾同李学勤合著《欧洲所藏中国青铜器遗珠》一书。其他著作包括《世袭与禅让》、《龟之谜》、《水之道与德之端》。最新一部著作为《湮没的理想：出土竹简中的禅让传说与理想政制》。

黄冠云

美国加州大学伯克利分校历史学系学士及东亚语文学系硕士，芝加哥大学东亚语文学系博士，现任香港城市大学人文社会科学院中文及历史学系助理教授，《古代史百科全书》(*Encyclopedia of Ancient History*) 编辑。研究领域为先秦、秦汉出土文献，经学与国际汉学。曾于《汉学研究》、《中国文化研究所学报》、《简帛》等期刊发表多篇论文，目前正在撰写关于郭店竹简的专书。

顾觉民（Benjamin Gallant）

哈佛大学东亚语文学系博士候选人，研究领域为古代中国。

周康桥

现为澳门大学中国语言文学系博士研究生，研究领域为早期中国。

黄＿黄冠云
艾＿艾兰

黄：我想我们可以回到您刚入大学学习中国文化的时候，从您学术生涯的早期和对于伯克利（University of California，Berkeley）的记忆聊起。

艾：1962年，大学伊始，我进入了里德学院（Reed College）。我修了一门世界艺术课程，其中有一个单元是关于中国的。其实在高中时，我就阅读了与禅宗佛教和道教相关的书籍，由此产生兴趣，并在那时忽然意识到我可能能够学习中文。然而里德学院还没有设立中文系，我不得其门而入。因此在大一第二个学期，我转去了伯克利。但这里的语言课程都是一学年的，我来不及选修，还是没能就此开始中文的学习，所以我选择了卜弼德（Peter A. Boodberg）教授开设的一门概论课。这门课程是伯克利少有的半分课程（大多数是3或3.5学分），许多人需要有这额外的半个学分来满足毕业要求，因而这门课程的选课人数极为庞大。或许正是这门课启发了我此后的学术道路，给了我思路与想法，然而不得不承认，彼时的我对这门课程的内容并无深刻的印象，因为教授的内容对于初入门径的我而言还太过高深。另外，我还选修了一门亚洲艺术的课程。

黄：是高居翰（James Cahill）教授指导吗？

艾：不，高居翰教授次年才来到伯克利，日后当我成为一名研究生再次回到伯克利时，他也依然在此任教，并对我的学术生涯有着很重要的帮助与影响。

大学第二年，我与我的爱人尼科尔·艾伦（Nicol Allan）共坠爱河，他是一名艺术家，在洛杉矶有一间画室，陈列出售他的作品。所以我也搬去了洛杉矶，转学至加州大学洛杉矶分校（UCLA），那一年我开始学习中文，并在机缘巧合下选修了鲁德福（Richard Rudolph）教授开设的考古学课程。那时候任何就读于加州的大学生只要满足了学校规定的要求，便可在州内的大学之间轻易地转校。只要这个学生拥有 B 或以上的平均分、最低限度的 SAT 成绩、并在高中修读过相关内容的课程即可，没有太大竞争，而且完全免费。

对我而言，学习汉语其实并没有什么特别的缘由，只是我刚好意识到这是我能做的一件事情，我想汉学家中类似我这样情况的也并非罕有。还可能因为我左派的政治立场，使得我对中国的共产主义、共产主义理想、毛泽东、当代中国都颇有兴趣。但一旦我开始了研究，从学术上我所关心的就是古代中国，虽然我依旧对现时的中国充满好奇，但并非是以一个学术的角度，而更像是一名当代中国的观察者。我向鲁德福教授学习考古学及古代汉语，并且为他工作，那时我刚与爱人结婚，丈夫的收入不足以支撑我俩的生活，所以我在校园里工作以补贴家用。我兼职于学校的古典文学系（Classics Department），是一名所谓的研究室助理，但其实主要是负责鲁德福教授的课程幻灯片。他上课十分系统且有章法，讲述了所有重要的考古发现，这对我而言是极好的学术训练，夯实了我中国考古学的基础，我的学术生涯于此受益无穷。

至于研究生时期，我得提及关于那个年代伯克利的几件事情：一是与古代中国有关，伯克利的东亚语言系是非常棒的。我当时能够选择到伯克利与哈佛读研，除了学术上所能提供的支持外，还因为 1966 年的伯克利是一个最独特的地方，言论自由运动（Free Speech Movement）方才结束，余热未散，伯克利吸引了一大批研究生新生汇聚于此。系里第一次有这样多的学生，他们甚至都不知道该如何处理这种情况了。正如我那时选择去伯克利而非哈佛（Harvard University），其他的学生也作了相同的选择。

黄：您当时是否还认真考虑过选择其他的大学呢？

艾：耶鲁（Yale University）可能是我那时还考虑的学校，因为张光直先生在那儿任教。但当时申请耶鲁要求研究生入学考试（GRE），其他大学却并未作此要求，我没能及时了解到而递交了不完整的申请，所以未被录取。

黄：您认为是在 UCLA 与鲁德福教授学习工作的经历让你走上这条道路的吗？

艾：是的，师从鲁德福教授，让我有志于中国考古学，在 UCLA 时，我还在戴维森（J. Leroy Davidson）教授的课上学习青铜器相关的知识。我回到伯克利时，高居翰教授刚发表了弗利尔美术馆藏青铜器目录，所以我也以为可以跟着他学习考古，不过后来就发现这不太可能。那个年代，美国人无论如何也没法到中国去，而且我们也不知道自己在有生之年能否踏上那片土地。所以我一直从事的是文本上的研究，坚持不懈地阅读中国考古学相关的书籍，尽我所能地去学习。后来在伦敦，我第一次任教，所教授的内容就是中国艺术史与考古学，我的职务一半在中国艺术与考古，一半在语言文学。直到我在那儿获得了一份固定职位后，因为人事调动的原因，转而完全任职于远东系里的中国部。

黄：您对卜弼德教授的课是否还有更多其他的回忆呢？

艾：卜弼德教授那门关于中华文明的概论课程，在许多方面使用了比较研究的方法。有一堂功课是要求学生做一份中国与欧洲的大事纪年对照年表，相对而言，我不够熟悉西方文明的历史，所以对如此比较的意义也懵懵懂懂。卜弼德教授总是高估了我们大多数学生所拥有的知识储备。但他讲课非常有意思，从一些宏观的主题出发，例如气候与文明的关系，中华文明怎样受其所处地区气候的影响等。作为老师，卜弼德教授的讨论课，而不是他的演讲课，更能够代表他的教育方式。我自己教书时也试图去模仿这种苏格拉底式的教学方式。他会审问学生文章中每一个字的涵义，我尤记得有一门课，整整一学期，我们阅读了《诗经》中的一首诗，和《天问》开篇的一部分。他会要求学生翻译阅读的内容，在翻译了一两个词后，便又会究问学生每一个字的意思，以及为何我们会认为是如此含义。所以，我们得去查阅《康熙字典》，这也是卜弼德教授自己常常使用的，还有搜阅大量其他的材料。接着，他会考问学生用以翻译的英文词汇的含义，还有这些词汇的根源为何，我们又得去翻索那些古英语字典，同时学习这些英语词汇的渊源与流变。因此我们课程进展缓慢，但却能够审慎扎实地明了其义。

黄：这门课的教室是一间摆满参考书的会议室吗？

艾：不是，实际上在课堂里我们并不会去查询资料，而是在课后把所有的这些弄清楚。我们学到的是何处能够查到自己所需要的资料，而且卜弼德教授也会告诉我们他的解释以及任何他想要讲述的内容。他对语法的使用是很严苛的，在另外一门阅读唐诗的课上，有一次他坚持用一种特定的语法分析，而将一首诗翻译得极不寻常。理查德·昆斯特（Richard Kunst），我的挚友与同学，他通常不认同卜弼德教授的解释，所以我们常起争论。我的丈夫说卜弼德教授的课程在我们学生中是讨论得最为热烈的，因为大家总是会争论老师的分析是否正确。卜弼德教授向我们展示了阅读时应该如何思考。他总是尽力让学生去思索作者在他们的语境中真正要表达的是什么。当我们在读《天问》时，他会引导性地问学生：古人的宇宙是如何组织的？如有八柱，那么八柱是在何处？大地是怎样的，而天空又是如何覆于其上？文中是如何使用隐喻性的手法去表达，而人们又是如何理解它们？现如今，我或许已不再认同卜弼德教授的很多观点，而且这些年来我也拓展了自己的研究兴趣。但是我自己的著述中许多试图解决的问题，正是学生时代卜弼德教授带给我们的。具体而言，如拙著《龟之谜：商代神话、祭祀、艺术和宇宙观研究》（*The Shape of the Turtle: Myth, art, and cosmos in early China*），就是来自卜弼德教授提的问题：当时的人如何想象宇宙？

我个人心目中卜弼德教授的形象会与常人所描绘的大不相同，譬如我所认识的他绝非一个沉闷死板的人，他极为欢快诙谐，富有幽默感。他是一位很有自豪感的俄罗斯人，是属于在家会讲法语的那一代人与阶层。

我在二十世纪八十年代初给《卜弼德教授选集》写过一篇书评（*Bulletin of the School of Oriental and African Studies,* University of London, 45.2 (1982), pp. 390-392），是为了对罗伊·安德鲁·米勒（Roy Andrew Miller）的书评作一回应。在那时我开始思考卜弼德教授年轻时的经历，这对于我们了解他的学术追求十分重要。他在圣彼得堡长大，那时正是俄罗斯先锋派活跃的时候，实验性诗歌、艺术运动如俄国未来主义（Russian Futurism）大行其道，繁荣兴起。而通用语言的观念在全世界都很流行，我认为这影响了卜弼德教授研究中文的方法。当然这仅是我的推测，并没有什么证据能够证明这一联系。我想卜弼德教授想要完成的工作不仅限于中国，那也就解释了为何在他的翻译中挑拣使用的语言是那么重要。他的想法，就我所理解的，是将中文概念引介入西方知识界，由此成为全球知识话语的一部分。他的做法是利用英语或其他欧洲语言中旧有的构词形式而创造新的词汇，以使得能与相应的中文术语有相似的含义和历史沿革。在翻译时究竟怎样才能不曲解原文之意呢？当人们将中文翻译为英文时，并非每个词语都能精准恰当，所以大部分人就省事地用看上去最接近中文原意的话去翻译。但问题是若使用这种表面上同义的词去翻译中文，那么不懂中文的人则会以他们自己熟悉的意思去理解这些翻译。卜弼德的解决办法就是创造一个全然不同的词汇，他精通多国语言，无论古代的或是现代的，因此他在发明一个新词汇用作翻译时，会考虑利用跟中文词汇有着语言学上相同沿革的词根。不得不再次说起，我认为卜弼德教授高估了其他人的知识水平，他同时代的人，即便是接受过最高等教育的，也很少能够理解他所指为何。然而，他的目的不只是翻译而已，更是希望能够将中文思想普世化，使其成为世界人文学科的一部分。所以他希望自己创造的那些用以翻译中文的词汇在英语世界中能够规范化，而成为众人共有的观念。他的学生薛爱华（Edward H. Schafer）教授同样致力于翻译与创造词汇的问题，只不过不似那般理想化。

黄：他确切地认为自己创造的那些词汇日后能够为大家所接受吗？

艾：我想这是他最初的愿景，也正是关键所在。至于他认为自己能否实现，是另一码事。他有一个很宏伟的目标，并在智识上有着极大的雄心。我所理解的是他尽力去做一些他认为重要的事情。现在所说的都是我个人的看法，此前未见人有如此的评价。

黄：所以你们在课上，将这些想法付诸实践。

艾：理解中文里每一个词在文中起到何种作用，并且在翻译时，在英文术语的选择上，去考虑它的历史性。当然有些他做得到的我们无能为力，我们没有试图创造新词汇。但是我们在使用一个词来作为译文时，必须弄清楚它的词源，然后卜弼德教授会建议一些其他可选的词，并且提供他自己的结论。他会分述每个词的词根、他选用某些具体的词根的原因，又是通过怎样的形式，来构造出他心中最佳答案的新词汇。

黄：那会有很多的讨论吧？

艾：在课堂上，他基本上会不断地向你提问，他在课堂上很友好，但因为他对自己笃信不疑，学生需要回答他的问题并尽力跟上他的节奏，这会让一些人感到害怕。但在课余他是个非常平易近人又健谈的先生。从一些与他并不熟识的人们笔下，你可能会觉得他特别严厉，但事实并非如此，他是一位十分有魅力的人。

他有着军事贵族的家庭背景，我坐巴士去学校，经常遇见他步行去杜兰特大楼（Durant Hall），可能是从停车场出来，我们可在同行路上闲谈一阵。我记得有一次他告诉我，他读大学的时候为了保护鞋子而常常赤脚走到学校。虽然在俄罗斯时他家境殷实，但显然他刚来美国时囊橐萧萧。另有一回他说起他还是军校学生而被俘的事情，我猜想那时他才十三四岁，一定是所谓"白军"的军校生，不过薛爱华教授所写的讣告中说他既非白军，亦非红军。他说被俘虏后，凭借一张能说会道的嘴逃了出来——因为他自命非凡又喋喋不休，看守竟然让他走了。

黄：他的贵族出身可能是您在与他交流的过程中可以感受到的特质。

艾：如果没有意识到这一点的话，我并不会感受出多少来。我也曾师从艾伯华（Wolfram Eberhard）教授，生于德国的他同样有着贵族背景，不过是学者世家，卜弼德教授则是军事背景，这在他俩的竞争关系中发挥出作用。卜弼德教授曾告诉我，艾伯华教授是他所认识的人中对中国最为了解的。我怀疑这个评价并非完全是恭维，而是说他虽对中国知之甚详却缺乏对西方文明的充分了解。那个年代及阶级的欧洲知识分子总是有着美国人通常缺乏的学识上的渊博与自信。而他们二人从不同方面展示了这种自信，卜弼德教授的雄心与崇高，或许正来自这个背景。

黄：您能否为我们再多讲些卜弼德教授的事？阅读了大量关于他的记录后，有时会感觉他在其职业生涯的末期心情颇为落寞失意。

艾：作为一名学生，他给人的感觉并不是真的落寞失意，虽然有些比我更与他亲近的人用那些词去形容他。不过他的确变得有些教条主义而且固执己见，如果他被其他人更多加肯定的话，情况可能会好些。他也不总是那么顽固。我提出博士论文的想法时，虽然做法与他全然不同，他还是容许了。对他而言，有一批追随者是很重要的事。我犹记得在他晚年，一次心脏病发作后，他引了玛丽一世（Mary Stuart）的一句话给我："我死即我生。（In my end is my beginning.）"

在我看来，他的症结是壮志未酬。这不仅是因为学术能力上的问题，还因为汉学家并不处于西方知识界的中心位置，在俄罗斯，如果不是历史的原因，他自然而然地会处于更加中心的地位。他年轻时的宏伟志向终未实现，既有历史环境的因素，也因为其本身过于宏大，经受挫折会导致不可避免的失望、抱怨。我认为他还想完成一项工作，亦即原始汉语（Proto-Chinese）的构拟，至今我也未见到有人做到。卜弼德教授学习了所有相关的语言，他认为自己可能可以完成这项任务，当然最后失败了，因此这也是一件令其沮丧的事情。

我虽与卜弼德教授一同工作，但他最为亲近的学生是鲍则岳（Bill Boltz），他也是承继老师学说最为忠实的学生。那时我内心抗拒成为一名如此直截的追随者，但回顾来路，我的为人、治学皆受卜弼德老师的影响最大。他对大的观念充满兴趣，虽然不像我后来那样热衷理论的讨论。然后，我通过自己的方式，将他教给我的东西吸收到自己的研究中。我总是尽力去钻研语言，考究语言的含义，然后将它们置于一个更加理论化的层面。将从他身上学到的东西稍作适应，我采取那种自下而上的提问方式。这是我所体会的他给我的教导。

黄：将自己的研究理路与卜弼德教授的研究理路区分开来，是您有意而为之吗？

艾：我真的没有想成为一位门徒，这就是我的性格（笑）。当任何人想用权力威逼我时，我总是会反抗。因此弟子这一角色从不会属于我。我从伯克利真正获得的东西，都是我从当时的老师那里学来的。我总是试图从我的老师那里学到我认为他们能够提供的，他们所擅长的和知道的东西，而不太关心其他。

黄：那个时期的伯克利，是否确有很多从其他国家移民而来的学者？

艾：在我身边认识的人中，除了卜弼德教授，还有来自不列颠的白之（Cyril Birch）教授，来自中国的陈世骧教授，他同样在英格兰待过，与艾克敦（Harold Acton）合著过作品，当然还有其他来自中国的学者，如张琨。还有之前说起的德国教授艾伯华。第二次世界大战使得一些欧洲教授移民来到美国的大学教书。他们有的在战前已经来了，有些在开战伊始到达，还有些是在战时到的。而中国教授很多在移居美国前先到过台湾，但有些也是直接从大陆过来，例如赵元任教授。他在我到伯克利的前一年刚离休，他在系里有很大的影响力。就教师而非学生来说，这是一个非常国际化的环境。

黄：请容我再多聊会儿卜弼德教授，薛爱华教授曾提及他在校园里很活跃，并且与其他学者一起组织了一个系列讲座。

艾：是东方学讲论会（Colloquium Orientologicum），这是学院的一个系列讲座，教授们有时会带上他们的太太（在相关领域没有女性教授）。这同样是个社交场合，但充满知性的趣味。这也是学院的研究生们少数参加教授讨论会的机会。当我们在伯克利念书时，这项讲座还在举办，但那时候卜弼德教授在学校里已不活跃了。卜弼德教授不喜欢官僚制度，我有这种感觉，至少不喜欢服从官僚制度。有个表现就是在麦卡锡时代他辞去了系主任的职务，薛爱华教授在讣告中有提及这件事。

我想我应该解释那时硕博士项目是如何运作的。我们有多得让人难以置信的要求，这可能是受卜弼德教授的影响。也有可能因为系里的老师没法统一意见，就干脆将他们各自对学生的要求一股脑堆一块儿了（笑）。所以做一名硕士研究生（M.A.），在那时跟现在一样，也不是个很高的学位，我们所做的课程作业还是需要花费至少两年时间来完成。我们同样也有研究生考核，需要我们写一篇硕士论文，我写的是关于太公望的，之后将其作为文章发表了［"The Identities of Taigong Wang in Zhou and Han Literature," *Monumenta Serica*, 30（1972-1973）: 57-99］。我用了三年时间取得硕士学位，是同学中最快的一个。为了取得博士入学的资格，我们需要写一篇关于中西文学的比较文学论文，我所作的是亚里士多德《诗学》（*Poetics*）和《文心雕龙》的比较研究。接着还需将一章前人未译过的史类文献翻译为英文，我写太公望那篇文章时用到《史记》，虽然我使用的段落已经被前人翻译过，但卜弼德告诉我无需再递交一份翻译了。此外，在硕士时必须修读过法语与德语，而在博士期间则需要选修进阶的法语或德语，或者第三门东方语言，我学了一年的韩语。博士阶段，我们也有涉及五个领域的预备考试。这是一个极其漫长的项目，我特别幸运，因为我去了UCLA，而UCLA的项目是模仿伯克利设置的，甚至连课程代码都一样。所以我不必像来自其他学校的研究生一样修习大量课程，卜弼德教授也豁免了我许多课程，或许他觉得之前给学生们设置的那么多要求，也可以为个别的学生而搁置一旁。不过这也导致我几乎没与薛爱华教授一同学习过，因为卜弼德教授仅要求我上一门薛教授的课而豁免了所有他其余的课程。这对我职业生涯的影响是消极的。

黄：那时卜弼德教授已经指导您了吗？

艾：可能因为我在申请时说我的研究方向是考古学与古代文献，所以他很早就被指派为我的研究生导师。我们都有国防教育法奖学金（National Defense Education Act Fellowships），但我的与大多数同学的不同，也并非是专给语言学研究（所谓 Title Ⅳ 而不是 Title Ⅵ）。我选修得最多的是陈世骧教授的课，他给了我关于中国文学的基础训练，他的课很好，翔实可观，文学鉴赏的内容要多过文学史。陈教授受到现代主义作家的影响，如闻一多等，但他也受中国传统文化的熏陶。在他的课上，我们阅读了大量的材料。卜弼德教授的课程有一个局限，就是没法读这么多的文献，因为我们专注于一词一句的解释。陈世骧教授的课就不一样了。他有一系列涉及早期文学的研究生讨论会，如果我没记错，是关于《诗经》、《楚辞》、赋和乐府等等。我的博士预备考试中，就有一个领域是陈世骧教授的早期中国文学。白之教授教小说，我也很感兴趣，只是后来就没有继续从事这方面了。老师们还有另一个要求是要学生在硕士考核前阅读完一份书单。他们虽没有明确检查，但我一直坚持读完了书单上的每一本书，其中包括了大量法国汉学家如葛兰言（Marcel Granet）、马伯乐（Henri Maspero）的著作，这些对我的思考有很大的影响。

黄：您能再给我们讲讲这份书单吗？

艾：在我们刚入学时，他们告诉学生，我们必须将书单上的书全部读完，但是此后就再没有人会问及这个事了。这份书单一定是由卜弼德教授或者他与薛爱华教授一起拟定的。因为他俩深受法国汉学的影响，尤其是葛兰言与马伯乐两位学者。这个书单反映了他们学派的思想，同时也是一个凝练的观点，关于此时在这个领域里有哪些作品可被看作是经典的汉学著作。

黄：就您所受的学术训练而言，吉德炜（David Keightley）教授扮演了怎样的角色呢？

艾：吉德炜教授 1969、1970 年左右才来到伯克利任教，那时候我已完成了课业，无需再选课，所以也从未正式地上过他的课，不过我旁听了他的古文字讨论班，基本上是教学生如何阅读甲骨文与金文。这为我打开了古文字学的大门，对我而言，这是我已经在做的训诂学研究的延续。有关卜弼德教授的治学，我一直不明白为何他不做更多的古文字工作。他在早期发表的一篇回应金璋（Lionel C. Hopkins）的文章中，引用了些甲骨文材料，此后可能偶有参考甲骨文，但这些就是全部了。我认为这种缺失是他方法论中一个重要的局限，我不明白他为何不更多地使用这些材料。同样也不明白为何葛兰言很少用到甲骨文材料，这也是葛兰言的研究中一个很主要的问题，他是一个极富启发性的学者，但他有关古代中国社会演进的观点是完全错误的。例如他认为上古中国直到很晚期才有城市中心，但自 1928 年开始的安阳殷墟甲骨的发掘，让我们了解到更多信息，对葛兰言来说，他是能够看到这些材料的，当时也有一些二手文献了。当然葛兰言可能一直认为这些都是伪造的而不去采信它们，可卜弼德教授是认可甲骨的真实性的，他甚至曾向我展示过他所拥有的一片甲骨，后来他将其作为礼物送给了吉德炜教授。

黄：包括陈世骧先生在他有关《诗经》的著作里也涉猎了古文字的材料。

艾：是的，卜弼德教授在他与金璋教授的论争中也写到这些（探讨有关"明"字的本义），所以说卜弼德教授对这批材料绝非漠不关心。无论如何，吉德炜教授来到伯克利为我讲述甲骨文研究，看上去是顺其自然的下一个阶段，并且对我未来的发展有十分重要的作用。吉德炜教授是一名很会启发学生的老师，通过上他的课，可以掌握处理分析大量材料的方法。他也与卜弼德教授有很好的交情，在其为班克罗夫特图书馆（Bancroft Library）作的一份口头采访的记录中，他说在回家路上常会去卜弼德教授家里坐坐。

黄：您可否为我们讲讲您的博士论文，关于下笔之前的准备、写作的过程以及最后的答辩。

艾：当然，但让我先回答此前我们书信来往时，你问我的一些问题。你问起我学生之间的竞争，那时候学生之间的氛围是很完美的，我们有着同志般的情谊，不会为了博取老师的关注或类似的事情而与另外的同学明争暗斗，这事儿从未发生过。你也问起性别歧视，性别歧视在当时是个相当重大的话题。在众多的学生中，我与另外两位同学，理查德·昆斯特和史蒂文·伯尔曼（Steven Berman），同时进入研究院，我们仨也成为了朋友（不过史蒂文中途退学，他加入了一个公社并且弹奏古典吉他，在此之后我就没有他的音信了）。学系在我们第一学年末给最佳新生颁奖。那一次由他们两位共得。他们认为这是歧视。我们后来用这笔奖金一块儿去吃了晚餐。我那时真的无法确定这种行为是否是性别歧视，我是说，当我开始读研究所时，我花了好一会儿才适应学术性的环境。究竟何时是歧视何时不是，中间的界限常常并不清晰——我想这对女性而言一直是个问题。这之后，系里有几位男同学写信给系里的教授控诉性别歧视之事。我什么也没做，不过教授们认为是我写了这封信（笑），卜弼德教授让我去找他。他说这并不存在性别歧视，学系函授的博士毕业生中，女生的名额比男生要多。但其实系里没有聘用任何女性作为全职的教员，据我所知，在此后二三十年还是如此。他们给了海伦·麦卡洛（Helen McCullough）一个日本文学的教授职位，不过是在聘她的丈夫为终身职员时，才聘她为讲师。自我在那儿读书时她就是讲师，而且此后很长一段时间都一直是这个职务。她是一位非常杰出的学者，比她的丈夫更多产。后来她的身份转为了全职教授，我怀疑这可能是系所在校方推行平权法案（affirmative action）压力下的决定。这也同时让他们在多年之内没有再聘用第二位女性。在工作上，卜弼德教授给我的建议是在学校待着，时间长了，终究会被雇用，陈世骧教授对我也有如此同样的鼓励，可惜在我博士毕业前，两位教授皆已辞世，对我自己的职业生涯而言，这个发展十分重要。

首先，我的博士论文［此后成书出版名为 *The Heir and the Sage: Dynasty Legend in Early China*（中文名：《世袭与禅让》）］，把结构主义的理论应用在古代文献上，就博士论文来说不同寻常。它是否可以得到允许，在着手这篇论文时，我极其在意，因为我明白这本学位论文所采用的方法相当激进前卫。当卜弼德教授退休时，白之教授同意作我的导师，但卜弼德教授仍然在我的答辩委员会中，并且被看作是我的主导师。艾伯华教授同样也是委员会成员之一，在我构思自己的观点时，他给了我很大的帮助，很支持我的看法，可是他任职于社会学系，在东方语言系并没有太大的影响。我完成博士论文的前半部分并交给卜弼德教授，那时候他仍在世，他读过后并没有反对我的做法。正当我刚要离开学校去英格兰的伦敦大学亚非学院（SOAS）任教时，卜弼德教授过世了，薛爱华教授取代了他的位置。我同样将我所写的内容交给薛爱华教授看，差不多也就是博士论文的前半部分，但除了一条简短的札记提到他的花园中"阴阳失调"了之外，我就没有收到他任何反馈意见了。大约一年后，我提交了完整的博士论文。后来我被告知，薛爱华教授以这并非他们在系里所做的研究为由，而拒绝在其上签字，尽管在此前我已获得进行论文的许可，而且他一直知情也没有提出过异议。我首先收到了白之教授的一封信件，信中对我赞赏有加（那时候所有的通讯还是使用信件）。然后，经过长时间的等待，我又从白之教授处收到一封信，信中罗列了长长一串的修改要求，我猜想其中也包括了薛爱华教授的反对意见，因为绝大部分要求与我论文中所作的研究没太大联系。薛爱华教授这样的态度可能是回击我在反战抗议中挑战他的权威，也可能与学系中的斗争有关，但不论出于什么原因，我当时面临了如此的情况。

黄：在您写博士论文的最后阶段，吉德炜教授是否支持您呢？

艾：吉德炜教授虽然不是答辩委员会的主要成员，但他还是被委托阅读我的论文。幸运的是，吉德炜教授十分仔细地阅读了我论文并作了中肯的评价、修正与建议。此后，他也认为这篇论文最终可以出版。

当我递交这篇论文时，我正在伦敦教书，如果我人在美国，这很可能就是我学术生涯的终点了。幸好在当时的英国，博士学位并非一个硬性的要求。此外，亚非学院的同事，刘殿爵教授、葛瑞汉（Angus Graham）教授和谭朴森（Paul Thompson）教授也读了我的论文，由此我也明白我的论文中并没有根本性的错误。我还想可以将论文递呈给伦敦大学，彼时此处有为无法亲至学校而设立的校外博士（external PhD），那样我就不至于前功尽弃。对于答辩委员会寄给我的长长一列问题，我无法作出什么回应，因为其中绝大部分与我论文所讨论的问题没有关联，我主要根据吉德炜教授的建议来订正论文，凡是有些意义的事情，我都尽力去做。接着我回复他们说我已尽我所能修改了论文，并将修订稿发给他们。薛爱华教授是那种会大发雷霆，但事后能够冷静下来的人，这次他收到我的修订稿后，他已不再在乎这件事了。我获得了我的博士学位，并继续留在英国。

我想卜弼德教授与陈世骧教授，如果还在世，应该会支持我，但是政治影响了一切。

黄：我们也许正好可以由此谈谈学生抗议的话题。

艾：我是 1966 年至 1972 年求学伯克利，那时正是学生抗议活动的高峰时期。言论自由运动开始于 1964 年，越南战争也正在进行。抗议活动的关键时刻是有学生在肯特州大学（Kent State University）被枪击（1970 年）。当时有一个全国性的学生罢课，伯克利全校也支持学生罢课，只有两个系除外，一是古典文学系、另一个就是东方语言系，其他的学系都同意罢课了。在东方语言系，我们有一种特别的责任感，因为我们实实在在就是研究东亚文化的，所以我们认为学系也应当要罢课（我们并没有与越南相关的教学）。我们开了一个会，我与大卫·博拉克（David Pollack）被选为学生代表，他后来去罗彻斯特大学（University of Rochester）任教，从事日本文学研究。我们与教授们会面，薛爱华教授作为代表，基本陈述了一系列教师权力大于学生的事项，问我们是否要放弃自己的成绩、放弃未来的工作与职业？我很愤怒，转身背对着他，非常戏剧性地说："我拒绝对任何教员的任何威胁作出回应。"会谈的气氛一下子就恶化了。那之后，我们占领了杜兰特大楼，如你所知，杜兰特大楼非常小，前后各有一扇门，我们在大堂中间放了一张桌子，围了几把椅子，举办了一个不间断的越南文化研究讨论会，并且将海报贴得满楼都是。这个举办地点，意味着凡是进入这栋楼的人，都一定会路过我们的这个研讨会。

结果当我们去图书馆找讨论会资料时，发现几乎没有什么与越南文化有关的文献资料，我们读了所能找到的材料，但我们的想法并没能完全得到实践。

与杜兰特大楼挨着的是加利福尼亚大楼（California Hall），那时候行政办公室就在这栋楼里，如果在加利福尼亚大楼发生示威活动，警察就会进入杜兰特大楼，到楼顶俯瞰人群，他们会穿过位于二楼的图书馆。图书馆员是一位中国人，汤逎文先生，他可能认为如果抗议者失控，这栋大楼很容易受到攻击，同时又觉得我们都是好学生，这栋楼只要被我们占领着，就安全无虞了（笑）。这很务实。也可能他就是站在我们这边，他支持我们，提供我们所需的任何帮助，桌子、椅子、打字机。

那时仅有一位教员加入过我们的这个研讨会，那就是卜弼德教授，有一次他坐下来一小会儿，静静地听我们讨论。当时我没有多想什么，可现在回头看，对他而言这是一件多难的事情，这表明他愿意与我们交谈。他政治上的想法我并不知道。学系反对学生罢课并非出于支持越南战争，事实上，就我所知，他们也都是反对这场战争的。这是有其特殊的历史原因的，可以追溯到二十世纪五十年代早期的忠诚誓言（Loyalty Oath）争议，当时加利福尼亚州通过了一项法律，要求所有加州大学的职员签署一份宣誓，表达对美国的忠诚。薛爱华教授拒绝签字，从而丢掉了工作。系里团结起来，给予他经济上的援助，并让他继续任教。后来又通过了一项新的忠诚宣誓法,范围不仅限于教师,而是针对所有的公务员。这次,薛爱华教授以及大多数此前拒绝签字的人都签署了这个宣誓,而他也得以复职。在肯特州大学事件发生时,我们并不了解上述这段历史情况,但我想即便那时知道了个中缘由,我们也不会受其影响。但回想起来,我认为他们当时维护自己教学权利的立场影响了他们在肯特州大学事件后不中断教学的决定。

黄:那时候学生与教授之间有很多沟通交流吗?

艾:是非常有对抗性的,想想那时候的情况,四个学生在肯特州被枪杀,系里的年轻人如果不上学,就被征召入伍送去越南。而且很多人,大概无论如何都还是待在学校的,他们并不确定自己留在此处的动机,或者想着其他年轻人在越南战场上战斗,而对上学产生愧疚。当人们回首那段历史,看上去似乎很好玩,但其实是充满了忧虑,甚至是十分危急严肃的。如果将你的征兵卡退回征兵委员会,如理查德·昆斯特所做的那样,你可能会被逮捕并将遭受五年的牢狱之灾。有个著名的案例就是拳王穆罕默德·阿里(Muhammad Ali),他因为拒绝征兵而身陷囹圄数年。那时有很多关于去加拿大的讨论,有些人确实也去了。令人恼火的是当薛爱华教授质问我们愿意放弃什么时,那些正是我们准备放弃的东西,而且在某种情况下确实也这样做了。

黄:似乎除了卜弼德教授,系里其他的教员都步调一致。

艾:他们在会上表现出统一战线,但对我们的抗议反应不一,我认为他们之间在如何处置我们的问题上有分歧。

当我在伯克利的学生时代所经历过的美好事物中,就有这些老师们,无论他们个人之间有怎样的冲突,都不会将我们学生带入其中。卜弼德教授与艾伯华教授并不是很合得来,但他们都鼓励我与对方一起工作。陈世骧教授与卜弼德教授的治学方法大相径庭,但他们又彼此礼让。我们不会贬低任何一位老师,他们也不会贬损彼此。我认为当面对我们的抗议时，他们之间的某种协议破裂了，那时我们并不清楚，他们看上去还团结在一起，但我想这后来给系里内部的情形造成了困难。

黄：这与老一辈人过世有关吗？

艾：对的，老一辈学者，如卜弼德、陈世骧、艾伯华，都是非常有原则且理想主义的人，他们都不是汲汲营营的人。这种理想主义后来也渐渐开始消散了。但还未完全消失殆尽。伯克利在一定程度上仍在发扬着理想主义。

黄：考虑到薛爱华教授在忠诚誓言事件中的反应，他在这次事件中的所为显得有些奇怪。

艾：而且他还是左派，当理查德·昆斯特前往奥克兰入职中心（Oakland Induction Center）拒绝征兵时，我组织了一个示威活动来支持他。薛爱华教授告诉我他不能来参加这次活动，但若是理查德被捕，他乐意做品德证人。所以，他们并非对我们反战的立场无动于衷。但是薛爱华教授无法忍受遭受挑战。我想对他而言这更多的是一个个人问题，而非政治问题。起初我以为是政治上的因素，但回想当时，他并没有在政治上反对我们。也许他对我所说的话，在我看来是一种威胁，实际上是："我愿为此放弃这个那个，而你们呢？"但当时感觉并非如此。当时的感觉是："你们想要因为阻挠我们而放弃你的职业吗？"

黄：这背后的想法是什么？所以如果你决定放弃你的事业，作出牺牲，那么他反而会支持你吗？

艾：这就难以得知了，我认为他当时也正是在气头上，没有太清楚的考虑。因为我们在表明自己的立场，而且也有意识地作出决定：如果必要，我们愿意放弃一切。我甚至在奥克兰入职中心静坐示威时被捕，在监狱待了20天。静坐示威是安排好时间的，所以我们在圣诞假期时进了监狱，没有错过课业，学校可能甚至不知道此事发生。但其实这是很严重的事。若是有被捕的记录，那就意味着你可能失去奖助金，也可能无法找到工作。因为在申请奖学金与很多工作时，都会有一个标准的询问："你曾经被捕过吗？"我们当时就是冒着这样已知的风险。理查德从未被捕或是监禁，但是他本也可以被如此对待。我们的想法是你必须公开你在做什么，要记住那是发生在麦卡锡时代后，在那个时代人们被秘密集会的罪名所指控。我们认为应该在公开的情况下行事，表明自己的立场，坚持自己所坚持的，承受应该承受的。这来自六十年代民权运动（Civil Rights Movement）。当时许多人做出了极大的牺牲。我们同样也有一种甘地式的想法：人们会根据自己的良心来决定如何回应消极的抵抗。

黄：您能再多讲一讲您这次被捕的事件吗？

艾：我参加静坐示威是在1967年，我的丈夫也一同参与，一二百人的规模。我们来到奥克兰入职中心前，坐在街道和门口，我们等待着被逮捕。接着，我们选择"不认罪抗辩"（nolo contendere），因为我们没有选择抗辩而被立即判处了20天的监禁，对于静坐示威而言是很重的量刑，这本是一个很轻的罪名，不过政府当时要杀鸡儆猴。那正是圣诞假期刚开始的时候，我记得被捕时我们还觉得这是做了一个非常戏剧性的宣言，我们被押在一辆囚车上，在前往监狱的路中，看向窗外，人们都忙着圣诞节购物，似乎什么也没发生过。当时我们有大约60名女性与150名男性。

待在监狱中实在是件令人害怕的事情，我绝不会再这样故意让自己身陷囹圄了。我意识到在监狱里人是多么的脆弱，无论法律怎样说，在那里根本受不到任何保护。因为我们是一群人一同被捕，一同入狱，还能与外界有些联系，我们还是受到了比较多的保护，这意味着我们不会像其他情况下那样遭受虐待。我们在里面度过了整整20天，直到开学前夕才被释放。我在冬季学期开始时回到了课堂，就好像什么事情也没发生过。这件事发生在肯特州大学事件之前。

黄：这段时期大学里其他各处的情况怎么样呢？

艾：我从未参加过任何学校级的组织工作，我视自己为一名小卒。我也没有时间。在政治上投入很多时间，对我来说太困难了。但那些年有很多主题为民权和反战的游行会通过旧金山，在校园里也有大量游行示威活动，这些我几乎每次都参加了。某种程度上而言，我们都是很活跃的，当然有一些学生不是，但总的来说，研究生们都站在同一个阵营。我们同样也相信集体主义，我的意思是，我们认为合作是人们应该做的事情。

在东方语言系，也就是现在称作东亚研究院或者语言与文学系，与在历史学、社会学、政治学或者其他社会学科不同，尤其因为我们是一个很传统的学系。我们研究东亚的文学与文化，试图去了解它们究竟是怎样的面貌。而这场战争正发生在东亚，在越南。这给了我们与那些以学科分类为基础的学系有迥然不同的观点，它们并没有那么切身体会过这种文化传统。我们这些学过汉学的人跟其他人总是有区别的，他们在政治上很多方面比我们要活跃，但也许在情感上并不如我们这么投入。

在我们看来，对战争的抗议不仅仅是对美国政策的抗议，人们感觉到必须尊重东亚人民，这是直至今日美国人仍未完全接受的事。我们所能听到的消息全是有关战死于越南的美国人，而越南人的观点、战争中所有的死者、美国对越南的破坏，仍然没有得到太多的关注与讨论。那时候大家都知道是那里的人被轰炸了，但是他们究竟是谁，他们的历史是怎样，并没有人去讨论。美国政策的一大问题就是绝大多数人不知道越南的历史、不清楚法国的殖民主义，对美国介入干预之前的状况一无所知。美国只关心阻止共产主义，这与越南这个国家本身没有关系。

同时期另一个大事件，就是发生于1969年的"人民公园（People's Park）"事件。当时，警方使用了霰弹枪，詹姆斯·雷克斯（James Rector）中弹，学生抗议活动愈演愈烈。警方宣布在伯克利实施戒严，并且派驻了国民警卫队（National Guard）。国民警卫队用刺刀包围了学校，这些国民兵并非本地人，而是从中央山谷（Central Valley）调过来的。超过三人以上的聚会被视为非法集会，所以我们分成了小组在伯克利四处走动。那是风和日丽的一天，樱桃树开着花，理查德和我，以及其他十几个人一起走着。我记得我们正在讨论一些深奥的古代汉语语法问题，走在伯克利一条居民街道上，突然两辆警车冲了过来，他们逼近，停车，拿出警棍，开始打人。我跑到一幢屋子后面，翻越栅栏时从上面跌落，躺着回神过了好一阵，才能起身离开。警察在街头殴打学生，我想他们当时看到我走过时十分气愤，但没有动手打我。然后我上了一辆巴士回家，驰离校园，好像什么事情也没有发生。理查德后来告诉我有个警察用一种历史悠久的"问候语"对他说："趴在地上，操你妈的！"然后用棍子击打他，他只能尽力保护自己。虽然他最后没受严重的伤，但这实在是一件严重的事情。

黄：继续之前留下的话题，我们正在讨论您的论文和您职业生涯的开端。

艾：回溯到我是如何在完结论文前来到伦敦，并且开始找工作的。当时并没有什么工作机会，婴儿潮曾创造了大量的就业，可是到我们找工作的时候，这股浪潮就干涸了。那时候也没有现如今这种招聘广告。我写了很多信，可是基本都石沉大海，最后是白之教授帮助了我。他是英国人，来自伦敦大学亚非学院，一次回去探望的时候，向校方提起了我。原来葛瑞汉教授与华威廉（William Watson）教授在次年都要休假，所以他们想要临时性地聘请我，起初说的是一年，但实际筹备了两年的工资。接着他们为我设立了一个岗位，所以说我真的非常非常幸运。主要是刘殿爵教授邀请我去伦敦，可能是因为我那篇硕士论文，基本上就是后来发表的关于太公望的论文。我 1972 年去那儿工作，直到 1974 年才拿到我的博士学位。

黄：去英国是一个很大的变动吧？

艾：当然，但是我丈夫的家人本就是苏格兰人，尽管他出生在洛杉矶并且在此长大。我的父亲是一位劳动经济学家，他喜欢待在欧洲，所以他发展了比较研究的兴趣。而我年少时，也在比利时、法国、威尔士加的夫等处读书，所以我要比同期在亚非学院工作的美国人更加欧洲化。我与丈夫在此真正的困难就是我当时的工资实在是太低了，如果没有当地的家人和亲戚的帮助，仅靠工资生活真的很艰难。

黄：在这里开始工作一定很令人兴奋。

艾：没错。学系非常棒，虽然它极其低调，但真的让我兴奋不已。主要是两件事情。其一是刘殿爵教授和葛瑞汉教授当时都是未婚（葛瑞汉教授后来与他前妻复婚了），因此，他们有大把时间坐在公共休息室或者酒吧聊天。我常与刘教授共进午餐，或是一块儿去酒吧，他并不好酒，但非常擅于社交，他喜欢谈论他正在做的研究，这样的交流非常好。他们都很认可我作为他们的同事。他们当然都是比我年长而且经验丰富的学者，但我们之间相处得自然惬意。另外一个则是我发现在我入职之前，系里有比我年长的女教师。不过最终我没有得到擢升，这就是我返回美国的原因，否则我就留下来了。我不清楚这在多大程度上是因为性别歧视。毕竟我有一系列的问题会导致我无法晋升：我是女性，我又是政治左派（虽然因为在英国我是外国人而没有参与政治），我的研究又非常激进。在太多方面我特立独行，当我感到我遭受打击时，我并不确定究竟哪个才是真正的原因。

黄：所以您在追寻您的兴趣，并没有特别关注性别的问题？

艾：的确，回顾过去，性别歧视在我的职业生涯中是一个非常非常重要的问题。即便是在我已或多或少建立了我在学界的地位以后，我在美国申请工作也没有成功。实际上，达慕思大学（Dartmouth College）向我招手前，都是如此。而在亚非学院，我的薪资总是比我应得的要少上一个等级。它们按年龄来发放薪资，但我被登记的年龄比我实际年龄要少一年。我一直以为他们弄错了，可没法让他们更正过来。我想我过去遭遇这些事情，是因为我是一名女性。我认为以自己的研究成果应该还是能够在英国某个大学成为讲席教授，尤其考虑到究竟是哪些其他的学者在空缺出现时获得这些教职。这跟我是个外国人也有关系。当然也有个人的原因，如刘殿爵教授、葛瑞汉教授与谭朴森教授他们秉持着学者不应向官僚低头的风骨。当葛瑞汉教授被逼着参加某些会议时，他就会带上一本书坐在会议上兀自阅读。我没有这么极端，但是我以他们为榜样，同时我也不是一个汲汲营营的学者。不过倘若我是一名男性，最后的情况就会相当不同了。

黄：您认为汉学研究领域对于女性而言是变得更好了抑或是更糟了？

艾：对女性而言？现代汉学可能会好一点，传统汉学仍然是个重灾区。这里直至今日也还有种特别的厌女症。这么说吧，看到进展如此之缓慢，实在令人懊恼。我以前就读的伯克利的学系直到最近才有了女教授，现在有了好几位，但是不应该过了这么多年才有这样的变化。当我还是个学生的时候，就有人指出在二三十年代，伯克利的女教员就比六十年代要多，这实在是让人气馁。

黄：我对于性别问题很感兴趣，当我教书的时候，我大多数学生，几乎六七成都是女性，我发现自己面临一个问题，即使是教基础课程时也存在：我应该如何以学生能够认同的方式讲授我们的主题？这并不容易，自清迄今所有杰出的学者都是男人，也许绞尽脑汁能够数出几位女性，但还是很小一部分。我总是想着学生会问这样的问题：我为何要对传统上由男性主导的一个领域感兴趣？我如何以与我自己志趣相关的方式来处理这个学科领域的问题？

艾：其中一个难点是如今的研究变得很有性别意识。当我还是学生时，我对社会史并不是特别感兴趣。有人建议我研究这个或那个女性的问题。当时女性研究才刚刚起步，可我真的提不起兴致。若是想要关注女性的命运与思想，而你研究的又是汉朝以前的中国，材料是非常有限的，你只能从外围性的东西入手，而且关键是要表明这些外围是重要的，并尝试去发掘女性的经历是什么。但作为一个女性，我想我也可以对男性，尤其是对他们的思想有兴趣。在研究中，我真的对性别问题不太关心——当然不是说我认为其他人也应如此——但我从来就兴趣不大，也不明白为何我应该局限在这样的问题中。汉以前的中国并不像宋或是更晚近的朝代，甚至也不似汉朝那样，作者们对女性在社会中的行为很感兴趣，所以几乎没有对女性的讨论，也还未形成为女性角色辩护的理论。研究早期中国的材料都是跟男性有关，以至于很少有人提出性别问题。你可以规避这种带着性别的思考：因为作者所谈论的均为人的思想，我们也可以把这些思想解释为人是什么，而不必去考虑此人究竟是男性或者女性。

在我年轻时，没有过多地思考性别问题，这可能是一种幸运。即使我是系里唯一在场的女性，我也会觉得社交很自在，这是一种优点。当你不断地意识到自己作为女性在男性环境中的地位时，便很难获得成功。若是你这样做，你会过度自觉而使得一切都变得更加艰难。在美国的学术界尤为如此，我认为这已成为一个问题。

黄：在这方面，中国与西方有任何不同吗？

艾：在中国，所有的领域都有性别偏见，早期中国研究领域在这方面也别无二致。当然，也有一些个别的例外。就我个人经历而言，与李学勤先生和齐文心女士相会共事则是重要的激励。我在英国遇见李学勤教授后不久，便与他聊起我的研究，那时我正在写《太阳之子：早期中国的神话与图腾崇拜》["Sons of Suns: Myth and Totemism in Early China," *Bulletin of the School of Oriental and African Studies*, 44.2（1981）：290–326] 一文，我将自己的想法一五一十都告诉了他，看得出他对我的观点很有兴趣，我备受鼓舞。之后我俩编辑《英国所藏甲骨集》（北京：中华书局，1985 年）时，齐文心女士也一同参与了工作，她是一位非常令人钦佩的学者。事实上，当我第一次到中国时，有许多女学者从事甲骨文研究，中国学术界似乎对女性学者比较接受。如今我再去中国参加会议时，则感觉女性的与会者似乎很少。就性别平等而言，我觉得中国好像倒退了。

黄：在这之前，您与中国的学者有任何交流吗？

艾：一次也没有，你可能没有意识到，我最近在一篇文章中提及这件事，因为我开始注意到年轻一代并未充分认识当初中美之间交流沟通是如何绝对得被隔断。直到 1972 年乒乓外交开始，在中国重回联合国，大概是我离开美国前往英国的时候，这一状况才有改观。但学术的交流开始得更晚一些，在英国，大约是 1974 到 1975 年左右，而在美国，则更晚。这之前有几次交流团，但是有极多限制。当我还是学生时，没有选择去台湾，因为我希望自己到大陆去交流，担心去过台湾会有影响。当我到了英国，学生交换最先开始，所以我递交了申请。因为我那时还十分年轻，英国文化协会（British Council）接受了这份申请，我特别开心。但是紧接着我就因是美国公民被中方拒绝了，中国还未与美国进行学生交换。那些年我一直以为是美国政府不允许我前往中国，后来才弄清楚我也是被中国政府拒之门外！

那之后，刘殿爵教授对我说："你一定要能够说中文，我不在乎你去哪儿，台湾也好，大陆也好，但你若准备在一个中文系教书，你必须能够讲中文。"那时我完全不能说中文，而研究所第一年以后，我们就没有多少机会学习中文，因为这也不被重视。所以我去了台湾交流，这是一段非常宝贵的经历，我有一位语言导师，可我也没太多地学习语言。艾伯华教授大部分时间也都在那里，我与他一起去了各种各样的村庄，与他的一位台湾助手同游，我们观察了台湾的宗教与民俗，我从中学到了很多。在大陆我没法做这些，这些给了我一种历史的视角。事实上，在《太公望》之后我写的第一篇文章，就是《现代中国民间宗教中的商代遗存》["Shang Foundations of Modern Chinese Folk religion," in Sarah Allan and Alvin Cohen, eds., *Legend, Lore, and Religion in China: Essays in Honor of Wolfram Eberhard on His Seventieth Birthday*（San Francisco: Chinese Materials Center, 1979), pp. 1–21]，关于中国传统宗教的建构，这也是我后续的一些研究之发端。

艾伯华教授是很了不起的，无论他在哪儿都会与人交谈。因为他经常去台湾，如果对象是台湾人，他就会与对方谈论他们的村庄、节庆、习俗以及他们的家庭从何处来到台湾、家族的历史等等。如果是从大陆过来的，艾伯华教授就会说道："您从哪个地方来呀？"因为他在战前已遍游中国，"噢，我知道，我在1930年去过那里"（笑）。大家都喜欢他，我从他身上学到了很多与人相处之道。

卜弼德教授年轻时待在中国的经历对于他的自我认知、他如何视自己为一名学者非常重要。这是很显著的，我记得曾有一次，卜弼德教授说，你永远不可能知道得如一个中国人所知道得那么多，因为他们从小就在阅读这些文献，但是因为你的方法与他们有所不同，所以你还是能够做出一番贡献。我也一直这样想，的确，如果你是一名从小不会中文的西方学者，那在你的知识中总是会有漏洞，我们必须谨慎地看待，找出这些漏洞在哪儿，而不是试图去掩盖它们。这是一件很自然的事。你永远不会像一位水平相当的中国学者那样对材料有着同样的掌控，一个简单的原因就是他们读得比我们快。另一方面，我们能够以旁观者的角度去看问题，如果你本身在这种文化中长大，你可能难以发现某些问题，因此我们能够做出一些与中国学者不同的贡献。当卜弼德老师告诉我这些时，我很意外，因为除了我的一些老师外，我并不认识任何中国学者，也从未思考过中国学者是如何看待事物的。

回到学术交流的问题，我想是在二十世纪八十年代才有了更多去中国交流的机会，而不仅是与学术代表团一起。而英国的交流机会又要比美国多，或者至少因为英国要比美国小，在英国更容易获得交流的机会，只要你是真的有兴趣，就能够被接受。在70年代末，我作为一名讲师随博物馆组织的旅行团去了中国。他们承担了我的路费并支付我一定的报酬，我得以周游全中国。然后在80年代初，我参加了英国国家学术院（British Academy）与中国社科院的一个交流项目，那时候我已在英国结识了李学勤教授，并与他共事。《英国所藏甲骨集》的问世就是出于他的想法，我是英国唯一真正从事甲骨研究的人。自离开伯克利后，我就一直独自从事这方面的研究。后来，齐文心女士来到英国做拓片工作。在我去中国的时候，我已在伦敦与他们以及其他一些中国学者熟识了。同样，在英国，也有大量中国学者饶有兴致的研究材料，我设法帮助他们取得这些材料，因此在开始去中国交流前，我就已先进入到中国学术界了，这又是我职业生涯中一次非常非常幸运的机会。

黄：从您上学到现在，您对语言训练有何看法？

艾：学习另一种文化是如何自我理解的最好的途径就是通过语言。当学生开始学习一门语言时，他们认为只需要能用习得语表达出母语所说的话就够了，但事实上这种方式是行不通的。你所需要学的是不同文化中的人用他们自己的语言说了什么，这和你用自己的母语所说的有所不同。同时，其他语言的文学给了我们一个途径，去看看那些人思考出的我们无法通过任何其他方式得到的东西。随着美国的教育越来越远离语言与文学，美国文化也越来越趋向于地方化，并没有真正地尝试去理解的努力，这也就是为何人文学科对于文明是如此重要，它们是一种学习他人思维方式的手段，在学习中文时尤其如此，而面对文言文，就更会有如此体会，这也就是学生们乐意去学习它的原因。学生可能认为他们不会对此感兴趣，但作为一项要求让他们开始学习文言文后，他们会惊讶地发现：在中国，你可以理解公元前三四百年的人的想法与著作，甚至其中有些还与你有一定的关联，而你竟是以它的写作方式来阅读它，这似乎有些不可思议。事实上，这也是我研究的一部分——试着去理解人们的思考方式，来自不同文化的人们几千年前的思考方式。我试着去了解他们的语言，理解他们如何思考，这不仅仅是单词意思或者句子结构的问题，当然这些也是其中一部分。这项工作中有一个框架，在框架里不同文化的观念相互关联又必须能够让人理解。我对这一问题的提出虽与卜弼德教授不同，但想法的根源的确可以追溯到他，因为他是第一个向我提出这些问题的人。

黄：您认为上一代学者与现在的学者有何区别？

艾：研究古代中国最美妙之处，就是即使在今天，你还能够提出一些宏豁的观点，因为你可以处理新的材料，或者用新的研究方法处理旧有的材料。如果你做的是英国文学或者是古希腊研究，你可能会用到新的方法，但几乎所有的东西都已被研究过了，这感觉大概有些类似晚清时的古代中国研究。但是疑古运动提出了各式各样的新问题，又由于二十世纪所发现的新的出土材料，新问题前所未有地多了起来。但是，如果你做古代中国的研究，不能再采取我们过去的方式了，因为层出不穷的出土文献，琳琅满目的学术成果，让这一学科开始愈发细分。甚至像李学勤教授也说没有人再能够像他过去那样做研究了，即使是他自己也不行，因为材料的数量过于庞大。你必须要更加专精一点。我作为《古代中国》（Early China）的编辑，看到我们这一领域的学术水平是相当高的。而年轻学者的培养水平也比我们那一代要好。如今，所有如我一样学习中文的西方青年学者，都会在大学本科时到一次中国，在研究生时又去一次，通常待上好几年，与那儿的中国学者一同学习。他们拥有比我们无论怎样去获得都要强得多的语言水平和技术性的专长，也通常会说流利的中文。

另一方面，当我回顾那些我最尊敬的学者时，可能他们无法在今天的美国大学中获得终身教职。譬如葛瑞汉教授，我无法想象他如何在今天的英美大学中生存，他太古怪了。而卜弼德教授几乎没有什么作品发表，他从未出版过一本书。过去这样的怪癖有更多的生存空间，当时的环境对不循规蹈矩的人也更加宽容。而当今美国教育体系有着一大桎梏，拿我自己举例，即使在我职业生涯前十年中，我没有发表很多文章，可一旦开了个头，就发表了很多，但这样子在今天是不被允许的。在中国，对于每个人在其职业生涯每一阶段的要求，则要比西方更加教条。

当我回首学生时代，的确充满了美好回忆与怀旧之情，我们不像今天的年轻人那样有更多的风险意识。当我参加学生抗议活动时，我会意识到可能会对职业产生某种程度上的风险，但并没有一种具体明确的感觉。

直到我需要工作的时候，我才开始考虑找工作的事。普遍的情形是这样的。我们没有人真正想过将来会发生什么，我们只是没来由地认为车到山前必有路。但现在年轻人要做到这一点则很难。

政治上而言，越南战争最终结束了，但不是马上就结束，自今日回顾往昔，我们当时认为自己努力去做的事情却似乎没有取得多大的成功，并没有达到想要的效果，我们总是非常乐观且充满理想，但我们的理想主义似乎没有得到回报，我们所期待的并未发生。今日的世界令人却步。在我年轻时，就也是一个令人失望的世界了，但我们认为如果试着去改变一切，我们就可以成功。而现在我感觉我们只是试图阻止最坏的情况发生，而不是在完成什么重要的事。我不是特指学术，而是从普遍而言。

黄：您最后这段话真是发人深思。这次访谈带给了我们很大的启发。谢谢您！

艾：不客气。

女性、八卦、文本史：
中古文学的新兴领域
——专访美国汉学家艾朗诺教授[*]

访问：林怡劭

[*] 初次发表于《国学新视野》2016年12月，冬季号。

艾朗诺（Ronald Egan）教授

1948 年生，现任斯坦福大学东亚语言与文化系教授。19 岁师从白先勇先生学习中文，1971 年入哈佛大学，开始研究中国文学，尤以《左传》为主。1976 年获哈佛大学东亚语言与文明系博士学位。曾任斯坦福大学东亚语言与文化系主任、孔子学院汉学教授，加州大学圣芭芭拉分校东亚语言与文学系教授等职，主要研究方向为古代中国文学与历史。他曾用英文选译钱锺书的《管锥编》，出版 Limited Views: Essays on Ideas and Letters by Qian Zhongshu (1998) 一书并撰写《剑桥中国文学史》(The Cambridge History of Chinese Literature) 北宋文学部分。其代表作还有《美的焦虑：北宋士大夫的审美思想与追求》、《才女之累：李清照及其接受史》等。

林怡劭

香港浸会大学饶宗颐国学院哲学博士，现为香港弘立书院中学部中文教师。研究领域为词，曾出版专著《论唐宋时期词体婉约本色的建构》，发表论文若干篇。访问时就读于饶宗颐国学院。

林 _ 林怡劭
艾 _ 艾朗诺

治学以兴趣为先

林：艾教授您好，关于您的学思历程，您在其他访谈中说了很多，我在此先简单整理一下。我们知道艾教授您大学时期由白先勇先生领进汉学界，他送了您一本《唐诗三百首》，鼓励您学习中文与中国文化，您也因此对中国文学产生了强烈兴趣。而在白先勇的散文集《白先勇书话》中，收录了《知音何处——康芸薇心中的山山水水》一篇文章，里面也记载他安排您去台湾进修中文课程，找了汪其楣、李元贞、陈真玲三位老师每周轮流上课，汪其楣教现代小说，选了康芸薇的《冷冷的月》、《两记耳光》赏析，您欣赏康芸薇对小市民人性人情敏锐的观察，并希望能见到这位作家，白先生便托汪其楣把康芸薇约了出来，你们一起到蓝天咖啡厅见了面的这个轶事。

另一位您曾提到对您影响较深的，是在哈佛读书时的博士导师海陶玮（James Hightower）教授。他是老一辈的陶诗专家，也研究过贾谊的汉赋，您跟着他接受了严格的古典训练，完成毕业论文，研究《左传》以及先秦的叙述形式，不过，这篇论文主要侧重于翻译，写完后并没有正式出版。后来在大学授课时，您常向学生教授唐宋八大家方面的知识，发现宋代保留下来的资料、文献相当丰富，相比之下，先秦的资料就比较少；况且，现在陆续有新的先秦资料被发现，也是个麻烦的问题，因此慢慢地，您的研究兴趣就转到了宋代。二十多年前的北美，汉学界研究宋代相关问题的人有，但研究宋代文学的学者很少，所以您便决定在宋代文学这个领域找寻研究空间。

说到宋代，先后在斯坦福和普林斯顿任教的宋史宗师刘子健（James T. C.

[1] 以上资料整理自任思蕴:《斯坦福大学教授艾朗诺:我试图纠正一些对于李清照的偏见》,《灌思网》,2014.07.28, http://www.whb.cn/zhuzhan/guandian/20140728/11299.html ; 季进、余夏云:《面向西方的中国文学研究——艾朗诺访谈录》,《上海文化》2010 年第 5 期, http://www.zwwhgx.com/content.asp?id=3057;张曦娜:《艾朗诺:白先勇引进门的汉学家》,《联合早报网》,2015.08.11, http://www.zaobao.com/culture/books/authors/story20150811-513219, 最后检所日期:2016.03.30。

Liu)与您在这个领域有许多交流,也对您影响很大;最后一位是方志彤(Achilles Fang),他和钱锺书是清华的同级同学,也是很要好的朋友,您的《管锥编》英译本就是题献给他的。[1] 以上关于您踏入汉学研究、研究领域转换与影响较大的几个导师人物,大致都提到了,不过在汉学界这么多年,您好像比较少谈到自己的治学方法,不知能不能跟我们分享?

艾:治学方法?(笑)我也许很少提到,因为我没有什么固定的治学方法,通常都是遇到感兴趣的话题以后才想应该怎样去处理它。

林:所以您平常也比较少用什么理论进行研究?

艾:对对对,我比较少用,甚至是,我有点怀疑,需不需要常用。

林:那您自己在指导学生时大概又是怎样的态度呢?

艾:我宁愿他们自己想到问题,不太愿意给他们选择。看他们自己对哪一个文本、哪一个作家感兴趣,让他们自己做决定。当然他们跟我说了以后,我会再跟他们谈一些主题、内容等方面,希望有帮助。

研究李清照:随时记得她是个女人,与她所处的环境

林:那可能我们具体一点来说。像教授明天(2016 年 2 月 28 日,香港浸会大学饶宗颐国学院举办辞赋诗学会议)要发表的那篇文章提到李清照的《打马赋》,我自己觉得这个题目很有趣,因为"打马"是一种赌博游戏,一般我们研究时比较少关注到这类的题材,也就是传统中国文人会将其视为小道、多余的书写,那艾教授您是怎么注意到这方面,进而想去阐述其中的内容深意?

艾：李清照的《打马赋》是她所有著作里很有趣的一篇文章，我原本在书［指《才女之累：李清照及其接受史》（*The burden of female talent: the poet Li Qingzhao and her history in China*）］里也写了一点，趁这次开会的机会就再提一下。其实我越读越觉得这篇文章很有趣。

林：您觉得这会不会是美国汉学家跟中国传统学者在选材视角上的差异？

艾：是有一点不同。比如说，中文学界写李清照，大多数专门写她的词，连诗都不太写，但是我这本书里面写诗也相当多。当然最大一部分是词，但诗、散文、赋都写过。

林：我们还注意到《打马赋》里面特别关注北伐，因为李清照是由北至南的文人，跟辛弃疾有点类似的地方在于他们都是山东人，而辛弃疾自己也有《美芹十论》，也是对北伐有很强烈的关怀。不过李清照还有个更特别的地方，就是她有一种跟男性竞争的心态，就连词这么柔弱、绮靡的文体，都有"九万里风鹏正举"（《渔家傲·我报路长嗟日暮》）这样的句子，好像要说自己的才能、志气是完全不亚于男性文人。那是不是在《打马赋》里面，她用了赋这种传统更适合言志的文体，也表现了这些倾向？

艾：对对对。这种感觉在她这位女人身上是很强的，而且在诗里面特别明显。我觉得了解李清照最重要的观点就是要一直记得她是女性，在文学史上我们已经很习惯说她是宋代第一流的作家，跟欧阳修、苏轼、辛弃疾等人并肩，但是我觉得这种想法很有问题，因为她当时天天会想到她和这些人不同，可是又觉得自己不输他们。所以你看她写《词论》的时候，批评那些很有名望的词人——都是男的。然后她说这个文体很特殊，真正了解的人不多，就表示她自己以为自己了解得比其他人多。所以这个人用英语来说，是非常 competitive，她写文章就要表示，男性文人能写什么东西，她也能写，她不但写词，也写赋，也写诗，也写文章，她要表示，自己任何方面跟最好的男作家都可以比较。

最近二十多年，学者多注意到古代中国女性作家，但多是明清作家。这个当然也是很进步、很好的现象，问题是，我们现在知道明末清初的女作家实在相当多，而且在文人圈中蛮受欢迎，很多男性文人鼓励，编了许多女性诗歌选本等等，可这种情况和宋代完全是两回事。宋代没有人欢迎女性作家，宋代也没什么女性对写作感兴趣，能够一起组成一个小团体、一起鼓励，李清照就是自己一个人做，而且不但没人鼓励她，甚至有许多人对她表示怀疑。我想肯定有很多人会对她说："你为什么要这样做？""你做这个干嘛？""你忘了你是谁吗？"但是她的想法不知道为什么——就是一个人的性格吧——她就无法放弃这样一个目的，就是要做。我的意思就是说，宋代那样一个环境，一个女人要成为一个成功的作家是非常不容易的，比起明清时候一个女性作家想出一本诗集或文集，李清照要难上好几倍。

林：是。所以我也想到明清时期对于李清照的接受史也很有趣，一方面在词这一领域将她塑造成很高的典范，另一方面在道德上似乎又要打造一个完美的形象，表示大家对她这样一个女作家的定位还是有些值得玩味的地方。另外看艾教授您写到，《打马赋》是她现今流传下来的唯一一篇赋，我们无法知道她是真的只创作这一篇赋，还是经过后代选择、淘汰而剩下这一篇赋，不管是哪一种，偏偏是这样的题材，我还是觉得很有意思。

艾：我们现在确实没办法考证出来到底是哪一种情况。我觉得她写《打马赋》跟她写作当时那几年的经历是很有关系的，她后来再嫁，很快三个月后又离婚，这之后的两三年对她来说是很重要的两三年，就我们所知，那两三年期间她写作的数量比起其他时期都多得多，而且包含各种文体，诗、词、赋、散文——比如《金石录后序》，都是那段时间写的。你看她告她第二任丈夫，后来下监，几天后出来她写了封很感人的信给救她出狱的友人，那封信后面写到她自己同意结婚，后来发现那男人实在很坏，决定要离婚，这个难受的经验让她觉得自己没有面子再面对朝廷文士。我想为什么这两三年期间她如此大量写作，应当和这种感觉有很密切的关系，她要表示，虽然经过这么难过的事——我们可以想象，一个

49岁的女人再嫁，三个月后告他、离婚，多惭愧！多丢脸！但是她还是需要人家的注意、需要人家的尊敬。

从女性的视角发现《夷坚志》

林：艾教授的诠释确实让我们对于李清照的心理有更深入、更立体的了解。我们还想谈谈您新的研究状况，您似乎在其他访谈中提到最近在看洪迈《夷坚志》与其他笔记小说，接下来是否就是对这本书进行深入的研究？

艾：对，不过我也还没决定。可能大家会觉得奇怪，为什么我写完李清照，转而注意洪迈《夷坚志》，二者之间有没有什么关系？其实我读《夷坚志》的时候发现，不知为何他很注重女性的生活。那里面有几千个故事，很多都是以女性作为题目，什么妇、妻、妾、女、老妪、唱女、尼姑等都有，各式各样的女性，而且不只是提到，还把她们当作故事里最要紧的人物，这令我很意外。因为你看，洪迈是宋代的大学者、大人物，怎么会注意到这么多女性的事情，真的是很意外。所以，我研究李清照，就比以前注意到更多两性身份差异的特点，因此发现《夷坚志》的这个特色，就很感兴趣。

林：就我自己的观察，宋代关注女性比较多是青楼女子，像您刚刚提到如此全面写女性生活的书好像真的不太多。

艾：对，全面，而且是社会上各个阶层的女性都有。比如我们说唱女，在宋词里面常常写到唱女，以唱女的生活为主题，以唱女的语言表达出来，我们读秦观、柳永词常常就是讲唱女的生活。当然这些都是非常有价值的文献，但如果读《夷坚志》描述唱女的故事，和宋词里面写唱女的歌词，会给人完全不一样的印象。宋词里面的唱女，是男性眼中、想象中的唱女，一种浪漫化的形象，但你如果想知道宋代唱女的生活到底是怎样，不要读宋词，要读《夷坚志》才知道。他讲述了唱女们不太吸引人的内心世界和她们真实的经济状况与社会困境。

林：这样听起来真的很期待艾教授把这篇文章写出来，突然觉得《夷坚志》这本书很有趣。（笑）我们还想到一个可以补充的，就是之前曾看过柏清韵（Bettine Birge）的文章《朱熹与女子教育》[收于田浩（Hoyt Tillman）编：《宋代思想史论》]，讲到宋代女性形象经常会用"读书"来呈现，比如苏轼的妈妈教他读《汉书》，便是现有文献可见的。所以说对于文人而言，他们更想留下的女性形象似乎是顾家的、有知识的、受过教育的，但是知识程度又不会太高，不会是一个很有才情的。

艾：对。虽然会读书，但是多半不会写作。女人读书是高阶级男性文人可以接受的，但如果要写文章就有点问题了。

林：比较像是童蒙教育，它读书的目的是教自己的小孩而不是要写出什么在外界流传，是一种对内的而不是对外的。所以我觉得这篇文章可能就可以对照出《夷坚志》的特殊性。

艾：对。

林：我们又想到明清时代的闺塾师，不过那时候的闺秀们是很自觉自己出生在一个良好的家庭、受过良好教育，宋代的记载好像就很零散，没有看过太多女性有这样的自我意识。

艾：对，但是李清照就有这种想法。我们看刚刚提到的那首《渔家傲》词，"闻天语，殷勤问我归何处"，她做梦梦到和天公说话，上天问她这辈子到底希望有什么成果、想到哪个地方，她的回答想到了她的文章："学诗漫有惊人句。"就表示她这个人把写作当作她一辈子最想做的事情，这个在宋代，对一个女人来说，是非常特殊的。

中古文学转向文本史研究的风气

林：再请问艾教授，像现在汉学研究非常兴盛，那您觉得各国之间例如欧洲、美国等，各自的汉学研究有没有什么特点？

艾：北美的情况我比较了解，但是欧洲的情况我不太熟悉，也很难说。

林：那就问美国。您觉得美国各大学之间的汉学研究有没有什么特别的风气、独立的特色？

艾：你要知道在美国研究二十世纪之前的中国文化，其实也并不是很发达的，研究这个主题的学者不多。所以与其说哪个大学有自己的风格、特点什么的，倒不如说某一个汉学家有自己的方法，即自己的一种看法、一些特点，我们没法达到不同学校有不同学风。

林：请问艾教授，您以前曾经谈过一些老师对自己的影响，那您之后这几十年也很常到世界各地去交流、开会，有没有对哪个学者——不管是亚洲还是美国——印象比较深刻的？

艾：我现在差不多每年都会来中国香港或中国大陆开会，每次来不管会议的主题是什么，会议地点是哪里，我都会学到很多东西。当然大家都有很多不同方法，上一辈、我这个年纪的、年轻人等都有不同方法，所以很难一概而论的。

林：延续先前的问题。我们知道研究中国古典文学的美国学者像孙康宜、宇文所安（Stephen Owen）等，好像主要还是集中在美东地区，那美西的研究状况大概是怎么样的？

艾：都在改变。像我们知道加州大学伯克利分校（Berkeley）研究唐诗的就是方葆珍（Paula Varsano）嘛；加州大学尔湾分校（UC Irvine）有一位叫傅君劢（Michael Fuller）的学者研究宋诗；以前密歇根大学（Michigan）有林顺夫研究南宋词，他现在退休了；加拿大麦吉尔大学（McGill）的方秀洁（Grace Fong）也做过南宋，但现在跑到明清了，总归而言并不多。

林：所以北美汉学研究中研究古典文学、尤其是唐诗宋词这一块的，是不是现在大多转到明清了？因为我们知道以研究现实来讲，明清自地理大发现以后可以研究物质文化，可以研究女性群体，它提供的研究素材、研究角度其实是很多的，所以这会不会是造成现在中古文学研究没那么兴盛的原因？就是我们是不是还在寻找一个新的角度、新的方法，重新去阐释我们这一个旧的体系？

艾：应该说研究唐代文学也有一个新的方向，就是将文学和文献、文本史的关系一起研究，比如倪健（Christopher Nugent）他写唐诗相关的文章，但不是传统研究唐诗的那种方法，和今天（2016年2月27日）早上陈君发表的那篇文章（《文本之河：汉魏六朝辞赋文本的流动与变异》）相似，讨论文本流传。不过倪健是以唐诗为重点，研究唐诗中口语（orality）占了多少重要性，书写（written）占了多少重要性，背诵（memory）占了多少重要性，它怎么样流传、文字怎么样改变，就是以唐诗作为研究文本史的一种材料。

林：类似文化研究（cultural study）？

艾：也不是。文化研究更宽，这就是文本史的一种方法。他并不像从前人家研究王维，就要知道王维诗歌的特点；研究孟浩然，就要理解孟浩然诗歌、文风的特点。不是文体（stylistic）的一种研究，是把所有的唐诗当作对象来研究。他的兴趣是这些文本的产生、流通与传播。这与口头表达有关。比如我们在唐代，住在比较偏僻的地方，那我们怎么知道王维、孟浩然的诗歌？是看写本，还是听人家的朗诵？我们如果喜欢，要传给家人、朋友，又用什么方法？是我们听到人家朗诵再把它写下来给朋友，还是我们听到以后又背给别人听？他研究唐诗的这些方面。这些大多是哈佛毕业的研究生，一个叫陈威（Jack Chen），在加州大学洛杉矶分校（UCLA），倪健也是在哈佛，他们多半是宇文所安的学生。还有一个莎拉·艾伦（Sarah Allen）写过唐传奇的论文，她的研究跟以前也不一样，是研究唐传奇的口语流传，一些唐传奇后来出现好几种版本，每个版本故事都会变化。刚刚提到那个陈威还编了一本书，研究流言（gossip），流言跟文学是什么关系？这也是一种口语（oral），就是原来没有被写下来，后来它是怎么样被表现出来并变成文学作品。

林：老师的意思是，以前研究比较多用文本细读（close reading）的方法，关注文本内部的意旨，现在则不一定限定在文本里面，而研究它传播、流传的状况，还有版本异文的情况。

艾：对。

林：我觉得现在亚洲地区好像也渐渐流行这样的方法，像关于南宋的印刷术、印刷传播，这几年也有一些相关研究著作出版。

艾：其实我对洪迈《夷坚志》的研究也受了这个方法的影响，因为《夷坚志》里面的故事不是他自己想出来的，而是他听别人讲的，他故事最后几句话常常会提到"什么什么人说"，也就是"谁告诉我这个故事"，看书里面所写有十分之九是别人跟他说的，不是他看文本看来的，更不是他创作出来——好像我们现在看到的小说那样，并不是。它就是流言嘛！（笑）

林：那艾教授您对于比较文学这方面呢？有没有什么看法？

艾：我是很感兴趣，但是我自己的了解不多，不过我想到现在也有写本史的比较研究。在美国，对欧洲中古时代文本史的研究已经很发达，就是manuscript study，写本史。两年前我和斯坦福大学（Stanford）英国文学系一个老师在北大参加一个会议，叫"中古时代欧洲与中国写本史"，里面有两种完全不同的专家，一些是研究欧洲中古时代的写本，另外是研究中国唐宋的写本，这两种学者一般来说不会在一起开会，因为语言是很大的问题，那些英语发言全都要另外有人帮忙翻译成中文，因为有许多人根本是第一次到中国来，甚至是第一次到亚洲。（笑）明年我和这个英语系的教授希望再开一次会议，但还没决定是在中国的哪里——可能在上海，可能在北京——我自己目前想的题目更具体一点："The adapted printing"。就是印刷技术刚刚发明的时候，怎么样和以前写本的传统彼此影响？怎么竞争？虽然欧洲这段过程比起中国晚了几百年，不过我们现在不管谁先谁后，主要研究两种文化中新的技术对传统的冲击。它肯定影响很大，但像我们知道中国虽然宋朝时印刷术就很发达，却也还保存着旧的写本传统，所以它们之间究竟怎么互动？我就想把这个当成一个新的主题。

林：我们又想到田晓菲教授之前也出了一本《尘几录：陶渊明与手抄本文化》，之前张宏生老师也提到明清时期很多词人写词会给亲朋好友评点，那到底又是怎么传播的？这些也很有趣。

艾：对。我想不同时代的传播形式、方法又是不一样的。

从中国艺术了解中国政治
——专访美国汉学家包华石教授 *

访问：王珏

* 初次发表于《国学新视野》2015年3月，春季号。

包华石（Martin J. Powers）教授

包华石教授是美国著名的汉学家，在欧美汉学界有较大影响，他关于中国和中国文化近代以来在欧洲的传播和影响的研究与教学尤有特色，且对于理解中外文化交流的历史与影响具有重要的借鉴价值和学术意义。包华石教授于1978年获芝加哥大学文学博士学位，曾就职于加州大学洛杉矶分校，1987年起在密歇根大学任教，曾获密歇根大学教职成就奖、美国学术团体联合会基金会研究奖、密歇根研究学会资深学者奖、约瑟夫莱文森奖两次（1991年度以及2008年度有关二十世纪前的中国的最佳著作奖）、密歇根大学人文奖、加州大学洛杉矶分校李氏演讲奖等。主要著作有《中国早期的艺术及政治表达》(*Art and Political Expression in Early China*)、《样式与人物：古代中国装饰及社会理论》(*Pattern and Person: Ornament and Social Theory in Classical China*) 等、《中国与英格兰：前工业时代文字与图像中的正义斗争》(*China and England: the Preindustrial Struggle for Justice in Word and Image*)。

王珏

现为澳门大学中国语言文学系博士研究生，研究领域为汉代思想史，曾参与翻译鲁惟一：《董仲舒：儒家遗产与〈春秋繁露〉》。访问时担任饶宗颐国学院研究助理。

王 _ 王珏
包 _ 包华石

研究汉学由《庄子》开始

王：包华石教授您好，首先感谢您接受我们的访问。大家都知道您现在是西方中国艺术史研究领域非常有影响力的学者，那您最早是怎么接触到中国文化的？

包：我年轻的时候，也就是二十世纪六十年代，那时候美国有一个亚洲文化热，到处都可以买到有关中国、日本文化的书籍。我十五岁的时候买到了一本《庄子》的译本，我读了这本书之后觉得这个人的思想很开放，比较感兴趣。到我上大学的时候，读了很多所谓的伟大的书籍，柏拉图、马克思、卢梭、伏尔泰，什么都有。毕业之后我申请芝加哥大学，去研究艺术史，到了那里，他们问我是西方还是东方？我说东方。是中国还是日本？我说中国。之后我开始学习中文，我觉得这个语言非常美。原来就是读到《庄子》译本，给我的印象非常深，我觉得以后要多多学习这个文化。

投入中国艺术史领域

王：那您为什么会选择艺术史这个领域？

包：我历来都对艺术感兴趣。跟很多艺术史家一样，我原来以为我会画画，后来发现我在这方面没什么天赋，所以不能画画就研究艺术吧。

王：您在早年研究过程中有没有对您影响比较大的学者或者学派？

包：伟大的书籍都是欧洲传统最伟大的作者书写的，像柏拉图、亚里士多德等，当然我非常重视这个传统。后来我发现不只西方有这么伟大的作者，中国也有，不仅西方有重视自由的知识分子，中国也有。我开始学习古代汉语之后，发现越来越多非常令人惊讶的中国的文献记载，比如自由、正义这些价值并不限于西方，中国也有很多。其实大部分的西方人和大部分的中国人都不知道这些，而我对这方面是比较感兴趣的。

王：我们知道在二十世纪八十年代学术界有一个所谓的"文化转向"，这是否对您的研究产生了一些的影响？

包：是的。以艺术史这个研究领域来说，我读研究生的时候美国大部分艺术史家的研究方法是形式主义，不是很重视历史方面的问题、社会的习惯、文献的记载等，主要就是对艺术品进行视觉分析。

王：当时西方艺术史比较主流的是沃尔夫林（Heihrich Wolfflin）这些人，他们运用形式主义的、风格学的研究方法，另外还有图像学。

包：对。那时只有这两个方法。图像学更早一些，大概在五六十年代。七十年代我在写博士论文的时候，我受到一些中国的研究方法影响，当然那个时候中国的历史学家都是马克思主义者。我读他们的论文，发现他们提出了很多历史方面的问题、经济方面的问题、政治方面的问题，我觉得这个方法很不错。以美国研究汉代艺术这个领域来说，大概我是比较早用这个方法来研究的，以政治、经济方面的问题来说，那个时候几乎没有多少人重视。

王：那个时候中国做研究也好，文学创作、艺术创作也好，都是要和意识形态挂钩，但是当时西方恰恰相反。

包：对。那个时候我读了很多中国的论文、书籍，什么都有，比如说范文澜，其实他是非常好的社会历史学者，我发现在中国当时好的学者还是有很多限制，无论怎样他们都要谈到封建社会、奴隶社会等，还要提出一些口号，这是非要不可的，我读这些论文的时候把这个部分排除在外。之后他们的研究还是很可靠、很宝贵的。以美国艺术史研究来说，重视意识形态或者历史形式，比较早的大概是在七十年代，对文艺复兴跟西方当代艺术的研究，最早的应该是哈斯克尔（Francis Haskell）。1980 年是非常重要的时间，那个时候有克拉克（Timothy. J. Clark）、布莱森（Norman Bryson）等等，那个时候我已经认识布莱森，当时我还很年轻，受到了他的一些影响，他是比较重视符号学，而且在芝加哥大学我受到了社会历史学方面的训练，我是和何炳棣学习的。以中国艺术史来说，大概最早重视社会历史的也是中国人，比如李铸晋、何惠鉴，他们对于我们美国学者的研究有很大贡献和影响。之后我发现有一些美国同事喜欢鼓吹这是我们西方人的方法，原来不是。以汉代研究来说，我大概算是最早的之一，但那是受了中国人的影响。我不明白他们怎么会这么说，之后所有的美国人都是用这样的方法，但并不是本地的美国人发明的。

王：二十世纪八九十年代以后中国的研究者们也抛弃了之前简单的意识形态分析，不过马克思学派的影响还是非常大，比如前些年对中国影响比较大的学者布尔迪厄（Pierre Bourdieu），研究社会资本、文化资本和经济资本，艺术品位和阶级划分这样的问题。

包：当然我很重视布尔迪厄，他可以说是一个马克思主义者。我最早接触马克思主义是在读本科生的时候，他的著作当然也包括在伟大的书籍之内。马克思对于历史研究的影响非常大。马克思作为政治学家可能有一些错误，但作为历史学家确实是蛮值得注意的，比方说物质文化，他已经意识到工艺品可以影响我们的思考，你拥有什么物品它就能够影响你的思考，改变你的意识形态，这对艺术史研究是非常有启发性的。后来我发现了布尔迪厄，他主要研究十七到十九世纪的西方社会，那时候社会流动性比较大，比较类似于中国宋明清时期，当然中国的流动性更大一些，但他的分析方法对中国的学者也是很有用的。

王：现在在中国明清艺术史研究领域中有一位很有名的学者是柯律格（Craig Clunas）教授。

包：对的，我认识他，他的第一本书我就写了一篇书评，发表在《美国历史评论》（American Historical Review），我很欣赏他的研究，那个时候他还比较年轻。现在重视社会历史学的艺术史研究者除了对明代艺术研究有非常大影响的柯律格外，还有斯坦福大学的文以诚（Richard Vinograd）、汪悦进（Eugene Y. Wang）等人，我们都很重视全面的社会研究。

王：您的著作《中国早期的艺术与政治表达》（*Art and Political Expression in Early China*）在二十世纪九十年代初获得了列文森奖，这也可以看出西方学术界的潮流走向，不是么？

包：当然，这是其中一个例子，更早一点的还有高居翰（James Cahill）。高居翰早年也是用形式主义的方法来研究艺术，这个人很聪明，虽然他年纪比较大，但他意识到当时是学术界非常重要的一个转折时期。他受到了很多批判，我自己也受到了很多批判，八十年代的时候很多人骂我是马克思主义者，我确实受到了马克思的影响，但实际上我不是马克思主义者。那个时候如果你研究经济、政治方面的问题，大家都会说你是马克思主义者。

王：但是现在这种研究方法已经是主流了。

包：对。这是现在主流的研究方法，八十年代是比较热闹的。

王：您的代表作《中国早期的艺术与政治表达》还没有中文译本，是吗？

包：对，还在翻译当中，最近三联有发给我大概四章的内容，我还需要再校订一下。今年我的时间不多，因为我还在和芝加哥大学的蒋人和在编辑《中国艺术指南》（*A Companion to Chinese Art*），这是一本工具书，有二十多个学者参与编写，柯律格不能参加，他正在写其他的东西，巫鸿有参加，编辑工作挑战性很大，我们刚刚完成了。不过我还在写自己的另外一本书，希望写完之后能看一看译稿。

中国古代艺术品和政治活动关系密切

王：三联这几年出版了高居翰的好几本书，柯律格的也有，是"开放的艺史"系列，希望您的这本书早日出版。在这本书中您是从艺术的角度来透视当时社会的政治制度，因为这本书的中文版还没有出版，那您能在这里具体谈一谈您的想法吗？

包：我认为不是说用艺术来反映当时的政治活动，而是说艺术是当时政治活动的一种工具。艺术品有能动性，这个是马克思主义的一个原则，不是吗？物品可以影响人的思考，可以影响你的意识形态。我想让人很具体地了解这个过程是怎样发生的。比如说武氏祠，当地的太守，相当于那个地区的州长，我们知道他参与当时的政治活动，那么武氏家族，也有一些是地方官员、长吏，他们一定和太守有关系，一定要受到太守的支持才能担任地方官。那个时候有学生示威发生，政治活动非常热闹，你看在他们的墙壁上有像荆轲刺秦王这样有政治意义的图片，这不可能是偶然性的。其实也不是像有些人说的大部分都表述传统的道德概念，我觉得那太简单化了，因为很多图像都是具有批判性的。我 1984 年在《艺术史》（*Art History*）的期刊上就发表过论文谈论这个问题。在其中我的主要论点就是艺术品和当时的政治活动有非常密切的关系。

王：中国商周时期贵族经常会铸造青铜器作为他们身份和地位的象征，您指的艺术品和政治活动之间的关系是类似这一种吗？

包：研究欧洲艺术史的学者很多都关注到这方面的问题，因为欧洲的贵族也是把艺术作为工具来控制老百姓。不过依我看来那个不算政治活动，那只是传统的贵族特权而已。我认为只有下层反抗上层才算是政治性的。到了汉代却是这个样子，是地方上的人，这些人的身份其实非常低，有的是地方吏，不算官员，他们反抗权贵，譬如那个时候有所谓的清议运动，可以说是中等知识分子组织起来反对中央政府的有特权的宦官、外戚等等。他们对宦官的批判很有意思，强调治国的话必得有公有私，公与私不该混乱，或者说官员不该拿国家的钱，因为那是公家的钱，而那些宦官可以说是侵占老百姓的财产。那个时候宫廷和国家是分明的，有不同的经费，这和当时的西方完全不一样，西方要等到十九世纪才把宫廷和国家分开，那个政策也好像是从中国学来的，以中国来说汉代就有了。那些地方官都了解这个道理，所以他们经常反抗公与私的混乱，组织几次学生示威，也没有受到官方的压迫，他们的要求也有些得到回应。不过到了汉灵帝以后什么都乱了，已经发展到了不可救药的地步。我的书主要集中到这之前的演变，应该算是全世界第一次由地方身份比较低的人将艺术作为政治工具，古罗马没有这种事儿。古罗马也有墓葬上的浮雕，那些都是贵族的，而且没有政治内容，不是反抗皇帝的。因而我觉得中国的汉代时期非常特殊。

中国古代政治构建相当先进

王： 应该说在政治制度的构建上，古代中国是有很长一个时期领先于西方的，比如您还谈到了汉代产生的"举贤任能"制度。不过很大的问题是由于新文化运动，很多中国人认为西方的就是好的、是先进的，中国就是落后的，对西方和自己的认知都有很大的问题。

包： 对，最近十几年很多中国的知识分子已经开始反思这个问题，比如我认识的刘禾，不过还是很需要努力进行这方面的工作。我每年春季都在中国授课，有时候在清华，有时候在浙大，我发现同学们很聪明，不过他们对于西方的了解其实是很皮毛的，那些五四运动的知识分子对西方的了解也是很皮毛，这是很明显的，有时候他们对中国的了解也不一定很客观，这是一个大问题。不过解决这个问题也不能把事情都倒转了。我不知道你有没有注意到我在《读书》上发表的论文，我主要的论点是：第一，不要以"民族精神"阐释文化的产品这个问题，其实从历史学家的角度来看，所谓"民族精神"并不是很重要的。还是不如尊重事实，事实第一。第二，很多历史方面的演变并不是"民族精神"的产物，柳宗元的说法很好，他写了著名的一篇《封建论》。作为历史学家，柳宗元真了不起，他认为历史演变的动机是"势之来"，就是形势，或是趋势。不管是中国人、欧洲人还是非洲人，在某一种情况之下人类大概会是这么一个样子，他们会发展出这样一种看法。比如"自由"这个观念，当一种文明发展到形成中等阶级的程度，并有知识分子的社会团体，而有思考反思的知识分子，那就一定会形成类似于"自由"的概念，这是不可避免的，是非要不可的。

我在《读书》上的论文中有时会对中国和欧洲的历史进行研究，一方面我要说西方原来缺乏了一些所谓的"西方"概念，那不是说他们不可能有，后来他们也会形成同样的观念，有时候是因为接触到了中国，不过还是因为他们自己需要类似的概念。昨天（2014年9月26日）的讲座中我提到了塞缪尔·约翰逊（Samuel Johnson）这些人接触到了中国"举贤任能"的制度就表示了衷心地赞扬，那时普芬道夫（Pufendorf）根本不能了解举贤任能的道理，因为他无法将贵族身份和施政权分开，但是中国人在汉代就有了这种意识了，结果"官"与"职"算是两回事，"职"是代表施政权的，不是官员私人的特权。可是在欧洲，只是贵族才有施政权，所以无法把施政权与贵族的身份分开，塞缪尔也不能十分了解，托马斯·潘恩（Thomas Paine）也不能完全了解，不过好像杰弗逊（Jefferson）是第一个，他明明白白地了解职能是出于国家的，而官员的位置是临时的、是有期限的，但对古代中国人来说那是非常简单的概念，自古以来都有官员与职位的区别。西方很晚才有这个概念，不是说他们永远无法明白，他们发展到需要这种观念的时候一定会形成类似的概念。当然你肯定听说过解构主义，马克思是解构主义家，我也是这么想的。我在报告的时候引用查尔斯·蒂利（Charles Tilly）的观点就是因为他是解构主义的著名理论家[1]。因为汉代是全世界第一个后贵族统治的社会，所以说汉代是当时全世界最平等的一个社会。

王：不过到了汉代之后就有了门阀制度。

包：我去年的时候接触到李安敦（Anthony Barbieri-Low），他也获得了列文森奖，他和罗宾·耶茨（Robin Yates）正在搞一本关于汉代法律的书。其实我自己也没有想象到汉代当时有那么平等的制度，据说有些地方官

[1] 按照社会学家查尔斯·蒂利的研究，基本上只有两种支配社会势力的方法，其中一种他命名为"sorting system"，即"举贤任能"，另一种在历史上也最为普遍，是"inequality-generating system"，所谓贵族统治即是如此。

吏或者平民可以一步步地升到相当高级的位置。不过你说得对,汉代崩溃之后门阀制度就出现了,南北朝、唐代,其实都是贵族统治的社会,类似于欧洲。虽然他们表面上还是使用汉代官制的术语,在唐代的奏疏中,他们还是用文官制度的术语,但是这些术语已经没有什么意义了。如果阅读《宋史·职官志》,宋人对官制理论的了解是非常深入的,宋人回顾看唐代的官制时大吃一惊,认为唐人的行政方式很离谱,有时候官员有官位,可是他所管理的事不属于他的管辖权,一个人所施行的权力和他的官职仿佛没有什么关系。这个情况和近代早期的欧洲一样,在唐代的时候施政权属于身份,官员虽然缺乏管辖权但他还是能管理,或者可以说,官爵是欧洲人所谓的纹饰而已。欧洲人在十七、十八世纪也同样的没有确切的"官职"这种概念,所以他们翻译中文的时候就会说,在中国,如果学问和才能足够的话,任何人就会获得比较高的"荣誉",在他们心目中官职还只是"荣誉"而已。唐代当然没有欧洲那么糟糕,可是还是基本上有贵族身份就会有施政权。所以编写《宋史》的专家才会感到唐代的行政很离谱。

苏东坡也是,他在《潮州韩文公庙碑》说,自从东汉以后到韩愈,就是我们所说的中国的中世纪,那个时期是很黑暗的。[2] 为什么呢?可以说那个时候的思想方式主要是宗教,而宗教不是理性的。当然他很佩服杜甫和其他唐代伟大的文学家和政治家,可是他又说他们没有办法改变当时的政治体制,只有韩愈的胆子够大,他能直接说出事实的情况。这和宗教不一样,宗教可以说是幻想,不是事实,那是他的看法。中国文明发展到了韩愈、柳宗元的时候,才回归到理性的传统。这也很有意思,宋人回顾中国的中世纪,也认为这是很奇怪的一个时期。

王:宋代知识分子的地位空前提高了,有人说他们是与皇帝共治天下,他们怎么建构政治制度的呢?

包:对,非常高。他们也认为自己的文化水平是非常高的,比以前都高,但

[2] 苏轼在《潮州昌黎伯韩文公庙碑》中写道:"自东汉以来,道丧文弊,异端并起。历唐贞观、开元之盛,辅以房、杜、姚、宋而不能救。"

是他们非常尊重汉代的文明，汉代是他们的模范，只有汉代才不是贵族统治的政治体制。柳宗元的《封建论》说得非常清楚。[3] 宋代的章如愚，差不多是公元1200年左右，他的《山堂考索》当时很流行。他讨论了中国的财政历史，这个太伟大了，这是十三世纪的事情。

他有一篇是专门讨论财政。他说，在周代的时候国家和宫廷的经费是通用的，没有分明，到了汉代就分开了，老百姓的税是交给国家的，皇帝的经费有另外的来源，比如卖酒、卖奢侈品的税。这是相当合理的制度。

[3] 柳宗元在《封建论》中写道："及夫郡邑，可谓理且安矣。何以言之？且汉知孟舒于田叔，得魏尚于冯唐，闻黄霸之明审，睹汲黯之简靖，拜之可也，复其位可也，卧而委之以辑一方可也。有罪得以黜，有能得以赏。朝拜而不道，夕斥之矣；夕受而不法，朝斥之矣。"

王：汉代的政治制度其实是后来历朝历代的典范，或者说汉代所建立的政治制度是中国古代政治制度的基础。

包：非常对。宋人也是这么想的，比如苏东坡、黄庭坚等人，他们受到古文运动很大的影响，他们很佩服韩愈、柳宗元、白居易等人。我认为韩愈和其他的古文文学家类似于启蒙时代的思想家，不知道你有没有看到我在中央电视台有一个访问，叫"文明之旅"，其实白居易和伏尔泰有很多的共同点，苏东坡和塞缪尔·约翰逊也有不少共同点。那个时候中国还是贵族统治的社会，但这些人完全反抗，他们提倡的是宗教和政治不要混乱，宗教是私人的事儿，和公家没有关系，这个看法和启蒙时代的激进思想一模一样。他们还提倡法律权的平等、言论自由等等。

抽象概念视觉化：从中国艺术了解中国政治

王：其实您是从中国的艺术开始，逐渐发现了中国的政治制度，是吗？
包：是的，可以这么说。

王：那您现在的研究对中国艺术和政治制度更侧重哪一方面？
包：我现在写的这本书和昨天的讲座有关系，原来是清华大学的王国维纪念讲座，有八章，主要是研究中国的"平等"、"人民"、"国体"、"正义"

的概念等等。怎样用视觉媒体来掌握这些抽象的概念，我认为这是一种值得注意的艺术史倾向，怎么样用艺术品来了解当时人们的认识力。一般来说，平民很难了解和想象抽象的概念，这和教育水平有关系。霍布斯（Thomas Hobbes）也体会到这一点，他说"国体"的概念非常抽象，一般人很难了解，所以他的书的封面有一个寓言化的图片，就是把"国体"视觉化。我的这本书都是研究这一类的意象，比如有一章就专门讨论"人民"，从中国的角度来看，自古以来，从春秋战国到汉代，一直到宋代，"人民"的概念是怎样演变的，怎样视觉化。汉代就开始视觉化了，可是当时是用寓言的方式，到了宋代这个方式就不一样了，比如在宋代的绘画中我们能看到一个非常惨苦的农民，快要饿死的人，这个人可以说也是代表"民"。这个艺术家并不是说我偶然看到了这样一个人，快要饿死了，而他想表现出老百姓目前在吃苦，因为政府的政策不公平，赋税太重，所以他就给人看老百姓的生活就这么辛苦。

在这本书中我再看英国人对中国文化的反映、阐释、理解怎么样，从昨天的讲座中你中也可以了解这个方法，我觉得这个方法有个好处，就是比较客观。比如说普芬道夫，如果他实际上了解平等是什么意思，当他接触到中国的"举贤任能"制度，他就应该没什么问题，不过可见他一点都不了解。除此之外我也注意到英国人是怎么将"人民"视觉化，比如说十七、十八世纪的英国没有"人民"的这个概念，所以在十七世纪的板画中我们会看到贵族的那个阶层，还有教会的阶层，还有平民而没有等于"老百姓"的概念。我们看到了这种板画，也许我们会以为那是老百姓，因为好像是农民的样子，但以当时的英国人来看，他们不是这么想的，他们没有"民"这个概念。中国的"民"可以被委任当官，可是在英国平民没有这个权利，只有贵族才能施政,因为他们使用"estate"，就是"身份"这个词来理解平民。可是到了十八世纪中期以后就有了很大的变化，所以我并不是说中国是这个样子，西方是那个样子，历史学家必须注意一种现象是什么时期发生的，到了十八世纪中期，英国人就渐渐形成了"人民"这个概念，而且也才开始有对政府批判性的图像。

十八世纪英国有了中等阶级，有了知识分子，所以社会的状态才适合于形成这样的思想。

王：我觉得抽象概念视觉化是一个非常有意思的话题，我想到之前有一本很有影响力的书叫《想象的共同体》，讲到民族国家的建构和想像。这本书提到小说和报纸在想象共同体，也就是民族这个概念构建的过程中起到了非常重要的作用，因为这使人们对于空间和时间有了全新的认识。但这必须建立在识字率和印刷术的基础之上，那问题在于在此之前想象的过程是怎样完成的，如果以中国来说，比较高的识字率和大量印刷品的出现两个条件同时满足大概要到明代，那么我想您提出的视觉化或者艺术品可能会是一个解决的方式。

包：我想这本书应该很快问世，大概年底之前，首先是中文版出现。

王：您觉得现在有一些人提出的"西方视角"、"中国视角"，在学术研究中存在吗？

包：我知道我的很多美国同事和中国同事都是这么想的，我不以为然。我从很多中国同事的论文和专著中学到了很多东西。我觉得优秀的历史学家，无论是中国还是西方都有，都是重视事实的，大部分都是解构主义的，也会有一些马克思的因素。我认识的历史学家到处有，我觉得是大同小异的，我们研究的重点可能不同，但是可以彼此了解、彼此使用同事的研究。而且最近几年中国的历史研究出现了很多新的看法、新的视野。很难笼统地说中国的研究是这样子的，而西方的研究才是那样子。

上古汉语的构拟与重建
——专访毕鹗教授

访问：段陶

毕鹗（Wolfgang Behr）教授

瑞士苏黎世大学东方学院传统中国讲席教授，研究领域包括上古汉语的音系学、词法学、语源学、文字学，汉藏语言学，上中古汉语的外来接触，汉语言文字学史，历史语言学的认识论基础，先秦考古和历史，早期汉语史学，等等。曾在众多学术期刊和专书发表论文，成果丰硕，蜚声国际。

段陶

香港浸会大学饶宗颐国学院博士研究生。论文方向为西周中晚期的贵族家庭，研究兴趣主要为西周青铜器及西周考古，古文字与出土文献。

段＿段陶
毕＿毕鹗

段：欢迎毕鹗老师到访国学院，很荣幸可以邀请您进行此次访谈。其实大陆学界与西方学界对汉语语言学的研究角度与研究方法有不小差异，我个人对此也有一些疑惑，恰好可以借此次访谈向您请教。之前曾读过几篇相关论文，对于上古汉语的构拟与重建是否是当今学术界的重点？

毕：学界的研究重点当然智者见智，有些学者在做理论研究，有些学者有着个人偏好。至于重构工作，我认为仍然是在当今汉语史研究中比较边缘化的，因为对于汉语研究而言，学界仍然比较重视现在还活跃的语言或方言的共时性研究，而非其历时性研究。对古代汉语有兴趣的学者往往更重视古代语法、构词法、词汇语义学，而不是词态学（morphology）或音韵学。至于上古汉语的构拟重要的原因，我认为从某种程度上是由于用古汉语音韵学更有可能去探索它的词态，对于长久以来被欧洲认为是孤立语、长久以来词根没有任何变化的汉语来说，这可以提供一幅全新的图景。中国在西方历史中被塑造成"他者"，汉语没有任何词形变化、屈折变化，所以这也有一个这样的历史背景。对词态的重建也为古汉语研究提供了一个新的视角。如果有了语法范畴、功能动词、名词等的知识，也可以为阅读文献提供另一种途径，对文献的翻译也会与之前不同。同时也可以由新发现的出土材料去验证构拟的理论，并且与相关的藏缅语族相联系。五十年前如果有人想做上古汉语与相关语言的比较研究，只有大概十五到二十个藏缅语种有较全面的语法描述，现在大概有一百多个。其中一些与古汉语有很多相似点甚至相同的特性。如果对史前时代中原与四邻及世界的联系、"中国"是如何被建构起来的这类问题感兴趣的话，上古音韵学将会提供很多信息，甚至对于如何理解与阐释出土文献和传世文献，它都有举足轻重的作用。但即使这样，也很难说它是中国语言学的研究核心。

段： 对于上古音的构拟问题，我们可以把"复辅音"当作一种理论吗？

毕： 当然，任何有系统性的对于过去的假设都可被称为"理论"，但相对于几十年前提出的一些假设，某些复辅音的存在是确实可以被证明的。复辅音最早由英国的艾约瑟（Joseph Edkins，1823—1905）在十九世纪八十年代提出，他同时也发现中国的文字有谐声系统，同一个字在不同的方言中的对应关系都不是来自单一音节，所以可能出自复辅音。很长一段时间内中国人并不喜欢这种说法，因为现存的汉语方言中没有任何一种还保留有复辅音。但是经过历史变迁，在汉藏语系的其他语族中有些还保留着复辅音的特征。在这篇论文发表之后没多久，艾约瑟很快意识到复辅音可能是比较汉语与其他相关语言的关键。拿古典藏语来说，它有着非常复杂的复辅音结构，有时候不仅是两个辅音，更有一连三四个辅音的情况。另一方面，让人对复辅音持保守意见的原因是，一旦你接受复辅音的构拟方式，它就在构拟原始发音时变成了一张可以解决任何问题的"王牌"，例如你想证明三个字的声母是相关的，那就可以把这三个声母放在一起假设他们本身是由这个复辅音孳乳的，后来各保留了一部分单辅音，这是完全合理的假设，但这样复杂的复辅音在自然语言中并不那么常见。所以接受复辅音也存在着被称作"原型嵌合"（proto-form stuffing）的风险——会把所有东西都放入复辅音之中，而不去考虑这些复辅音是如何简化的，它演变成后来的语音是遵循怎样的规律，从上古汉语到中古汉语音素损益的现象是如何发生的，从而只得到了一些人为组合的、无法被读出的复杂语音系统。虽然有极少数语言中确实有一些形态奇特的复辅音，但有些复辅音从来不曾存在过——现在有资料库可以检索这些信息。另一个问题就是，其实无法通过把所有辅音捏在一起来解释任何事情。相比王力等"传统"音韵学家而言，严学宭在二十世纪七八十年代就接受了上古复辅音的概念，并且提出了一个系统性的猜想，认为在某种情况下汉语甚至像藏语一样存在有三四个辅音的复辅音结构。当时的音韵学界并不接受他这样的提法，他从苗瑶语族、藏缅语族、川滇地区的羌族和嘉戎语等少数民族语言中得到了很多启发。大陆学界接受复辅音经历了漫长的过程，即使到今天仍有部分比较保守的学者对复辅音有些抵触。但如果不接受上古复辅音的构拟，往往就要在另外一些方面掣肘。比如以谐声系统来代替，那么就会遇到有两个在中古汉语相差很远的声母可通假的情况，或者就会变成用复杂更甚的音素转化或丢失来解释这种现象——虽然在某些语言中确实有这样不寻常的例证，再或者就会解释为上古汉语为双音节词而非单音节词——这样在两个差别很大的声母不必来自同一个复辅音音节而是两个单辅音音节，只不过后来分化为两个词。而那些不太接受复辅音的传统学者往往也不接受上古汉语有次要音节（minor syllable）或一个半音节（sesquisyllable）词的想法，从而坚持认为汉语从古至今都是现在所看到的有音调、单音节、没有复辅音的形态。当然，在复辅音被用以解释所有现象时，需要这样非常严谨的质疑，某些时候并不需要复辅音就可以解释规律的音变问题。所以最好的验证上古汉语构拟复辅音的方式可能是，把彼此独立的证据联系起来，不仅关注到谐声系统，也关注到其他同语系语言的相关词汇，它们可能是由同一词根派生而出的。比如古典藏语中的很多复辅音结构也在其他亲属语言中存在，或许就可以验证一些假设，或者某些词汇只是从其他语言中借用而来，就不必在同一语系中进行讨论。另外还有少数"缓声"现象——把一个复辅音音节拆分成两个单辅音音节，如"不律"和"笔"，李方桂拟音"不"pjəg，"律"bljət，"笔"pljiət，则"不律"极似"笔"的缓读、"无念"被注为"无念,念也"的"无念尔祖"，"无"拟音为 mjag，"念"niəmh，等等，很少，在早期文献中只能找到大概五十例左右。所以当你想要证明某一复辅音组合时，你得把相关的证据全都搜集到：谐声系统中有这类例证，在相近的语族中也有对应词汇的发音，在其他语言中也有这样的复辅音结构（需要确保在形式上是可成立的），没有对已知语音规律的抵牾，等等。如果这些方面都得到了有力的支持，那你就会得出一个很好的构拟。

段：就我所看到的少数几篇论文而言，都还在集中于分析或者构拟复辅音，那么您认为在这步工作完成之后，接下来的工作是什么呢？继续提出假设或是统计吗？

毕：个人偏好当然是社会文化的影响。我个人觉得，在构拟上古音的工作之外，大多数学者对中国古籍没有什么额外的兴趣，有些学者有着非常好的音韵学功底，但是对古籍中的内容、文字字源字义并不在意。他们对上古汉语进行重构，以便与其他藏缅语族做比较，而较少去关注这些字或这些复辅音是否具备某些含义。其实在重构上古汉语的复辅音之后自然就催生一系列有趣的问题：为什么在语言开始形成时会有复辅音？这样复杂的语音形式有什么必要性？有没有什么功能方面的原因？马伯乐（Henri Maspero，1883—1945）在二十世纪四十年代提出一个天才的猜想：上古汉语可能具有词形变化，这些复辅音来自词根声母与功能性辅音前缀的结合，他有南亚语系、印欧语系的知识背景，但由于在壮年被纳粹杀害，并没有留下很多这方面的研究著作。在此后的一段时间内，这项研究并没有引起关注，高本汉（Bernhard Karlgren，1889—1978）对于词态学（morphology）的研究有所推进，他尝试把上古汉语归入汉藏语系的对应发展中去，但他更注重于词汇形态的亲缘与派生，从清人章太炎、王念孙等人那里借鉴了"词族"的概念，在同一"词族"中都有共同的声符或声部。即使他们之间的语音语义都有相当程度的相关性，但还是无法解释同一"词族"内部是如何相互联系的。高本汉在这方面写下了著名的论文"Word families in Chinese"（1934）。有些词的含义相同但是主要元音不同，比如在表示谈话这个义项时的谭（*l 'əm）与谈（*l 'am），高氏把这归于"词族"，但没有从词态学上去考虑。后来七十年代蒲立本（Edwin Pulleyblank，1922—2013）在《中国语言学报》（*Journal of Chinese Linguistics*）上发表了一系列的论文，提出这样规律的元音流变现象在功能上是有意义的。他由此建立了一套归纳动词内向性（introvert）与外向性（extrovert）的复杂体系——与主语与动词进行的方向有关。回到为何有复辅音的产生的问题，沙加尔（Laurent Sagart）1999年的著作《上古汉语的词根》（*The Roots of Old Chinese*）系统化整理了流传已久的很多概念。他的观点很激进，也极大推进了整个理论体系的建构。他认为并没有基于词项层面的复辅音，所有复辅音都代表词根与语法前缀/后缀/中缀的结合，无一例外都是在"辅音—元音"CV（C）结构之外的功能性词缀。不像英语、德语这类有词汇性复辅音（lexical cluster）的语言那样（例如单词 spite 中的 s 并没有语法功能），上古汉语的所有前/后/中冠音素都是功能性的。这个理论的好处在于它是可以从演绎法上被证伪的。许多学者不赞同这种理论，因其对词缀指定的功能含义有时过于模糊，并不可靠，并且与文本本身无甚相关，这就导致了对上古汉语词态学的研究产生一种趋势。有些由于其构拟系统仅仅建立于词汇（lexical）层面之上，把相似义项的词集合起来，在这过程中不是注重其在文本中的含义，而是直接去翻查字典中的义项，如果这样的一组词的复辅音不同，就会得出其音素功能性差异的结论。沙加尔的论文中也有少数这样的现象存在。所以总有对基本材料与语音学方法论之间的相互攻讦。也有一些学者在努力弥合两者之间的裂痕，例如白一平（William Baxter）曾细致研究了"-s"附在词尾之后的功能，唐纳（Gordon B. Downer，1926—1998）、梅祖麟、周法高（1915—1994）以前也都做过这方面的研究。奥德里库尔（André Georges Haudricourt，1911—1996）通过观察越南语提出一个非常著名的假设，认为后缀"-s"导致后来去声的形成，所以很多学者接受了这个假设，就找出很多组去声与非去声词之间的对比，试图探究后缀"-s"的功能意义。其实更早对此进行探索的是莱比锡大学东亚学系的教授孔好古（August Conrady，1864—1925），他在十九世纪九十年代的著作《印支语系（汉藏语系）中使动名谓式之构词法及其与声调别义之关系》（*Eine Indo-Chinesische Causativ-Denominativ-Bildung und ihr Zusammenhang mit den Tonaccenten*）中发现了去声与非去声的对应关系，还有清浊之间的对立，带有规则的功能特性。但直到梅祖麟在二十世纪六十年代才继续沿着这条道路进行探索。后来的这些学者也并没有很仔细地回到文本中去观察这些对应的词是如何使用的，尽管唐纳还是引用了一些《经典释文》中的材料。其实这样的说法在中国传统的注经体系中就存在，北宋贾昌朝《群经音变》中对于去声（破读）的功能、清浊的对立就已经有基本的理论框架了。这本书在之后并没有引起注意，直到最近二三十年才被重视起来。近年来在这方面做得非常出色的是北京大学的孙玉文教授，后继的一些学者在孙氏的基础上继续归纳他所整理出的去声有关的资料。同时复杂的语音系统的研究也在跟进，中国王月婷、毕谦琦等一众年轻学者在进行这方面的研究。在材料逐渐丰富的同时，似乎也应该关注现象频率的问题，这在其他藏缅语族中是否有对应的表现，某些复辅音出现的多寡，出现在什么情况，等等，我认为这应该是关于复辅音研究下一步需要做也可以做的研究方向。但是由于学科细化和学者的不同兴趣，这样去重构古汉语的材料来源很有限，精于古文字学、音韵、比较语言学、训诂、古籍、史前人类学的学者很分散，这样对验证理论的有效性也有困难。

段： 相应的，如果我们怀疑出土文献或传世文献中的某个词或字是来自于楚方言，怎么排除这是受其他汉藏语族的影响或是受南岛语族影响的可能？

毕： 这很复杂。首先至少要确认什么是"楚语"。如果我们把出土于楚地简帛的词汇认定为楚语，那就要面对很多问题。显而易见地，楚地出土的这些简帛的文字内容及思想来源多方，即使它在楚简上被发现，也不能轻易被认定就是楚语，所以很多学者并不接受这个概念。据我所知，对此反驳最有力的学者是朴慧莉（Haeree Park），她在2016年出版了 *The Writing System of Scribe Zhou* 一书，还有厦门大学的叶玉英、广东技术师范大学的胡海琼等学者，他们认为楚语只是汉语的一种方言。如果要判断一个字或词是楚方言，那么首先要观察它的某些常规特点是否与所谓的中原"雅言"有所区别，再去看是否这些特点仅在楚简中出现，抑或在其他齐鲁、三晋地区的文字系统中也都具备。朴慧莉发现我们所认为属于"楚方言"的那些词汇，还广泛分布于其他地区出土的文本之中，甚至一些战国时期的楚语早在西周晚期或春秋中期的青铜铭文中就有踪迹，所以这可能并非楚方言特有的特点而是更早期共同语的遗存。做到这一步很难，因为往往只有很少的材料勾勒出的概况。本来对于不同地域的文字研究而言材料来源就已经很零散了，再上溯至语言词汇的层面空间就更狭窄，毕竟对于书面文字而言，当时使用的范围大多是祭祀、祈祷或者论述性的，方言的影响本身就很小。只有少数情况，例如遣册、日书等性质的出土材料或者吴越地区的铭文才可能会有更多的方言成分，但依旧很少。接下来，如果确实发现了某些该地区出土文本特有的特点，也要看它是否受后来，例如两汉时期编写转抄的影响。在二十世纪四十年代，董同龢（1911—1963）曾反驳过高本汉，根据楚地流传的文本比如《老子》等所共有的一些用字特点，以及汉代小学家会以楚音注书，认为楚语具备的某些固有特征与当时的通语不同。所以当使用传世文献时，它又有一些与出土材料不同的性质，比如写作时间、写作地点、编纂与流传等信息在早期并不是那么清晰。当以这些为依据来判断楚方言时，到清代就有学者来挑战这类观点，他们当时提出老子可能来自陕西，庄子可能来自其他地方，即便是代表楚语特征的《楚辞》，其中一大部分用语也可以在其他地区的文本中流传，所以也未必可断言其一定是"楚方言"。还有就是材料非常零散，那些在《方言》《说文》、东汉经学家的注疏可能是楚语的词汇，有些确实可以在出土文献中印证，但依然非常非常少。中山大学有位年轻学者范常喜就做过这样的比较研究。中国人民大学的赵彤曾发表过一篇论文，提出在传世文献中某些被认为有特殊语音特征的"楚语"可与出土文献相呼应，那么这就可被认定为楚方言。这时就出现了另一个问题，我们如何得知这些词汇不是来自其他语言的借词呢？例如南亚语系、苗瑶语族、侗傣语系等。在史前时代，我们对他们的了解甚至更少于汉语方言。王辅世、玛莎·拉特里夫（Martha Ratliff）等学者在大概三十种苗瑶语的基础上做原始苗瑶语的重构，类似地，也可以做原始侗台语、南亚语系的重构，然后把依据前面所提到的标准所判断为"楚语"的词汇与其做对比，是否有任何相似或者对应关系。即使这样也很难做到，因为侗台语、苗瑶语等的语料来源相对较晚，即使重构之后得到音变规律也无法确切知晓他们与"楚语"之间是否共时。二十世纪开始，有学者开始考虑是否有一种方法可以为语言"断代"，他们从碳十四断代法中得到了灵感，语言学的分支学科中有一门词汇统计学（lexical statistics），在统计一门保存资料非常丰富的语汇材料时，在某一时间点选取一百、五百或者一千使用频繁的词汇，在相隔固定的时间段内，词汇被弃用的比率是可以被计算出的。然后再把这种比率还原到对重构语言的研究中，依据他们之间词汇的相似度可以判断其分化时间。这种研究方法有一个前提，那就是这个比率是相对固定的，但实际情况却不是这样。早在二十世纪五十年代就被学界证实，词汇的变化速度受很多因素影响。基于此，进一步的研究就试图把地缘、迁徙、运输、人口、疾病等因素都纳入建模之中，这样可以使得大数据计算过后的判断更加准确。所幸汉语有非常发达的书写传统，保留下来很多复杂的细节。汉字中的声符在文字的长期演变中保持相对稳定，这样就可以与其他语言做对比。在新出土的文字材料中，传统的古文字学家往往都比较注重如何隶定以及做释文，但是当隶定的字形无法用形声、会意、指事等方式去理解，又在与相关文献的比较中可以确定其字义的时候，这就是去分析它是否受其他语言影响的很好情况。此时声符并没有携带义项，很可能只是用其他语言的读音去表达汉语中的某个字义。其实这种所谓的 alloglottography（异语注声）在很多语言中都很常见，比如《万叶集》的日语或者古代阿卡德语，但是出于某些原因，很少人会在汉语内部探索这种现象。

段：您之前的讲座提到了某些学者认为古汉语是一种混合语（creole language）。那从原始汉藏语到现代汉语经历了这么剧烈的变化，是否可以从这个过程中找到痕迹或者说总结规律去对应混合语是如何发展到综合语（synthetic language）的？或者说古汉语是否有黏着语（inflectional language）的特性？

毕：可能难以言尽，原始汉藏语是混合语，但上古汉语或者说上古汉语之前的汉语（pre-Old-Chinese），通过对比古汉语中的种种痕迹，不用牵涉到其他藏缅语族，应该可以算作黏着语（agglutinating language），但可能并非屈折语。从其词态学角度而言，有词根和后缀，而这些前缀或后缀明显是单一功能的，而非同时有几种语法功能。屈折语的词缀有多意性。而大多数上古汉语的词缀是派生的（derivational），可以改变词性，可以把动词名词化或相反，某类动词由此可以作另一类动词使用，副词作形容词，等等。但是上古汉语词态并不包含"格"（case），例如主格（nominative）、属格（genitive）、间接宾语（dative）等，所以并不算是一种屈折语。但是对于原始藏缅语族或者原始汉藏语系而言，有些学者也认为其有屈折语、甚至多式综合语（polysynthetic language）的可能，例如嘉戎语确实保留有屈折语性质的痕迹，尼泊尔的基兰特语支（Kiranti languages）也确实有屈折元素，所以可能原始汉藏语有很少部分屈折元素，这与印欧语及闪米特语（Semitic languages）非常不同。上古汉语有很强的黏着语特征，但随着很多词素的散落，孤立语特质逐渐增强，到魏晋时期，所有的词态变化基本上消失了。但是在现代汉语中，又逐渐演化出一些黏着语的特征，例如"了"、"过"等，原则上而言这是黏着语性质的后缀。甚至可以看到由于地域差异所接触到的其他语言影响，有些方言有更强的黏着语特质，如青海唐汪话可能受周围阿尔泰语系的影响。巴黎的徐丹和一些同行做过相关的研究，在表达中所有的动词与主语都一定有后缀来区分，所以他们的黏着特性非常明显。总之，由于汉语的书写系统，你可以比较容易观测到它的轨迹。

段：所以您是站在语言是由黏着语到孤立语进化的这一阵营的吗？

毕：首先我认为黏着语、屈折语、孤立语、综合语这些都是理想化的术语分类，没有任何一种语言是绝对的孤立语。每种所谓孤立语都多少带有一些黏着元素。现在对于这个问题已有一些更好的理论模型来解释，非常复杂。我的同事鲍尔萨泽·比克尔（Balthasar Bickel）等人提出了一种理论来归纳世界的语言类型，不再以简单的是否有后缀、是否屈折来判断，而是设置了成百上千种参数来分析语言数据库和类型。我们苏黎世大学就正在做这样一个庞大的项目，叫作"LiMiTS——Linguistic morphology in time and space"，试图把世界上所有的语言分布都纳入这个图景之中，把生态与地理因素都考虑进来，主要是欧亚大陆，也包括美洲等地区。说回到上古汉语中，我们在重构过程中观察到的这些黏着与派生形态，大部分都在后来的语言发展中消失了，在藏缅语族的近缘语言中还保留着，古汉语中只剩下一些不系统的零散痕迹。在中原的通行语中已经基本看不到任何的词态，只有晋方言和粤语这类方言体系中可能还保留着某些形态。但——如同沙加尔在其文章中提出的晋方言中动词的前缀"-k"可能是上古遗存——这些真的是穿越两三千年的痕迹吗？是否存在其本身逐渐发展出来的可能？词态变化一定不是凭空而来，如果与某些有词态变化的语言接触的话，这也不失为一种假设。一位意大利学者马振国（Giorgio Francesco Arcodia）就在研究晋方言中新产生的词态变化，这在上古汉语中毫无痕迹，也确实并非来自蒙语影响，其自身产生了这样的演化，与历史因素与外部联系无关，所以孤立语确实可以演化出一些词态变化。但即使在中国内部的湘方言中也有类似的变化，这都在历史遗存及周边影响中很难追溯到痕迹。关于词态变化是如何产生的一个最盛行的理论是，以藏缅语族的词组（lexical compound）为例，类似于汉语中的两个相似含义的字组成的词组，之所以需要这样的词组，是因为要保持词汇的独特性。一个复杂词可能弱化了它的韵部等特点，但是在口语中要让它更容易理解，就会附加一个同义的、可辨认的语音单位。长时间之后，这种含义和有效性变得模糊，因为整个词汇音节性增强，对于每个音节的含义不再区分清楚。只有它们同时出现时人们才会理解，所以在交流中就会做一些省减，可能会把第一个音节的后部去掉，并入第二个音节的部分，这时就有了新的复辅音的出现。那么在这种扩充与省减的过程不断发生时，可能就会有新的词态变化产生。摆脱进化论的束缚，孤立语是完全有可能演化出词态变化的。

入乎老庄，出乎百家
——专访刘笑敢教授 *

访问：庞琨

* 初次发表于《国学新视野》2018 年 3 月，春季号。

刘笑敢教授

1947年生于河南，在天津读中小学。1968年到内蒙古插队落户。1973年入读内蒙古师范学院中文系。1978年入北京大学哲学系，师从张岱年读研究生，1985年获博士学位并留校任讲师、副教授。1988年赴美国，先后于密歇根大学、哈佛大学、普林斯顿大学东亚系和宗教系、哈佛燕京学社任访问学者、讲师、研究员。1993年赴新加坡国立大学中文系任高级讲师、副教授。2001年起担任香港中文大学哲学系教授，后出任中国哲学与文化研究中心主任。2008年起担任浙江大学晨兴文化中国人才计划指导老师。主要著作包括《庄子哲学及其演变》、《老子古今》、《诠释与定向》、《两极化与分寸感》、《老子：年代新考与思想新诠》、《庄子与萨特》、《道教》、《道家哲学研究指南》(*Dao Companion to Daoist Philosophy*)、《〈庄子〉分类考》(*Classifying Zhuangzi Chapters*)、《经典诠释中的定向问题》(*Orientational Issues in Textual Interpretation*)。有多种中、英文著作被译为英文、中文、韩文及日文。担任或兼任美国、欧洲、亚洲数十个大学或研究机构、刊物的顾问、委员、评审人、主讲人、访问教授、兼职教授。曾在中国大陆、中国香港、新加坡等地多次获得优秀教学奖、著作奖和研究奖。

庞琨

香港浸会大学饶宗颐国学院博士研究生，致力于先秦传世文献与出土文献的研究，现正以《诗经》为方向撰写博士论文。

庞 _ 庞琨
刘 _ 刘笑敢

研究中国思想史不能脱离儒家

庞：谢谢您接受我们的采访。上次您在浸会大学饶宗颐国学院的演讲是关于孟子的性善论，您自己也提到，熟悉您的人会对这次演讲感到奇怪，因为内容是关于儒家而非道家。请问您，孟子或者说儒家，在您的整个学术体系内占了一个什么样的位置呢？

刘：儒家是中国思想史、中国哲学史的主流，我每次讲课时都要读儒家的原典，看别人怎么讲，还要发表我自己的看法。只不过我发表儒家的文章不是太多，大家可能也不太注意。在我的学术生涯里，儒家是一个通识的基础。作为一个中国哲学史的研究者，虽然我看起来像是道家的专家，但是我关心的是整个中国思想文化。而整个中国思想文化中，儒家是主流的部分，是最重要的部分。比方说，学英语的人，不懂德语、法语好像不是问题，但是学德语、法语的人不懂英语就不行。同样，研究儒家的人可以不理道家，但是研究道家的人不懂儒家好像是个很大的缺陷。所以儒家一直是我关注的对象。孟子在宋明以后成了中国哲学思想的一个重要来源，而我自己对人性问题也一直是关心的，也一直在思考有关人性的不同观点和理据。儒家我不是不想研究，主要是精力不够，道家的很多问题还没有解决，就得继续做。做到今天想法才大体成熟了，但是还没有写出来。由于研究重点主要在道家上面，对于儒家，只能说还是有点遗憾吧。

庞：您在《四海游学散记》中提到，您后来一直研究道家思想主要是因为一开始的选题就是道家。那您一开始为什么选择道家呢？

刘：坦率地讲，当时比较幼稚，就是希望从古研究到今，所以是从先秦开始。另外，听说张岱年先生要指导先秦思想，这也是一个原因。再一个，以我当时的知识水准来说，我就觉得孔、孟、荀子，他们的话已经说得够明白的了。《管子》的年代、作者都不清楚，太难研究了。《周易》我也觉得太难了。想来想去，我觉得《庄子》比较好玩，不是太难，也不是很容易，所以我就选了《庄子》。

做完博士论文以后，我到美国哈佛研究中心做访问学者。当时傅伟勋正在主编"世界著名哲学家丛书"，他就让我来写《老子》。《老子》很困难的问题就是年代和作者的问题，这方面按传统说法叫训诂考据。我做《庄子》也面临着考据问题，主要是内篇、外篇、杂篇的关系问题。我的考证方法是新的，学术界比较重视，结论大家觉得比较可信。做《老子》我又碰到年代问题，但是不能用《庄子》的方法。因为《庄子》七万多字，语言资料比较丰富，可以从语言的运用上发现新的证据。《老子》就比较麻烦，资料上一共就五千字，语言资料相对来说比较少。传统的考据基本上是引用已有的文献做根据，然后下结论，要掌握好多资料，根据好多引文和记载来做一个推断。这个方法看起来很扎实，但是经常无效。其中一个表现就是，依据同样的材料，大家的看法可以很不相同。当时对于《庄子》有四种观点，冯友兰、张岱年、任继愈、严北溟，都是当时的老权威，大家依据的材料都差不多，但是观点都不同。这就是说，传统的训诂考据的方法本身不足以解决问题。我觉得要另辟蹊径，所以我就用了语言资料，做了一个很全面的统计。我博士论文大概三分之一的部分是根据语言材料的统计来做年代、作者的推断，还有全文的分类。但这个做法用到《老子》上是不行的，因为它只有五千字。最后我想到，用韵文的特征以及各种各样的修辞手法来把《老子》中的韵文跟《诗经》、《楚辞》中的作比较。想不到比较的结果是，《老子》的韵文特点跟《诗经》相当一致，而跟《楚辞》很不相同。当年胡适说《老子》是楚辞体，这是印象式的说法，我的这个考证结果就能完全推翻他印象式的说法。

这本书里还有一部分就是《老子》思想的解读。讲《老子》的人非常多，但是我总觉得有点问题。比如"自然"，很多人讲《老子》是按照现代汉语的"自然",或者英文的"nature"来解读《老子》。这种解释我觉得很有问题,因为古代汉语的词汇跟现代汉语有很多不同。比如把"道法自然"理解成道效法自然界,从语法上讲得通。很多人觉得讲得通就是对的,其实这种推理方法本身就是错误的。在中国哲学史乃至整个国学的研究领域里,传统文人想象式的推理还是很有影响,而这跟现代我们所理解的逻辑、证据差别很大。我不满足于提出我的看法、一种解读就行了,我是要提出一种非常扎实的、自己驳不倒自己的解读。还有一种看法是把自然当作自然本性,这也是不对的。其实从汉代就有这种思想倾向,比较明确这么讲的是王弼。有人把王弼讲的就当作《老子》的思想,牟宗三就这么看,这是不对的,他没有看到这里面的重要不同。王弼成为思想家,是因为他有自己独立的思想,他注《老子》实际上表达的是他独立的思想。而这一点呢,大家往往不去较真。一旦认真思考,就要把这个不同讲得很清楚。比如,《老子》五千言从来不提"性"字,而王弼讲了22次,他把自然跟性密切地联系起来。很多人就跟着王弼走下来,其实对《老子》思想的理解是很不准确的,《老子》思想的独特性就被淹没在王弼的思想里了。"自然"这个词我花了有一二十年的时间,最近才有了一些比较有把握的说法。但是这个说法跟学术界流行的、我的同行的看法差距很大。我认为《老子》的自然跟后代的自然——从庄子到朱熹讲的自然——都不一样,跟现代汉语讲的自然就更不一样。《老子》里自然最基本的词义就是"自己如此",这个词义可以放到任何地方。现在我们用自然来指代自然界,也是因为自然界就是自己如此。但是用自然界这个意思来理解《老子》,这种用法会引起很多误解,从思想内容上是完全讲不通的。我查到台湾有一个比较年轻的学者,她就认为自然界讲的"自然"是一个新词,不是一个老词,因为古代没有自然界的概念。这个我觉得讲得很好。她是从词汇的角度来考虑的,我是从哲学概念上来考虑的。另外,如果说"自然"不是现代汉语里的一个词,那么《老子》的自然,它的特殊性表现在哪个地方?怎么样把它的特殊性表现出来?我发现很有困难。因为一般情况下,我们解释古代思想都是用现代的一个词语或者哲学概念来说古人讲的是什么。古代没这些概念，所以要用这些概念来准确地解释古代的思想，是有困难的。有些人觉得准确不准确不重要，反正我就表达我自己的看法就可以了。这个是我不赞成的。我认为，研究古代思想还是要重视古代思想本来讲的是什么。虽然很难看清楚、讲清楚，但是这个努力是不能放弃的。所以我就花了很多时间在这上面，做得很费力但是很有收获，发现了新的东西，自己感到很高兴。

严肃学术与普通大众之间需要普及者

庞：您提出了研究古代哲学思想的两种取向，一种是客观的、历史的、文本的取向，这种取向倾向于解释与还原；另一种，是现实的、未来的、创新的取向，这种取向倾向于诠释与应用。后一种取向，它诠释的限度在哪里？

刘：这个问题非常好，这涉及诠释学的问题。中国哲学、中国文化、中国思想这些领域的学者都相对地注意一些西方的理论。注意是好事，可惜没有精力深入，结果抓住皮毛就当作至宝。伽达默尔（Hans-Georg Gadamer）的诠释学理论一开始传进来，最吸引大家注意的就是视域的融合。所谓视域融合，是说读者和文本和阅读对象之间的视域是不同的，但是任何理解都是视域的融合，所以每一个理解活动或者解释工作都是视域的融合。这个理论很快就流行起来。积极的一方面就是，它对中国哲学、中国思想研究的蓬勃发展起了巨大的思想解放作用，谁都可以解释，不一定要等专家、大学者来解释。消极的方面呢，这个理论的流行让人们不讲标准，好像怎么解释都可以，每个人都有自己的理解，不同的理解好像是没有高低对错之分的。伽达默尔好像也讲过，只有不同的理解，没有更好的理解。但是这里面一个最大的误会就是，伽达默尔的诠释学是哲学诠释学，而不是方法的诠释学，他认为诠释学作为方法是不对的。他有句话说："诠释其实是我们这个人类社区的一种生存的方式，而不是对经典解释的方法。"但是很多人就把伽达默尔这个理论当作了挡箭牌，用这个理论为自己的随意诠释辩护。伽达默尔的诠释学理论传进中国来，有积极的一面，就是让我们都认识到，并非只有某一个权威才能拿出最好的解释。但这并不等于我们的研究就真的没有是非对错的标准，这种看法是非常有害的，在一定程度上瓦解了学术的严肃性。当然这个害处不是诠释学理论本身的，而是我们在应用的时候对它还不够理解。把这些理论很肤浅地引进来，理论流行开来之后就变得人人都知道，人人都会讲，但是你仔细一看，都错了。这个我觉得是中国文化的一个悲哀。虽然我们不能百分之百用自然科学的方法和标准来研究中国哲学、中国人文学，但是基本的求真求实的科学精神应该是一致的。没有这个精神的话，新的思想创造也不过是一种很肤浅的急就章，只是在解释，而不是在对历史、思想做了深入研究之后发现问题，从而提出新的创见。所以我觉得这可能是我们中国人文学，或者是国学研究的不足。

庞：但是您提到的这种严肃、严谨的研究，尤其是哲学的研究，好像离大众很远，反而是那种比较随意的诠释大行其道。

刘：我觉得这是中国社会或者是学术界发展不成熟的一个表现。比如在哈佛，一个很好的教授，没几个人认识——不需要啊。在哈佛你整天到外面去演讲、写通俗文章，那你有资格在哈佛当教授吗？现在中国的名牌大学的很多教授也是在安心做学问，但是大家都不知道。反而在外面到处讲课、挣钱的那些教授变成了名嘴、明星，这个是我们的学术、文化不成熟的一个表现，分不清严肃的学术研究和通俗性的普及之间的关系，对于如何做通俗性的普及也没有认真思考。怎么讲得好听，怎么讲得让大家高兴，就怎么讲，那就把学术研究变成了学术评书，这个是很糟糕的。

庞：普通大众对严肃哲学应该有怎样的期望？而哲学研究者应该怎样向大众普及哲学呢？

刘：我觉得学术研究和大众文化之间应该有个过渡带。像是高能物理、天体物理、微生物这些东西，如果要老百姓懂的话，就需要科普作家来做。但是人文社会科学就缺少科普这个层次，通俗的讲解、发挥和严肃的学术之间，界限不是很鲜明。而目前的观念是，严肃的学术研究如果大众不知道，那就变得好像没有价值，没有意义。这是一种错误的观念。纯学术研究不必要让大众知道，大众也不可能知道。在英美国家，最好的学者提出一个理论，没有几个人知道，但是有些人知道这个理论以后，他会写文章传播这个理论。这样就会影响到社会大众，另外也会影响到政治家。比如说罗尔斯（John Bordley Rawls）的理论对社会学、政治学都会有一定的影响，但不是罗尔斯本人去写通俗文章。你不能要求一个书斋里的严肃学者亲自去影响大众，他没有那个能力，也没有那个义务和必要。大众需要的是有类似科普作家那样的人去普及严肃的学术研究成果。但是我们没有这个分层，人人都讲自己是学术。其实严肃的学术和大众普及化的通俗讲座应该是很不同的。通俗读物真的是需要，但是也需要有很好的学者来写，并不是谁都可以写。你讲《老子》，一边讲《老子》一边讲自己的想法，再开点玩笑，再涉及一点现实问题，这效果非常好，但这不是严肃的学术。如果把这个当作一种目标的话，那真正的学术就会被湮没。我觉得我们的社会科学、文化、人文学的研究，缺少层次。比如儿童读物，在西方，有些作者就针对一个年龄层的小孩儿写，一写就是几十本、上百本。可是我们中国的儿童作家太少。有好的，但是太少。美国儿童读物作家生活得很好，因为他市场很大，他挣的钱比哈佛教授挣得可能还多，销量大，版税高。而中国的儿童作家大概生存就比较困难。

庞：好像还生存在一种教育者的"道义"当中。

刘：郑渊洁比较成功。但成功的人还是太少。我们的行业、职业、教育分层不够。一说要办名牌大学，全国都想办名牌大学，都想当一流，怎么可能呢？都是一流就都不是一流了。你不甘心做一些不同层次的工作，什么都有一个统一的号令，统一的标准来掌管，这是一个很害人的事情。郑渊洁也不是一开始就立志要当一个儿童文学作家，他是慢慢发现了这条路，而没有人打压他，他就成功了。如果说当初禁止他写儿童文学，强迫他选择其他的路，那他就被掐死了。改革开放以后还是有这个空间，但是空间可能还不够。主要是要给大家更多向不同方向探索的空间，可能各种人才就会出来。我想，大概现在我们最大的问题就是严肃的学术研究和大众所需要的学术普及搅在一起。

庞：有没有什么方法能够快速地建立起这样一套健康的文化观念和市场秩序？

刘：快速是不可能的，快速的方式就只有人为地制定的制度和命令。这个可以很快见效，但可能是只有空壳，没有实在内容。因为好的儿童文学作家，或者社会科学、国学的普及作家也是需要时间来培养的。不是说我需要，我就让你去做，你就一定能做好。你可以安排十个人去做，但是其中有几个人愿意做，有几个人有这个才能，做出来能不能适应市场需要，这都是需要慢慢探索的。所以一切都靠行政命令，急于求成，其实是有害的。

儒家思想应该是当代华人道德资源的重要来源

庞：大陆"国学热"的大潮已经持续发酵了好多年，今年又要在大学中设置国学专业。您对"国学热"持什么样的看法？

刘：我们每个人都生活在某种传统之中，国学在我看来其实就是传统文化的一个新名词。过去不叫国学，叫传统文化。国学是相较于西学而言的，就是中国固有的学问，中国固有的学问和中国的传统学术是一个东西。现在很难定义国学的范围到底有多大。在台湾的文化大学，他们甚至还有武术系。武术也属于中国文化，那武术算不算国学？这很难讲。国学是否包括传统的戏剧？也很难讲。今天讲国学，它应该是现代学术的一部分，是现代学术之学。如果没有现代学术的内容，那它怎么进大学课堂呢？讲国学的人凭什么算大学的教授呢？所以它应该有现代学术的内容，是现代学术之学。但是它研究的实际内容还是以传统之学为主。现在创造起来的新国学还没有出现，或者说还不成熟，所以国学的研究内容主要还是传统之学。另外，我们的国学如果以儒释道为内容的话，那它就是实践之学，不是纯粹的书斋里的学问，跟大众生活有密切的关系。所以我看国学至少有三个层次，就是现代学术之学，传统学术之学，还有生活实践之学。

庞：现在社会上流行的"国学"好像还是以儒家为主。

刘：对，的确是。到了魏晋以后，独立成家的道家基本没有了，出了个道教。道教和道家有一点继承关系，但是它的形态、内容已经很不相同了。后来佛教比较兴盛，一个原因是它有教团、有寺庙、有专职的和尚。它的理论又发展得太精密太复杂了，能把脑子最好的人吸引过去，对大众来说也有一种诱惑力。相比之下，道教的理论性和哲学性都不够，不能吸引最优秀的人才。但是道教跟道家毕竟还是有某些联系，它在生活实践方面跟中医、养生、武术都有密切的关系，因而也有一定生存空间。以儒学为主我觉得也不是什么问题。历史上，尤其是元代以后，科举考试都是以儒学为主。道家的经典著作比较少，老庄以外的《淮南子》、《抱朴子》影响都不太大，而王弼和郭象似乎都没有达到独立思想家的地位，这样就显得道家大师比较少，而且长期研究老庄很难。《老子》就五千字，研究空间太小。而儒家你随便去找，两千年来的历史上，随便抓住一个人基本都是儒家。王充跟道家思想还有点关系，但他还是儒家。整个中国的传统就是一个儒家为主干的传统，从汉武帝独尊儒术开始，儒学就在官方有了正式的地位。它变成官方学术、官方意识形态，它是帝王之学，又是民间之学，又是学者之学，两千年基本如此。这样的话，官方不可能找一个道家学者或佛家学者作为官方的学术代表。儒家经典是训练官员的基本教材，这个就决定了儒家文化是中国传统文化的主流。我虽然研究道家，但从来不批判儒家。我不批判儒家的一个重要原因就是，我们华人世界是需要某种道德伦理的来源的。华人世界确实可以从基督教里接受道德资源，也可以从佛教甚至伊斯兰教里接受，但总不如从儒家里来得直接、来得亲切吧？所以我觉得儒家还应该是现代华人、未来华人道德资源的一个重要来源。在这个意义上我绝对不批判儒家，反而我觉得应该在这方面多下一些功夫。所以我支持对儒学、国学的研究和复兴，这个复兴是相对于过去的盲目的、彻底的、极端化的否定来说的。当然，这种复兴如果变成一种时髦，或者变成了一种崇拜，或者变成一种类似于宗教式的、排他式的信仰，那就糟了。如果说国学是我们中华民族进一步发展中必不可少的一种文化资源，这是绝对没有问题的。但是如果把它当作一种对抗现代社会、未来发展或者对抗外国的某些文化的一个盾牌，那我觉得就糟了，国学不应该起到那个作用。但是目前来看，可能会有这种倾向。

道家思想可以补儒家之不足

庞：国学热好像反映了大众急切地需要精神重建的需求。如果说中国人的精神需要重建的话，道家思想能起到什么样的作用呢？

刘：我觉得应该可以起到画龙点睛的作用。儒家讲的伦理作为中华民族伦理道德的基础，这个地位是不能动摇的，它是最亲切的，是资源最丰富的，所以我们应该珍惜它。道德这个东西不讲是不行的，而且道德如果不形成一种舆论，它是没有用的；但是如果形成一种过强的舆论，就会变成"以礼杀人"，这里面有一个恰当的尺度和分寸的问题。研究儒学是对的，提倡儒家的伦理道德也是对的。那么在什么程度上来提倡，在什么意义上来提倡，提倡哪些内容，这个是需要动点脑筋的。比如《弟子规》，它是不是中国传统文化的主流？该不该把它当作经典？这是需要研究的，不是说古代的东西都是好的。这种倾向其实是在糟蹋国学，或者糟蹋我们现代人，有些东西就是过时的。有人想把三纲的"君为臣纲"解释为下级尊重上级，把"夫为妻纲"解释为夫妻相互尊重，有这个必要吗？解释得通吗？既然有夫妻相互尊重了，为什么要把它拉到夫为妻纲上呢？这都是一种很肤浅的维护中国文化的方式，而这种方式我觉得是有弊无利的，还是需要一种理性精神、科学精神和现实精神，要有长远的看法。

道家的贡献，具体来说我觉得可以有这么几点。首先，老庄的视角直接就是天下，尤其是老子。一般人认为老子主张小国寡民，其实是毫无道理的。因为小国寡民的"国"根本不是现代意义上的"国"，他就是个"邦"。

这跟现代意义上的民族国家、主权国家毫无关系。他不是主张一个政治国家越小越好，他说的只是一个"邦国"而已。况且这个也不是他的主流思想，他只讲过那么一次。他也讲大国与小国之间的关系，讲小国愿意依附大国，大国愿意收服小国，但前提是以无为的方式取天下。过去荒诞的时候，说老子是反对国家统一的，这个政治帽子太大了。其实老子也不反对统一，因为他说"以无事取天下"，还是讲天下的统一。有人觉得老子讲自然无为，所以不能夺取天下，但是这样讲"以无事取天下"的"取"字就讲不通了，他们就把"取"字解释成治理，这个其实是没有汉语训诂考据的基础的。其实在《左传》里，"取"是容易得到的意思，"言其易也"。所以"以无事取天下"没有什么不好，不需要通过激烈的冲突而得天下，老子是不反对的。但是如果要"有事"取天下，那就不对了，有事可能就是有战乱。以战乱的方式得天下，老子认为这是不对的。而孟子也是这个想法。

儒家也关心天下，修齐治平，但起点是个人的道德修养。重视个人道德修养是儒家的一个长处，也是合乎逻辑的。如果每个人都有道德，那这个社会就是有道德的社会，天下就是一个太平的天下。但是这个传统太强了，让我们过多地关注个人行为的重要性，认为整体天下的治乱主要还是通过个人修身养性来实现，这还是有点局限的。老庄思想可以补充这个不足，它是直接关心天下，《老子》里有五十九次讲天下。而且《老子》讲的天下是万物，是百姓和民。注意，它的万物和百姓或民是没有等级之分的，没有贵贱、是非、对错这样的强烈的划分。所以《老子》有"善者，吾善之；不善者，吾亦善之"，"信者，吾信之；不信者，吾亦信之"。这是什么意思呢？不管你可信不可信，不管你善不善，"人之不善何弃之有"，这是《老子》的思想。这个思想合理不合理呢？我现在一想，太对了。我们的社会有些人是犯过罪的，或者是身体有残疾的，怎么对待他们？把他们送到月球上去吗？不可能啊，就得包容。我作为一个普通人，我可以不包容罪犯。可是作为一个社区，一个城市，一个国家，能说残疾人、犯罪的人、监狱里放出来的人我不要？如果这样的话天下就越来越乱，就不断地有受排挤、受打击的人。他是犯了罪，那自有法律惩罚他。一旦惩罚过了以后，他还要回到这个社会，你给不给他一个生存的方式？新加坡政府就意识到这个问题，它采取了一个办法，如果说企业雇用了从监狱里释放的人，政府会给你某种补贴。据说（我看到的材料不详细）这个政策施行以后，刑满释放的人重新犯罪的机会减少了百分之五十。如果因为一个人坐过监狱，出来以后社会上没有任何地方接纳他，他没有一个基本的生活来源，那他很可能又要去犯罪。

老子还讲了"报怨以德"。孔子却讲"以德报怨，何以报德？"不分德和怨怎么行呢？孔子并没有错，老子也没有错。从表面上来看老子赞成以德报怨，而孔子反对以德报怨，立场相反，但是他们的出发点是不同的。孔子的出发点是个人道德，而老子关心的是天下的秩序，这个时候执政者不能在民、百姓、万物之中来做划分。

老子还讲过"战胜以丧礼处之"，为什么呢？因为"杀人之众"，杀人太多了，所以要用丧礼的态度对待。这个思想也是非常深刻的，而且是有可能实现的。我去美国访问的时候，有一次美中交流委员会带我们去参观费城独立战争博物馆，一进门就看到一副很大的画像，我理所当然地认为这是北方军队的将领，后来我看说明才知道，是向北方投降了的南方军将领，罗伯特·李（Robert Edward Lee）。北方胜利以后，有将军要庆贺。林肯说："不必庆贺，双方都是我们的同胞，死的也是我们的同胞，战争结束了，就不要再庆祝胜利了。"后来再读《老子》，我就想，这不就是"战胜以丧礼处之"吗？他首先想到的是死亡了那么多人，这个是值得悲哀的，而不是值得庆祝的。如果我们也能抱着"战胜以丧礼处之"的态度，那么很多历史遗留的冲突和争端就好解决多了。所以我觉得《老子》思想太深刻了，这可以补儒家的不足。老子还要"辅万物之自然"，这个万物也是不分高低优劣、有用没用的。这个思想好在哪里呢？费孝通讲中国社会是一个熟人的社会，基本上是以个人、家庭、宗族、村落、乡亲，往外扩散。儒家整个文化传统主要是处理夫妻、兄弟、父子这些关系，跟陌生人怎么相处呢？当然儒家有泛爱众这些说法，但是讲得都比较简单。是唐纳德·门罗（Donald Munro）教授提醒我这一点，他说儒家讲亲亲、尊贤讲得很多很细，讲泛爱众讲得很简单，很笼统。他觉得儒家讲陌生人之间的关系讲得不够、不具体、不细致。而道家虽然讲得也不细致，但是把它从原则上提出来了。

老子在讲自然而然的时候，他不是在讲个体的生理本能，不是在讲野蛮状态。劳思光先生当然是我尊敬的哲学家，但是他就把老子的自然跟霍布斯的自然状态（state of nature）联系起来了，这个是很大的错误。霍布斯是假定没有法律，没有政府的情况下，因为每个人都想得到别人的好处，怕别人抢走自己的好处，所以每个人和每个人之间都是战争的关系。但是老子讲的自然是一个理想的状态，道是要效法自然的，它是一种值得追求的理想状态，不可能是每个人对所有人的战争，不是社会的阴暗面。圣人有意识地"辅万物之自然"，让万物自然而然地生长、发展，所以"百姓皆谓我自然"，百姓对这种自然的状态是满意的。其实自然恰恰是一种有意识地追求最高理想的状态。如果我们有了这个概念，处理很多问题就不一样了，人和人之间是要讲是非的，是要有道德观念的，但是要适可而止。而这个自然而然的和谐，自然而然的秩序，可能是人类社会很重要的一种价值观念。有了这种价值观念，法律也好，道德也好，宗教也好，社会的各种机制都有了一种总体的制约。其实法律、宗教、道德都可以有意地去帮助实现一个自然而然的秩序，但是也可能破坏自然而然的秩序，制造或者引起更多的冲突。所以在这种情况下，我觉得"道法自然"这个自然而然的状态是人类文明社会中一种理想的自然而然的秩序。这个"自然"在现代汉语里，在英文、德文、法文里没有对应的一个词，因为现代的"自然"往往指动物世界或野蛮状态，常有负面、消极的意义，用于正面意义时都是指具体的、琐碎的情况，如表演自然。而《老子》的"自然"是一个很高的、整体的、积极的意义，而且是要自觉地去实现的，在现代汉语里找不到对应的字。所以我就说，自然是人类文明社会中一种自然而然的秩序，我把它简称为"人文自然"

（不是人文主义的自然）。

庞： 所以道家是有非常积极、入世的一面的，而不是像我们一般认为的消极、保守、出世。

刘： 道家的出世印象最早开始于《庄子》，但是魏晋是最明显的。魏晋玄风跟道家有密切关系，它讲三玄，就是老庄和《周易》，所以冯友兰写书就把它叫作新道家（New Daoism），是从新儒家（New Confucianism）套过来的。宋明理学算新儒家，魏晋玄学就是新道家。一般人讲的道家主要受魏晋玄学的影响，魏晋玄学讲个性的解放、个性的放达。比如王献之的哥哥王徽之，乘兴访友，他说："乘兴而来，兴尽而归，何必见戴？"这就是任性情的一种生活，很潇洒，很浪漫，也很好玩，作为一个人挺有意思的，但是它可能不是一种正常的社会行为准则。大家为什么喜欢呢？因为它是一种精神的解放。因为如果我们只讲道德、宗教、法律，束缚人的东西太多，大家就想解放，魏晋玄学起到这样一个功能。魏晋以来，脱离现实或者摆脱现实束缚就变成了道家的主要基调，给人造成了出世的印象。其实，老子的思想不能归结为入世不入世的问题，他以圣人的口气说话，老子的圣人不是历史人物，不是现实世界中的人，而是道的人格化的体现，所以不存在个人入世不入世的问题。庄子就有点出世的味道了，他是在精神上出世，但是人还是在现实中生活的。他的逍遥好像是出世，但是他对现实的基本观察——"知其不可奈何而安之若命"——不管你地位多高，不管你多有钱，不管你有多少资源，你都有无可奈何之时。没有一个人一生中没有无可奈何之时，特别是在士族阶层，因为你上边有诸侯王，有你的士大夫主人，让你干什么事儿你不想干，你不会干或者你不敢干，但是你又不得不干，这就是一种两难，《庄子·人间世》主要讲的就是这些。庄子看到这些了，他没有办法真的躲避，就只有精神上的超脱。精神上的超脱会被人看作是一种虚假的精神自由，但是按韩非子的讲法，这就不虚假。韩非子说有一种人，恐吓他，威胁他，他不害怕；你给他好处，引诱他，奖赏他，他不为所动。这种人怎么办？只有杀掉他。这就说明庄子的哲学就是软硬不吃，所以他绝对不是懦弱、阿Q那种态度，而是看透了社会现实之后，追求个人的精神超越。

还有，我现在想，只有道家思想承认人类的认知能力不足。在基督教里，上帝替我们看到一切。伊斯兰教、犹太教包括儒家也都不承认这一点。儒家认为自己掌握天理，佛教也认为自己看透了世界的本质。只有道家说"吾不知其名"，就是不知道道到底是什么。所以说"道可道也，非恒道也；名可名也，非恒名也"，就是说道有可知的一面，也有不可知的一面。承认人的认知能力的有限性，这是老、庄的共同特点。这点是非常重要的，既适用于整个人类，也适用于每个个人。如果我们承认这一点，就不会把自己看得过分伟大，就不会把自己的意志强加于人。

道家还看到了正反相生，这个思想也很重要。这和以斗争为主的辩证法有所不同。老子的正反相生的概念恰恰是为了避免斗争。这个思想实有利于我们防止极端化的倾向，而儒家里没有明确的正反相生的理论。

庞： 道家可以在这么多方面补儒家之不足，那它本身有没有什么局限性？

刘： 道家的局限性也很大。首先它的经典中，《老子》言简意赅，《庄子》则是用寓言的形式，所以误解的空间极大，这是它的一个很大的局限。另外从道家传统来说，在思想流变中，从老子到庄子，再到河上公、王弼、郭象、朱熹，到二十一世纪，自然的观念一直在变，而这个变化很少有人研究，这也使道家被误解得很严重。再一个，道家的局限性还在于，它缺少详细的推理和论证。《老子》里都是原则性的理论，而《庄子》认为治理天下已经没有可能了，论述就更缺乏。这些都是道家的局限性。

研究展望

庞： 您的著作十分丰富，从最早的《庄子》思想研究，到《老子》思想研究，以及2009年出版的《诠释与定向》，但是最近几年好像没有再出版专著，而是以文章为主。您有打算就最近的研究写一本具有整体架构的专著吗？

刘：有这个想法，但是没想好怎么做。我在台湾出版的《老子——年代思考与思想新诠》该更新了，我想重写这本书。因为这是傅伟勋让我写的丛书，而我是按照专著来写的。年代部分我想独立出来，专门写思想理论体系部分。可能第一步还是应该写一本专著，然后现代应用慢慢再说。

庞：所以您提出的传统与现代的两个定向，您本人是两个方向都要做的。

刘：对。别人可能是也要做，但是混在一起做，我觉得是不好的，可能两头不到岸。

庞：所以您特别注重研究的方法。

刘：对。其实一个学科成立不成立，成熟不成熟，就看它有没有清晰的方法理论。方法理论不是固定的，也不是某一个人定下来的，而是在这个学科发展的过程中形成的。如果始终没有一种自觉的方法理论，这个学科是不可能成熟的。尽管这些方法和标准总在演变，但总是要有的。

庞：谢谢您接受我们的采访。

在二十一世纪阅读中国古典文学
——专访美国汉学家宇文所安教授 *

访问：赵颖之

* 初次发表于《国学新视野》2017年9月，秋季号。

宇文所安（Stephen Owen）教授

一名斯蒂芬·欧文。1972年取得耶鲁大学东亚系博士学位。哈佛大学东亚系及比较文学系荣休教授，曾任詹姆士·布莱恩特·柯南德特级教授。1986年获古根海姆奖（Guggenheim Fellowship）。1991年当选美国人文与科学院（American Academy of Arts and Sciences）院士。2006年获梅隆基金会（Andrew W. Mellon Foundation）杰出成就奖（Distinguished Achievement Award），2018年荣获唐奖汉学奖。著有《韩愈与孟郊的诗歌》(*The Poetry of Meng Chiao and Han Yü*，1975)、《初唐诗》(*The Poetry of the Early T'ang*，1977)、《盛唐诗》(*The Great Age of Chinese Poetry: The High T'ang*，1981)、《中国传统诗歌与诗学：世界的征象》(*Traditional Chinese Poetry and Poetics: Omen of the World*，1985)、《追忆：中国古典文学中的往事再现》(*Remembrances: The Experience of Past in Classical Chinese Literature*，1986)、《迷楼：诗与欲望的迷宫》(*Mi-Lou: Poetry and the Labyrinth of Desire*，1989)、《中国古典文学思想》(*Reading in Chinese Literary Thought*，1992)等。参与编辑《诺顿世界名著选》增订版一卷本（*The Norton Anthology of World Masterpieces, Expanded Edition in One Volume*，1997）、《诺顿世界文学作品选》(*The Norton Athology of World Literature*，2003)。与孙康宜主编《剑桥中国文学史》(*The Cambridge History of Chinese Literature*，2010)。另有论文多篇。

赵颖之

复旦大学中文系学士、硕士，哈佛大学东亚系博士。曾任教于卫斯理大学、香港城市大学、京都大学。研究领域为中国古代文学与文化。学术论文散见于《中国文学与文化杂志》(*Journal of Chinese Literature and Culture*)、《中国文学》[*Chinese Literature: Essays, Articles, Reviews* (CLEAR)]等期刊。目前正在撰写关于清初空间书写与想象的专著。

赵 _ 赵颖之
宇 _ 宇文所安

"变而通"的传统

赵： 宇文所安教授，谢谢您接受我们的采访。您曾在 2016 年第三届中华国学论坛的演讲中指出，您并不太喜欢"传统"这个词，可以进一步谈谈您对传统的理解吗？

宇： 传统这个词本身没有问题，但是我们在使用这个词时应当具备反思精神。有时人们使用这个词时缺乏历史感，似乎相信有一个唯一不变的中国传统，并且假设有一个可以汇聚一切的中心。而我所认识的传统是在不断变化中的。连续性和一成不变不是一回事。中国文化确实有连续性，但也发生了各种变化、运动、逆转。现在人们所谓的中国传统，其实指的往往是十九世纪以来，处于崩溃边缘的前现代中国文化。在《红楼梦》中，我们已经看到前现代中国文化内部的危机，远在与西方发生接触之前。

赵： 这次论坛的主题之一是传承。中国学者常常提及传承、继承的重要性，您对这个问题怎么看？

宇： 学者们谈到保存中国文学传统时，常常有种焦虑感，尤其在希望承接清代和二十世纪上半叶的学术传统方面更是如此。而我想强调的是《系辞传》中所说的"变而通"。我们应当在变化中保存传统，反思传统中的思想资源，保持传统的活力，而不是用传统命令我们应当做什么，或者把传统作为反对变化的工具。我们要尊敬前人的学术成果，而不是敬畏，因为敬畏会把传统变成禁锢。韩愈在《进士策问》里早就说过："无惑于旧说。"前人为我们可以进行的工作奠定了基础，但是他们也有盲点和不足之处，在后代看来我们的研究亦是如此。每个时代都必须重新发现自身的文化史。把更为久远的过去从较为切近的过去中解放出来，这可以为学者和读者打开一个全新的空间。中国在历史上经常回到更为久远的过去，在此过程中重新发现当下与过去的联系。现在我们要做到这一点比前人容易，因为我们可以看到的古籍具有前所未有的规模，优秀的工具参考书也比过去多，还有技术手段的支持。我们现在可以在古典文学文本中读出前人无法读出的丰富内容，也可以完成旧的学术传统未完成的很多重要工作。

赵：与此相关的一个问题是，您还提到年轻学者可以在中国古典文学研究中做出前所未有的开创性研究。是否可以具体谈谈年轻学者怎样才能有所开创？

宇：在民国和中华人民共和国初期一流学者积累的成果面前，研究生和年轻学者会感到很大压力，不知还能提出什么创见。其实年轻学者对中国的过去能提供最具转变性的研究，最好的起点就是发展出对语言更为精细的理解。文言就像一枚古旧的钱币，我们知道一个词语的大致意义，就好像知道钱币的价值，但是它细致的纹理磨损了。现在我们可以改变这种状况。例如，我可以指出杜甫如何率先在全新的意义中使用一个词语。另外，年轻学者应该与已有的知识建立一种批评反思（critical）的关系。critical 大概是最难翻译成外语的一个英文词。它的意思不是怀疑，也不意味着攻击什么。它可以指向外物，但从根本上说它指向自我。自省我们想当然、作为假设的那些论断，问自己那些假设是否合理，并且寻找证据去证明。这样做的时候，我们会发现有些假设确实是合理的，有些则不然。当你发现一种假设并不合理时，就有责任寻找背后的原因。有些人可能会认为这是"外国人的观点"。其实这种批评反省既在西方学术中存在，也一直是中国学术的一部分。例如，宋代学术就有批评反省的精神，欧阳修的《诗本义》对《诗经》毛亨传和郑玄笺既有接受也有反对。晚明清初学术也是如此，学者意识到古籍中有大量"通假字"，因为读音相同或相近而出现。中国和西方传统一样重视批判反省，这种精神也是"变而通"的根本组成部分。

关注语言文字的微妙之处

赵：提到杜甫，最近哈佛大学召开了一个关于杜甫的研讨会，我向您祝贺会议圆满举行。学术界已经有大量关于杜甫的研究，很多学者视杜甫研究为畏途，认为很难提出新见。因此似乎出现了越是经典作品，越是无人敢于触碰的现象。您怎么看这个问题？

宇：我对此看法不同，我认为杜甫研究的空间还很大。现有的杜甫研究中常常出现一种循环阐释：既定的理解影响了对杜甫的解读，这些解读又转而强化既定的结论。例如，关于杜甫历来有"无一字无来处"的说法，因此学者总想寻找出处，但是杜诗中常有找不到出处的语汇。据我所知，只有一位学者曾经指出杜诗中某个语汇前人从未用过。很少有人关注这个问题，因此也无人追问那些语汇在唐代读者听来是什么意味。我们应当思考杜甫如何在他的时代运用语言。在杜诗中我们会突然读到一个中医术语，或者发现他把公文中的正式用语移用于日常生活，如用"敕"字命令妻子准备晚餐。这些是很基本也很引人注目的现象，但是很少有人探讨。如果不关注这些语言现象，我们就无法真正理解"语不惊人死不休"的意义。樊晃在七世纪七十年代所写的《杜工部小集序》中提及当时读者传诵的杜诗多为"戏题剧论"，只有在我们注意到杜甫的用语时，才能理解这一评价的原因。杜甫的语言也常常变换语体风格和语符。例如《解闷》其七："陶冶性灵存底物，新诗改罢自长吟。熟知二谢将能事，颇学阴何苦用心。"第一句中交错了不同语符。"陶冶性灵"可以追溯到钟嵘《诗品》和颜之推《颜氏家训》中的用法，而"存底物"的语气很微妙，我尚未发现在杜甫之前有人把"底"用作疑问句，这是一种极具口语特色的用法。在他之前也没有人把诗称作物。诗篇是"陶冶性灵"的手段，还是"陶冶性灵"的成果？这会引发很多阐释上的问题。此处语符的变化体现了高与低、远与近之间的对比。远、近这些简单的范畴与一些有趣的问题相关，比如中央朝廷与地方的关系，有一些东西可以"行远"，在整个帝国流传，形成对比的是，有些只属于本地。这种对比在《解闷》十二首中反复出现。

赵：您强调了关注语言的重要性。一定要从文本的语言现象出发，才能提出有研究价值的问题吗？您可以再举一些例子吗？

宇：对语言的感觉是研究文学的基础。我们要提出新问题，需要以文本为起点，注意文本自身提出的问题，而不是拉出关于文本的习惯性的问题和旧说。最重要的是，我们要明白文学文本不只是可以转述的内容，还是将其写下来的"语气"的体现，而语气取决于对语言的微妙感知。例如，杜甫在秦州所作的《除架》诗写的是做瓜架，结尾却道："寒事今牢落，人生亦有初。"卑微的事物和宏大的意义并置，两者之间能否弥合无间？杜甫有时自得地置身于微不足道的事物中，有时将读者的注意力引向卑微与宏大之间的差异。一旦我们注意杜甫用语中的这些现象，我们就会发现困扰杜甫的问题。另一个例子是，《解闷》其一"溪女得钱留白鱼"中的"钱"是钱币，还有哪些诗中用钱指钱币？李白写过"清风朗月不用一钱买"，不过此处钱并非钱币。杜甫《空囊》中写道"留得一钱看"——囊中留一枚钱币。但是后来的诗人很少这样写钱币，除非用比喻的方式，因为他们认为谈论钱币是粗俗的。《解闷》其一提及钱币，其二又言及米的"贵贱"，这就提示了问题所在。我在萧涤非主编的《杜甫全集校注》里还没有发现论及这一点的材料，因此关注语言可以帮助我们注意到前人忽略的问题。如果只是浮光掠影地对待语言，就不会有所见。文言有很多层次，在历史变化中很多细节消失了。古典文学文本就像李贺《长平箭头歌》中古战场上的箭头："漆灰骨末丹水沙，凄凄古血生铜花。"外表沾满铁锈、血污、尘土，让人无法辨出本来面目。学者的部分职责就是让语言重新焕发生命，就像把箭头上的铁锈除去，让箭头重新恢复闪亮的原貌。

赵：您前面提及技术手段可以帮助我们理解诗歌语言。您认为技术发展对中国古典文学研究有什么影响？

宇：当前学者的研究都不免要借助网络和数据库。但是我们有种印象，似乎前辈学者的研究成果与技术无关。其实学者可以做的研究和技术的发展一直是息息相关的。技术很重要，因为技术发展总是改变着人们学习的方式。纸的发明改变了知识传播的方式。纸张不只是一种媒介，还有更深刻的影响：由此私人藏书室不必大得如同仓库。印刷术的影响也很明显，让学者可以较为容易地得到大量书籍。九世纪三十年代，日本僧人圆仁要花450钱才能买到一部四卷的经文手抄本，而到了北宋，类似书籍的价格降至此前的十分之一。宋代学者认为这个过程对他们而言有得也有失。但是在"变"中，得失必然是携手并进的。十九世纪末、二十世纪初西方印刷术的引入导致了更深刻的变化，包括古籍的大量影印。这场技术革命推动了知识普及。一般学者从此可以拥有完备的基本古籍。因此，二十世纪的知名学者会显得比他们的前辈博学得多。

赵：越来越多的文学研究者借助检索数据库进行研究，但有时数据库会被误用，出现检索关键词拼凑论文的现象。您认为应当怎样有效地运用数据库？

宇：人们将大量时间用于搜索网络和数据库，却甚少思考网络和数据库究竟可以如何被使用。常常有人使用二十一世纪的技术，遵循的却是中世纪的研究方法。例如，有些学者在校注中仍然经常引用某个字词最初的用法。初唐的李善这样做无可厚非，因为当时流传的唐前文本很有限。但是，只要我们注意研读文本，我们就会发现真正的"出处"常常并非最早的用法，而是处于最早的用法和需要注释的字词之间。注释者只有引用这些处于中间地带的用法，才能帮助读者更准确地理解文本的意义。数据库是有利的工具，可以帮助我们建立起对语言更为细致的理解，帮助我们读出唐宋汉语在其语境中的微妙差异。检索数据库可以让我们对比阅读大量文本，发现哪些用法常见、哪些与众不同、哪些是反语、哪些是特殊现象而不属于通常的诗语。这样我们阅读语言文字的方式就改变了，我们会更清楚地发现文本中提示的问题。古代汉语不再只具备字典里的定义，而变成活生生的语言。例如，当我读到南宋词中某个词语的注释时，如果感觉不准确，我可以用关键词搜索，看看这个词在其他50个例子中是什么意思。又如，王维《辋川集》中《鹿柴》一首的"柴"字用法很独特，当柴字出现在诗歌中，几乎总是读作 chái，而此处却读作 zhài。

王维在长安的朋友听到《鹿柴》时会作何想？《辋川集》可以说相当激进地使用具有乡野色彩的语汇，集中很多用语都可以佐证这一点，这些语汇几乎从来不被视作诗歌语言，集中也提及很多从来不会在诗歌中出现的名物。文本中究竟发生了什么？有何意义？这些都值得思考。

赵： 过去二十多年来的文学研究中有一些新的趋向，不少文学研究者转向广义的文化研究，表现出对于物质文化的兴趣，比如文本印刷流通等问题。您的研究一向以文本细读为核心，这些趋向对您的研究方式有影响吗？

宇： 我也讨论过相关问题。比如五代、北宋时期一些词作并无明确的作者，但是寻找作者的惯性总是在起作用，于是这些作品被冠以晏殊、冯延巳、欧阳修等人的名字。范仲淹的儿子范纯仁为晏几道编过一部词集，从晏几道为词集写的序言中，我们可以推断出他写成一首词后不会保存原稿。这在当时很常见，词人完成词作后就随手送人。这自然引起我对文本物质形态的关注。人们怎样得到、怎样阅读这些文本？对当时人而言，词是歌妓所唱，而歌妓会根据场合需要更改字句。我们印象中有一个知名文人的团体，但实际上我们所有的是一套演出曲目。印刷文化早期词集的样貌很芜杂。例如，据说贺铸有两部完整的词集，其中一部有两卷，但是下卷散失了。一部集子基于北宋时的原作，另一部是南宋时编纂的。两部词集中重合的词作大约有八首。也许这八首词来自散失的那卷，但是我们无法确证。大约比这两部词集成书年代都早的《乐府雅词》收入将近五十首贺铸词，其中百分之四十的词作不见于这两部词集，与散失的那卷留下的词牌目录也不相合。怎样解释此种现象？宋代版本并不能解答一切问题，因为我们不知道其中收录的词作来自何处。这里就可看出物质文化影响文本细读的方式。我不会试图去证明混入贺铸词集中的哪些作品是其他词人所作。考证词作的准确性必须建立在这一基础上：词没有广泛流传，歌者也没有更改词中的字句，否则考证建立的世界就会崩溃。这就是连锁论证（sorites argument），只要有一环脱落，整个论证就失败了。当文本中的字句不确定时，文本就成了很难对付的环。

赵：很多学者和学生认为您是天才，您的诗歌细读和见解总能发前人所未发。有没有什么诗歌是您读了却找不到共鸣的？天才在您的研究中占据了怎样的比重？

宇：当然有，有些诗我反复读了好多遍都觉得不过如此嘛，很久以后才忽然发现其中特别的一点。我不认为自己是天才，我只是掌握了一种关注语言文字及其语境的技巧。很多人都具备这一天赋，即对于语言文字的敏感，善加培养这种天赋，可以将其形成技巧，在阅读中注意到与众不同的现象。我认为即使是人们通常认为无趣的作品，阅读起来也是有价值的。因为它们常常代表某个时代写作的常态，为理解某些特殊诗篇提供了语境。例如，吴文英词中充满断片般的意象，但是他写作的十三世纪三十至四十年代，也是朱熹理学思想产生影响的时代，这影响表现在文官录取制度中，也表现在家庭仪式中。在朱熹设想的系统中，各个部件应当围绕一个中心配合无间。吴文英是当时最受欢迎的词人，而在他的词中整体却断裂为碎片。事物如何在相对关系中存在，这是值得思考的。吴文英词与朱熹理学的关系有点类似好莱坞电影与美国社会实际生活的关系。好莱坞电影中充满热爱自由、破除陈规的个人。而在生活中，美国人是很不自由的，人人都得遵守规范，很少出现无视红绿灯的现象。设想一个大唐的人类学家来到美国，他看到的哪个美国更为真实？文学和艺术的表现处于一个有界限、被保护起来的空间。如果据此总结出某个时代或者某种文化的特质，肯定是成问题的。我总是说中国并没有一种本质特征，它有的是前后连贯的历史。任何对中国文化特质的概括都会在中国文化内部遭遇反证。这样的原则当然也适用于世界上任何一种文化。

赵：王尔德认为文学批评是另一种形式的文学创作，您认为想象力在文学研究中有重要作用吗？想象力丰富会导致过分诠释吗？

宇：文学研究是一种创造性的活动，但这创造性是受到束缚的。我们无法证明某个文本一定是因何而作，但是我们可以为文本重构出合理的上下文语境。例如，在我对《解闷》十二首的解读中，我并不认为杜甫会用我所用的语言来讨论地方经济和全国经济之间的关系，但是假如不用这些术语，我便无法探讨他在诗中论及的现象。杜甫以他的方式处理这些现象，把钱币和米价放在一起，把旅行和身处当地对比，言及荔枝从地方运往朝廷，等等，所以我的解读可以得到杜甫诗歌本身的支持，并无牵强之处。我在杜甫其他诗篇中也可以找到很多讨论地方和全国关系的例子来支持我的解读。当时唐帝国发生的许多事件也是证据：各个州府之间的权力转移，年轻进士被迫担任县尉的不满，诗人在节度使幕府中任职的情形，以及本土的自豪感，这些都是杜甫诗歌的语境。我要证实在文本中发现的现象，必须有其他例证，运用同时期可以对比的文本，建立起一个话语世界。有趣的解读并非来自狂想，有趣的关键在于它并非预期中的。如果我们读诗只为了发现预设的东西，或者证明我们已经被告知的那些假设，就只能得出预期中的结论。那会导向比过分诠释糟糕得多的误读。我喜欢用布道文（sermon）来形容文学批评（当然，布道文用以诠释《圣经》，与文学批评不完全等同），它文辞优美，论证充分，而且充分尊重文本所言。

赵：您已有五本关于唐代文学的专著，是否还有关于唐代文学的问题是您想继续探讨的？您的研究从唐代开始，这是不是因为唐代文学通常被视为中国文学的顶峰？您对中国文学的其他阶段怎样看，是否有书写计划？

宇：关于中唐我只写过一系列散文，我当时认为那是探讨中唐的最佳方式，或许我还应当写一部中唐文学史。我的研究没有涉及唐代文学的最后阶段，因为在我看来，唐末以及五代文学——尤其是诗歌——并非特别有吸引力，在很多方面只是重复中晚唐已有的现象。我不认为唐代文学是中国文学的顶峰，中国文学中有很多高峰，唐代只是其中之一。十七世纪文学就非常有趣。关于明清文学，我常常和学生开玩笑：有意思的作品都不在《四库全书》，而在《四库全书存目丛书》里。如果我要读那个时期的作品，我会直接奔《存目》而去。我正在撰写一部关于宋代古文的小书，以几年前我所做的北大胡适人文讲座为基础。我非常喜欢机智幽默的宋代古文。例如苏东坡为文同写的《文与可画筼筜谷偃竹记》，充满苏东坡怀念逝去朋友的笑和泪。这篇记中常常被引用的是"严肃"的部分,其实文中有很多玩笑,可能有时作家在风趣时才能真正严肃。我还有一部关于宋词的书已经完成,正在审阅中。一首词之所以美,与一部高雅文学作品之所以美,二者的标准颇不一样。好词的措辞常常简单、直接、流畅,但是非常优美,有点像伊丽莎白时期的英国诗歌。词的美有时很难在文学写作中重现,所以我书中讨论的一个问题是词如何成为一种文学样式。

翻译出差异性和丰富性

赵: 前面您谈了要在研究中关注语言的微妙之处,我想这正是很多中国读者喜欢读您的书,并且能够从中得到启发的原因。但对于英语世界中不懂中文的读者,您希望他们从您的研究中得到什么启示?

宇: 针对英文世界中的读者,我翻译编辑了《诺顿中国文学作品选》,这相当于给他们一张地图,便于他们按图索骥。人们曾经问我为什么要独自翻译一部文选,我的回答是要译好中国诗歌就必须翻译中国文学传统中的全部作品。对很多英文读者而言,译成英文的中国诗歌读起来都差不多。但是对中国读者,尤其是前现代的中国读者而言,诗歌意味着一个全体中混杂着差异性的个体,就像大家族中的一个个成员。优秀的翻译必须重构原作中体现的差异性,至少是在相互比较中体现的差异性。英文读者无法了解中国文学家族中的每个成员,但是《诺顿》文选可以让他们获得一种文本家族的基本印象。翻译时我感觉自己在写一部剧本,剧中每个人物的性格、语气都不同。这也是我在翻译中觉得最有趣味的地方。不同的中国作家作品的英译应该显出不同的面貌。如果白居易诗歌的英译和李商隐诗歌的英译读上去差不多,这样的翻译不能算成功。

赵: 人们通常认为诗歌最容易在翻译中失落,您的看法呢?您在英译中会寻找语气可以与中国作家对应的英语作家吗?

宇: 我不认为诗歌的翻译会比叙事文学的翻译丧失更多原作的好处。比如简·奥斯汀（Jane Austen）和亨利·詹姆斯（Henry James）小说的妙处并不只在于情节故事，在译文中同样要传达小说家的个人风格和语气。有时在翻译中我会找到语气和中国作家相对应的英语文学作家，虽然我从未刻意制造这种对应。我很喜欢约翰·德莱顿（John Dryden）的诗，有些读者可能会发现我译的《长生殿》有德莱顿的影子。译文要有一定的时代感，welcome to our revels 这样的用语可以把读者拉回十七世纪，甚至是十六世纪。这种说法在现代英语中没有完全消失，不算过时，但是带有一点旧日的味道。在翻译中不能用古老过时的语汇，但是可以巧妙地摆弄一些用语。正因此我认为中国文学的英译，特别是针对普通读者——而不是文学研究者——的英译，应当由英语母语者承担，因为母语者更熟悉各种用语的时代感，能够熟练地摆弄这些用语，比较准确地将其置于当代语境中。母语者也更了解当代英语读者阅读英语诗歌的习惯，比如当代英语诗歌中通常不会有规律地押韵，否则读起来就有点可笑了。

赵： 您翻译的第一部杜甫诗歌全集已由中国人文经典文库在 2015 年出版，请您谈谈对文库的设想，以及翻译杜甫全集的意义。

宇： 杜甫诗歌全集英译本是中国人文经典文库出版的第一部书，采用中英对照的形式。文库的宗旨是用准确并且具备可读性的英文翻译前现代中国重要的文学作品。这些翻译不仅以印刷形式出版，而且有网络版本，无偿提供给全世界的学生、学者、读者使用。我翻译的阮籍诗也即将由文库出版。目前我希望建立一项基金，支持文库在接下来二十年中的持续发展，以便完成一些大型的翻译项目，比如将《资治通鉴》译成英文。翻译杜甫全集的目的是让英语世界中的读者了解杜甫诗歌的全貌。翻译、阅读全集都非常必要，因为只有全集才能帮助我们把握诗人的多样性。杜诗选集中常常收入所谓的代表作，这些名作不断重申一种既定的杜甫形象，其结果是造成读者对杜甫的刻板印象，似乎杜甫只是一个严肃的儒家代言人。我了解到中国的中学教科书中收入的杜甫诗作是《登高》，以此代表杜甫，在我看来是个有趣的现象。还有个有意思的问题是，言及杜甫的现当代中国诗人大多是男性，杜甫似乎被看作一个极具男性特质的诗人，成为宏大叙事的一部分，而其中往往没有女性的位置。但这些不是我所认识的杜甫，或者说它们只能代表部分的杜甫。杜甫写作了大量诗歌，但读者通常阅读的只是其中的一部分，诗人的丰富性因此被遮蔽了。杜甫不少为人忽视的诗歌都展现了人们所不了解的杜甫。例如，《催宗文树鸡栅》写到他为治病养了很多乌鸡，乌鸡到处乱跑，他不得不催促儿子做鸡笼；《信行远修水筒》讨论了他与少数民族仆人的关系；《丽春》言及他对罂粟的喜爱；他在诗中谈论政府时也颇有黑色幽默的味道。杜甫随和家常的一面常为人忽略，因为很少有人会去读《孟仓曹步趾领新酒酱二物满器见遗老夫》这样的诗，其中写到朋友给他带来豆酱——"瓮酱落提携"。诗人日常生活中的形象其实很有吸引力，可以跨越性别和文化的鸿沟，被更多读者理解。

历史主义的研究方法

赵：在您的研究生涯中，哪些思想家对您产生过深刻的启发或者影响？您认为应当如何在文学研究中运用理论？

宇：有很多启发过我的思想家，德里达（Jacques Derrida）显然是其中之一。我来自解构的家族，不过我是个古怪的解构主义者，因为我同时也是个历史主义者。解构主义反对历史化，但我的研究从根本上说是历史主义的。解构思想的重要人物希利斯·米勒（Hillis Miller）曾经说过耶鲁解构学派只有两个真正的传人，而我是其中之一，因为我继承了解构的精神，而并非死板地延续解构的方法。我认为这种看法有其合理性，不过我也受到中国学术的影响。我花了这么多时间研读中文，阅读前现代中国智者们的文字，因此我的影响来源是多元的。也正因此我认为在海外学者研究中国的方式和中国学者研究中国的方式之间并没有绝对的区别。我读过大量理论著作，但是我并不试图在文学研究中运用理论。我喜欢阅读理论，因为理论本身足以让人兴味盎然。在我阅读文学作品时，会听到理论中的某种回响。充分理解并内化某种理论之后，它自然会呈现在研究中。

赵：您不赞成海外学术和中国学术之间的划分。这让我想起您在论坛演讲中所言：有时您解读中国古典诗歌的方式和前现代中国学者是一致的。这是否意味着您试图如中国学者那样去理解诗歌？

宇：在海外学术和中国学术之间并没有绝对的界限。二十世纪以来优秀的中国学者大都了解西方学术。很多在美国大学东亚系任教的学者都曾在中国学习或者取得过学位，但是他们往往被称作海外学者。大量西方学者在中国任教，更多的中国学者在美国任教，思想和书籍是混杂在一起的，我们无法在学术中寻找纯洁性。在某种程度上，我已经将前现代中国学者阅读文本的一些方式内化为我自己的。如黄生对文本结构的分析指出律诗的各个部分如何组成有机整体，对我阅读律诗颇有启发。前现代中国学者解读文本的很多方式在欧洲文学批评中完全找不到对应物。黄生的读法可谓中国的形式主义，但这种形式主义不适用于解读欧洲文学，因为后者常用明显的论点把文本各部分组合在一起。我并不是试图如中国学者那样去读诗，事实上，我有一部分就是中国学者。

赵：您自称是历史主义者，对文学研究者而言，历史主义的重要性何在？

宇：我相信语言是在历史中生成的，语言有超越其历史语境的意义，但是也有植根于历史语境的意义。要避免在研究中人云亦云，我们要认识到似乎永恒存在的事物其实发生于历史的某个时刻。在某种意义上说，我采取的是一种策略性的历史主义，因为在中国文化研究中，我们常常听到一些似乎一直有效的论断。例如，何时开始出现对于李商隐诗歌的系统化的政治解读？是明末清初才开始的。明朝灭亡以后，很多学者为一切都赋予政治意义，这种解读逐渐具备权威性。于是人们忘了这样一个事实：在李商隐的时代，他的诗歌并非如此被解读。历史化是反思传统最有效的工具之一。有人告诉你这是一首经典诗歌时，你要问从何时它开始成为经典诗歌，当时的语境怎样，这一判断现在是否仍然有效？我总是问学生一首诗何时被收入选集，被注释？一个术语、某种阐释何时首次出现？王维的《鹿柴》和《竹里馆》何时首次被收入选集？何时"盛唐"第一次被用来指称诗史上的一段时期？何时注释者第一次把阮籍的《咏怀》解释为表达对魏的忠诚？这些是简单基本的历史问题，也有明确的答案。回答这些问题时，人们会意识到想当然的事情并非总是如此，阐释和判断本身就是变而通的一部分，不应被视作僵化的知识。

赵：作为当代的古典文学研究者，我们是否有可能跨越历史的鸿沟去理解古典文学呢？

宇：我们无法抹去那些历史带来的变化，而且我们要提醒人们注意到这一点。十七世纪英国诗人安德鲁·马维尔（Andrew Marvell）名作中有一句："我植物般的爱将生长，比帝国更辽阔，更缓慢。（My vegetable love should grow vaster than empires, and more slow.）"当十七世纪诗人言及 vegetable 时，他想到的是自然中植物的生长，而现在这个词的意思是蔬菜。我们读到这句诗，无法在头脑中抹去青菜的意象，但是要读懂它，我们必须知道诗人所言是植物的生长。在我一篇讨论《唐诗类选》的论文中，我思考的问题是，这部九世纪中期的选集依据何种原则收入杜甫诗，唐代读者如何阅读评价这些诗。除了《同诸公登慈恩寺塔》一首外，集中收入的都不是十一世纪以来形成的公认名篇。在某些入选的诗中，可以看出唐人喜欢，而在宋代失去魅力的一些修辞习惯。在《题新津北桥楼》这首诗中，"西川供客眼"一句中的"供"字看似普通，但是我查阅大量唐宋诗以后发现，在杜甫以前"供"的宾语都是食物或钱财，杜甫第一次把"供"字用于令人愉悦的景象。因为《唐诗类选》在宋代相当流行，诗人反复模仿其中收录的诗，"供"的意义扩大了，杜甫开创的新意变成了一种陈规，人们读到类似的用法时不会再眼前一亮。这就和我们读到马维尔诗句的感觉一样。当他写下植物般的爱时，他的用语很特别，但是后来一再被模仿，就失去了独特性，几乎成了陈词滥调。这是语言的性质，也是伟大诗人的命运，但是我们要记住诗中曾经有过的瞬间的机智、幽默、反讽。

中西对话的拓荒者：
哲学与汉学之间的比较哲学家
——专访安乐哲教授＊

访问：魏宁（Nicholas M. Williams）　翻译：张羽军

＊ 初次发表于《国学新视野》2014年12月，冬季号。

安乐哲（Roger T. Ames）教授

美国籍汉学大师，1947年生于加拿大多伦多，伦敦大学亚非学院博士（1978）。曾任夏威夷大学哲学系教授、夏威夷大学和美国东西方中心亚洲发展项目主任、《东西方哲学》主编、《国际中国书评》主编。在中国，他广为人知的身份是世界儒学文化研究联合会会长，国际儒联副主席。曾任夏威夷大学中国研究中心主任、台湾大学哲学系客座教授、剑桥大学访问学者、香港中文大学哲学系余东旋杰出客座教授、北京大学客座教授、第五届汤用彤学术讲座教授和第四届蔡元培学术讲座教授。 安乐哲教授的学术研究范围主要是中西比较哲学，学术贡献主要包括中国哲学经典的翻译和中西比较哲学研究两大部分。其翻译的中国哲学经典《论语》、《孙子兵法》、《孙膑兵法》、《淮南子》、《道德经》、《中庸》等，不仅纠正了西方人对中国哲学思想几百年的误会，清除了西方学界对"中国没有哲学"的成见，也开辟了中西哲学和文化深层对话的新路子，使中国经典的深刻内涵越来越为西方人所理解，所接受。他关于中西比较哲学的系列著作包括：《孔子哲学思微》、《汉哲学思维的文化探源》、《期待中国：探求中国和西方的文化叙述》、《主术：中国古代政治思想研究》等。

魏宁

哈佛大学数学系学士，华盛顿大学亚洲语言及文学系硕士、博士。曾任香港理工大学助理教授、香港浸会大学饶宗颐国学院副院长，现为香港大学中文学院副教授，《唐学报》（*Tang Studies*）主编。研究领域主要为中国古典韵文和文本的英文译注，涉及比较文学、佛学、中日文化交流、翻译研究、思想史等。近年主要从事《楚辞》的英译及由此发展的辞赋传统等相关研究。

张羽军

香港浸会大学宗教及哲学系博士，成都市社会科学院助理研究员，从事中国哲学、西方政治哲学、国学、文化产业研究。

魏＿魏宁

安＿安乐哲

魏：我想首先提一个老套的问题：您是如何对中国哲学感兴趣的？

安：好的，我年轻时就对写诗感兴趣，那是温哥华"垮掉的一代（The Beatnik Era）"时光的末期。比如，那时，我们去黑天鹅咖啡馆（Black Swan Café），唱歌，读诗；我们很穷，但我们过着奇妙的文化生活。我是加拿大人，在加利福尼亚州的瑞德兰大学（University of Redlands），金斯堡（Allen Ginsberg）和费尔林希提（Lawrence Ferlinghetti）等人举行研讨班，我听说此事，便去瑞德兰大学，参加这些写作研讨班。一天，我步行经过校园，瞧见去香港交流的项目海报。那时，尽管我努力发掘写诗的激情，但我是一个年轻人，空空如也（really quite hollow），我的意思是一事无成。我想象了一下香港，那便是鸦片、苏丝黄酒吧（Suzie Wong Bar）、台风、闷热的夜晚：在香港，我能够迅速成长！

那时香港中文大学还没有成立，我还是在新亚书院，唐君毅在那里，他给人的印象极为深刻，后来我去了沙田的崇基学院。我的第一位中国哲学教授是劳思光，后来他变得很有名。我遇见不同类型的人。诚然，我研究中国哲学，可是不同类型的人比各种书籍更能够让我想到，中国哲学是一个非常不同的世界。当我离开香港之时，我向加州大学伯克利分校递交申请，获得录取，但在那时，雷根（Ronald Reagan）当选加州州长，让其他州学生的学费翻了三倍，于是我又到英属哥伦比亚大学（University of British Columbia）研究中国哲学，在蒲立本（Edwin George Pulleyblank）指导下获得学士学位，然后我去台湾大学，在哲学系听课，随后回到英属哥伦比亚大学攻读中国学硕士，研究《庄子》。此后，我受日本文部省资助，访学东瀛，最后，我去伦敦大学亚非学院（SOAS）攻读博士。我的经历就是这样。

师承刘殿爵、葛瑞汉

魏：您在全世界各个大学遇见多位好老师。谁对您影响最大？

安：刘殿爵（1921—2010）排第一位——事实上，今天（9月27日）十点一刻，他们还带上我，去刘殿爵牌位所在的寺庙。我带了些水果放在那里，表达我们的敬意。我从刘殿爵身上获益颇多。我记得，我到伦敦大学时，刘殿爵非常正式，我必须打好领带，在下午两点一刻准时去刘殿爵的办公室，两点去或者两点半去都不行。见刘殿爵第一天，我想给他留下深刻印象，我说："顾立雅（Herrlee Creel，1905—1994）分辨了带有目的的道教与沉思的道教（Purposive Daoism and Contemplative Daoism），您如何看？"刘殿爵说："噢，我没听说过，你可以解释给我听吗？"我便解释一番，并说道："您知道墨子刻（Thomas A. Metzger）新写了一本书叫《逃离困境》（*Escape from Predicament*）吗？是关于新儒家，您知道，相当有趣的论题。"刘殿爵说："不，我不知道，你可以解释给我听吗？"我又解释一番，然后刘殿爵对我说："你想研究《淮南子》？"我说："是的。"刘殿爵说："你读过《淮南子》多少次？"我说："是指读过整本书多少次吗？"刘殿爵说："错了，"他指向图书馆，"这一年我都在读《淮南子》。"

刘殿爵教我的真本事乃是：依照文本说话，在真正掌握文本之前，不要陷入二手文献。这种真本事塑造了我的学术生涯。当我完成这一年学业，刘殿爵离开伦敦大学，来到香港中文大学，培养出新一代博士。我离开后便前往夏威夷大学。多年之后的一个夏天，我回到香港，与刘殿爵坐在他的办公室，阅读并翻译《淮南子》的几卷。刘殿爵非常特别。他的中文绝对非凡，可我并不怎么在意。他的英文比我好得多，我却极为怨恨。假如刘殿爵对我说："罗杰（Roger），你指 careful 还是 cautious？"我说："两个词有何区别？"那么，刘殿爵便解释有何区别。我可以讲，刘殿爵是我最为重要的老师。

葛瑞汉（Angus Graham）有其独有的教学方式，是我另一个重要的老师。葛瑞汉晚年之时，我将其请至夏威夷，教授课程。我们很是喜欢葛瑞汉。后来葛瑞汉回英格兰，是因为在夏威夷，他察觉自己患了前列腺癌，便回到英格兰，永远离我们而去。

葛瑞汉与刘殿爵二人非常不同，葛瑞汉名字的缩写是 A. C.，刘殿爵名字的缩写是 D. C.，我们常常称二人为 AC/DC（译者注：暗指具有澳大利亚摇滚乐队 AC/DC 名称的复杂内涵）。二人性情大异。刘殿爵非常保守、知礼，葛瑞汉是个充满野性的人。我确实遇见令人惊叹的两位老师。这样，对于我真正的好处是：我不是什么汉学家，我是比较哲学家（comparative philosopher）。我认为，这是重要的区别。因为我可以辩解道，对于翻译中国哲学文本，哲思技巧是必要但非充分条件，我还可以辩解道，你需要哲学。

魏：您如何比较葛瑞汉和刘殿爵的工作与您本人的比较哲学实践？

安：在格拉斯哥，刘殿爵受英式日常语言哲学熏陶：受布兰得利（Bradley）、斯蒂文斯（Stevens）、赖尔（Ryle）等人熏陶。我从刘殿爵身上学得语言的精准，这一点对刘殿爵非常重要。刘殿爵这人呐——我过去常常拜访他，为他带去"洛布古典丛书"（*Loeb Classics*）。刘殿爵学习拉丁文、古希腊文、德文、日文。在伦敦大学亚非学院，我们一同学习巴厘语。刘殿爵非常懂得礼节，但在我成为其学生之后，我俩天天喝茶，后来成为密友。

刘殿爵对英语的兴趣乃是掌握一门语言，理解这门语言所揭示的、积淀在这门语言之中的传统。要思考语言与思想的关系，有两种方式。一种方式是：柏拉图、亚里士多德、孔子各自编造了一种世界观。另一种方式是：三个人是语言考古学家，积淀在语言之中的东西是好些时代的智慧，也是这个世界中一种存在的方式（a way of being），经由一代又一代人传承下来。刘殿爵的确相信，第二种方式是正确方式，他对语言所揭示的东西非常感兴趣。这是一种哲学。

葛瑞汉喜欢夏威夷，因为在夏威夷，第一次别人完全尊他为哲学家。英式传统非常讲究分析，在英式传统这个世界之中，刘殿爵能够以哲学的方式生存，葛瑞汉更大陆一些（魏宁注：即受大陆哲学影响），他在不列颠有过艰难时光，但夏威夷非常多元，我们确实承认葛瑞汉是哲学家。

重视学术上合作的德性

魏：您的整个学术生涯都在夏威夷。您能够给我们讲讲夏威夷的学术氛围吗？这种学术氛围如何支撑比较哲学研究？

安：夏威夷是个奇妙的地方。如果要向别人问及美国哲学，别人会谈谈纽约大学、密西根、斯坦福，但如果问及比较哲学，那别人会谈夏威夷。我们的传统可以追溯至二十世纪三十年代，陈荣捷（Wing-tsit Chan）是我们哲学系首任系主任。我们拥有三位远见之士：摩尔（Charlie Moore）、陈荣捷、辛克莱尔（Gregg Sinclair），三人决定，我们的哲学系要有所不同，一半的教职人员致力研究西方哲学，另一半致力研究非西方哲学。我们指导佛教哲学、中国哲学、日本哲学、伊斯兰哲学、印度哲学方面的博士。我们哲学系的各个人也搞不同的哲学，像我就是搞中国哲学，但我也搞实用主义哲学；查克拉巴蒂（Arindam Chakrabarti）搞印度哲学，但罗巴特也和斯特劳森（Peter Strawson）写了一本分析哲学的书。上述就是我从事的项目，我认为非常奇妙，因为我的精力用在语文学方面，与令人不可思议的老师们（比如刘殿爵与葛瑞汉）一道研究，但在哲学方面，我还不够强，所以，我身处哲学系，与郝大维（David Hall）、罗斯蒙特（Henry Rosemont）等人共事，这可以说是绝佳经历。郝大维在芝加哥大学与耶鲁大学接受学术训练，是怀特海式哲学家，罗斯蒙特是乔姆斯基的学生，在华盛顿大学哲学系获得博士，有过萧公权这样的老师。所以说，我拥有奇妙的同事，获益颇丰。

魏：尽管在社会科学领域，学术合作很普遍，但在人文学科领域，还是很少见。您似乎偏爱学术合作。

安：这是源自我对儒家传统的理解，我们做的每件事情都彼此联系。我认为，承认人与人的关系的首要地位，此乃大智慧。如今，我正在写的一本书，就要挑战我所谓的个人主义意识形态。合作的德性（the virtue of collaboration）——我与许多人合作，但主要与郝大维、罗斯蒙特、刘殿爵合作。

魏：与他们一道，您既做翻译，也做学术。

安：以及做文本解释的研究。

魏：我的意思并非一定要区别翻译和学术呀。

安：我会区别，如果对于我，解释文本的学术工作不得不排在翻译之前。你不得不通过传统而思考，然后翻译文本。你不能翻译文本，然后再……

魏：然后再研究你自己的译作。

安：你带来一种世界观，每件事情都是合作而成。除非你对你自己的各种预设具有自我意识，你便把这些预设带进文本（reading them into the text）。

魏：您这样讲，我便明白葛瑞汉的影响啦，因为葛瑞汉非常挑剔。就您自己的翻译选择而言，您如何不得不具有自我意识？

安：合作的德性——合作并非意味着找到另一个好伙伴，然后你俩一块儿吃透文本。你需要找到一个人，这个人掌握的技术与你十分不同。翻译另一种文化，的确是挑战，常常是"1+1=3"，需要许多技术。单个人要掌握单个人需要的每种技巧，很难。比如，郝大维不懂中文，但郝大维是我所知的西方哲学方面最好的学者之一。郝大维的的确确理解传统，也提纲挈领，进而理解中国哲学。郝大维对中国传统极有洞见，拥有语言天才的人不具备这样的洞见。

魏：您着实为夏威夷大学哲学系贡献了汉学因素。

安：肯定。与罗斯蒙特合作，便更为复杂，因为罗斯蒙特搞汉学，与刘殿爵合作，亦更为复杂。但是在与不同的人合作之时，你必须为整个学术产品负责。这就意味着，比如，我们谈及审美与逻辑对峙的怀特海式秩序（a Whiteheadian aesthetic vs. logical order），我参加一个会议，听某人讲："你在说什么？"这个人非常苛刻，那么我便不能说："我真不知道郝大维搞过这个。"或者不能说："我也不同意这个。"你必须站出来，说就是这个意思，并且说："我支持它。（I endorse it.）"你不得不为整个学术产品负责，这也是一种教养。无论郝大维将什么写进了书，我都不得不理解之，并且不得不为之负责。与罗斯蒙特合作也一样。

魏：就合作的实践方法（the practical method of collaboration）而言，意味着什么？

安：很可怕，很可怕，糟糕极了。

魏：我可以想象，涉及很多电子邮件来往。您们离得很远。

安：在那些日子里，没有邮件回复。郝大维身在得克萨斯。我们在一起几乎就会杀掉对方。你要做的事就是你写下几章，调换、修改这几章，等等，其他人很难搞乱你的行文与观点。但是你学习，你成长。你学会深刻理解你的合作者，当一切聚到一块儿，你便学会如何成为一种统一的声音。我们总是做的事情之一，我总认为是另一件。合作是我的工作的特征。我想说，第二个特征是我们撰写论文，就像做学术一样，一般学者只是撰写论文，但是我们不随便汇编、发表我们的论文，我们回去汇编、展示我们的论文，看看什么是逻辑，重新将整个东西写成一本书。你经常会发现，你撰写的论文与你的书之间有重复内容。有人写这，有人写那，有人找到逻辑，有人将之融为一体。

现代视角与古代视角呈现不对称

魏：这意味着在某些书中，你们以各自单独写就的某些论文为开头，以综合各种观点而收尾？

安：是的，就是这样。那些论文的确是单独写的，但在某种程度上，彼此呼应，因为我们研究类似领域。我想说几点。我的老生常谈就是我的主要忧虑：我所谓的解释语境（interpretive context）。中国传统被引入西方学界，大部分经由与中国文化相遇的传教士，其中有一个现实的问题：汉英词典出自传教士的经历，着实在某一维度上，歪曲中国传统。我们不该对以下事实感到惊讶：中国哲学，我指《易经》，你可以找到比《易经》更为哲学化的东西吗？如果你去一个西方国家的书店，《易经》会被摆在"东方宗教"书架，如果你去一所西方国家的大学，宗教系或者亚洲研究系才教《易经》，但《易经》够不到哲学系的门槛。

魏：除了夏威夷大学哲学系。

安：对呀。将"天"译作 Heaven，将"义"译作 righteousness，这样一来，便将中国哲学划分为二流的基督教。"天"和"义"并不是这些意思，但这些意思是非精准译作的标准用词。所以说，词典是一个障碍。

第二个障碍是：十九世纪末、二十世纪初，西方的现代性首先来到日本，进而来到亚洲。索绪尔（Saussure）谈过语言（langue），即概念结构，相对于言语（parole），即实际生活中讲的语言（language）。现代性的"langue"被引入亚洲语言，翻译成亚洲语言，于是当代的中国人、日本人、韩国人的确讲自己的"parole"，但语言的结构是西方的"langue"，因此，不仅我们西方的视角成为当代中国人在解释语境中面对的障碍，而且中国人自己的现代性视角也是障碍。这种不对称（asymmetry）是西方与当代亚洲共有的难题。所以，我努力绕过这些透镜，尝试让中国传统自己说话。

魏：您也可以说，这是现代视角与古代视角之间的不对称。

安：绝对是这样。我的意思是，审视这种不对称（魏宁注：我们研究中国哲学，总是使用西方哲学的各种假设，而不是反过来）：儒家伦理是康德式义务（a Kantian deontic）？儒家伦理是以中介与行动为中心（agent- or action-centered）的功利主义？儒家伦理是德性伦理？儒家伦理是亚里士多德式的德性（areteic）伦理？也许是休谟式的感觉主义？我们提出各种问题。我们不问亚里士多德如何谈"天"，我们不问亚里士多德是儒家或墨家，我们使中国传统变成理论、概念，其中绝对有不对称。

魏：在文学方面，我的感受同样如此，比如一个传统的问题：为何中国没有叙事诗（epic，译者注：指通常意义上的《荷马史诗》传统）？但我们不问，为何欧洲没有赋？这是同等重要的问题。

安：为何莎士比亚不去写赋？你如何拥有一个没有赋的文明？

魏：汉代学者怕是会批评西方文明。

安：柯马丁（Martin Kern）认为，《淮南子》最后一章就是赋，这是非常好的论断。我最近写的书就叫《儒家伦理学：词汇》（*Confucian Role Ethics: A Vocabulary*），使用中国词汇本身。如果不这样做，中国与西方相遇，就会受到限制。在功利主义、康德道德主义者、亚里士多德面前，中国没有哲学，但中国有自己的词汇。我想要说，不要那样做！不要将中国硬塞进西方的各种范畴，让中国传统自己说话吧。所以，这本书，我现在正在写的书便是，什么是儒家伦理：既然我认为，我对我所谓的儒家伦理有某种看法，那么让儒家伦理就正义这一话题与西方传统对话吧。挑出其中一个观点，看看儒家伦理学不得不说些什么。

儒家涉及广泛的中国哲学传统

魏：让我们回到中国传统，尤其是孔子。您说过，在您的早期研究中，您研究过《庄子》与《淮南子》，您是否能谈谈孔子如何涉及更为广泛的中国哲学传统？

安：当年，我被夏威夷大学聘用，接替张中元（Chang Chung-yuan）的职位。张中元对《道德经》进行海德格尔式解读，写了一本书，论述老子与创造力。张中元是非常优秀的学者。我到夏威夷拜见张中元之时，他已经退休，年龄看上去在七十岁到一百三十岁之间，一头银发，眉毛夸张得可以放一个咖啡杯。张中元是一个圣人，我只是一个三十岁的西方小伙子，学生们非常失落，因为学生们不想要他们的圣人离开。张中元研究儒家，所以我获得聘用。我该研究道家啊。我的确研究道家，但我不认为，中国传统之中，有排他的观点。我想说一个很重要的观点。按照巴雷特（Timothy Barrett）的说法，"Confucianism"（儒家）这个词在1836年被引入英语，出现在香港第二任总督戴维斯（John Francis Davis）的《中国人：中华帝国及其居民概述》。"Confucianism"是西方术语，就像"马克思主义"、"基督教"一样，关注一个特殊人的生活与观点。但"儒"涉及绅士，即一个社会阶级。第一个"儒"出现在《论语》中，孔子曰："女为君子儒，无为小人儒。"如果你是小人儒，那么是指整个群众阶级。

魏：这就是儒的传统，但您也继续使用"Confucian"这个术语，最近《儒家伦理学：词汇》（Confucian Role Ethics: A Vocabulary）这本书的标题就是这样。

安：因为无法摆脱这个术语。如果用中文写书，就好得多。有人翻译我这本书。我不确定我是否会使用"儒学角色伦理学"翻译这本书的标题。我会用"儒家伦理学"，因为"伦"字就是"role"。

魏：可不可以谈谈儒家伦理学中的"role"？

安：述而不作——如果有两个术语使这个温和的断言成为难题，那么其中一个术语就是"仁"。在孔子之前，"仁"不是哲学术语。"仁"出现在《论语》中，超过一百次，《论语》中有一种自我意识的尝试，使"仁"变成哲学术语。如果你考虑"仁"这个字，仁就是要你在你的角色与人际关系之中获得某种德性。"仁"字本身指角色与关系。但出发点是这样：我们并未生活在皮囊之中，我们生活在这个世界。从生理、社会、心理、知识、文化上看，我们做的每件事情皆彼此联系，没有一件独立的事。生活过程本身就始于联系。如果你承认这是事实，那么各种联系就规定了人的角色，人的角色变得符合规范，所以你是个教师，这就是一种联系；你是同事、是儿子、是丈夫，无论什么角色与关系，皆由各种联系规定。人的角色变得符合规范，正是因为，如果我说："正派点儿。"你可以说："好啊，一定，我试试。"但如果我说："去当一个老师。"你就知道下一步怎么做。整部《论语》事关角色的各种模式。

儒家具有民主概念

魏：就您看来，"儒"与民主完全相容？两者之间有不相容的地方吗？

安：杜威分辨了民主形式与民主理念。这是非常重要的区别。就杜威来说，民主不是多数人的政治论坛，只是统治形式，民主是宗教概念。因为在杜威看来，民主不是投票箱与议会，后两者只是形式；形式本身很顽固，从不改变自身，总是如其所是。如果我们想要理解，为何美国人之间枪支泛滥，为何美国小孩频频遭受枪击，从表面上看，美国人很疯狂——我是加拿大人，我也差不多——大家已经习以为常，这些事件如此之多，变得再平常不过，美国人民拥有半自动武器，扫射购物中心。但这种情况源于合法形式。美国是具有革命色彩的社会，如果英国人打回来，我们这些民兵便从壁炉掏出长枪，反击英国人。在现代世界，这样似乎站不住脚，因为未经改革。

杜威认为，民主理念就是人人从社会之中获得每件东西，成为最优秀的自我。人人从社会之中获得每件东西，人人需要这些东西，以完成其想要完成的事情。为了自由，你必须有选择，你必须宽宏大量。没有教养的人不知道，参与这个世界意味着什么，你不能成为这样的人。你必须获得自我，在此基础上，参与这个世界。杜威认为，这就是民主理念，可以容纳许多不同的政治形式。我认为，"礼"这个理念就像民主理念。

"礼"就是我们对待彼此的方式，这样一来，我们就可以在各种角色与各种关系之中举止礼貌。在这种层面，儒家不仅具有民主理念，而且回应民主。

魏：就我看来，在某种程度上，上述对个人主义的批评听起来更像是佛教，而非儒家。

安：中国佛教来自哪里？我们可以用刚才儒释道的关系来论述。

魏：那就意味着君子不是个体？

安：这是必须提出的观点。我们并不是要忽略独特的个体以及个人主义这种观点。如果我们采纳柏拉图的模式，你有不死灵魂，我有不死灵魂，在这方面，我们根本相同，只是偶尔不同。这就可能造成掐头去尾、非常狭隘的理解上的不同程度与独特程度。但是，如果你一直身涉多种多样的人际关系，我也是你这样，那么我俩的独特性就相当显著。如果你的个体状态是你获得的东西，比如你在大学工作，渐渐地，你成为优秀的教授，这是你的个体状态的成就，也是你获得的东西。如果你谈及个人主义意识形态，别人会认为你放弃了别人的个性，但实际上你看出，在你的世界中，你比你所想的更为受制于周遭环境。比如你做一个决定，是出于宣传，还是出于你的家庭背景？你来自美国西北部，你始于何方？止于何方？短暂的选择不是你的工作方式，你有你的性格，在这个世界上，你有特定的存在方式，你就像一架飞机，主要依靠自动驾驶仪。

你偷过东西吗？我是否需要守好我房间里的财物呢？

魏：我可不能保证从来不偷东西哦。（玩笑语）

安：事实上非常荒唐，因为在这个世界上，我们有特定的存在方式，如果某人过来讲，今早你是不是拿了早餐饭桌上的汤勺，我会觉得这是冒犯。我会说，我不需要你的汤勺，我不干这么下作的事儿。我们生活在一定层次上。我们可不搞什么理性决策树（rational decision trees，编者注：

指一种详细分析利弊因果的决策方式）。

儒家有益于东亚地缘政治

魏：您的作品之中，有精彩之处：无论是什么样的古典文本，您都会谈及其如何与当今世界相联系。
安：这就是我的定位。

魏：就儒家文本的学术研究，您有何展望？
安：在当今中国，你会看见政府与学界的合作——如果你怀疑它，那么合作就是勾结——以推广传统中国文化，用这种文化资源来塑造中国的未来，我认为这样很健康，没什么错。我看见的事情非常有趣，2014年10月8日至12日，我将主持一个就职典礼——世界儒学文化联合会的。来自越南、韩国、中国、日本等国家的一些优秀学者将来到东京大学和北京大学，我们会以一种审视的态度问一问，新兴的世界文化与"儒"有何关系。在一代人中间，我们已经看见经济政治秩序的巨变，所以本次会议的问题关乎文化秩序，经济政治的剧烈变化将如何影响文化？同时，在我们眼中，东亚这些包括日本、韩国在内的儒文化（体）彼此冲突。那么，这些儒文化事关什么？如果新兴的世界文化之中经济政治界人士是"儒"，他们难道不会对此做些什么？一个"儒"如何回应？因为整个国家文化体的许多问题都来自个人主义意识形态。

魏：您认为，"儒"的视角有益于东亚地缘政治关系？
安：我与一个学生正在研究源自儒家传统的国际关系理论新模式。有个哲学家名叫卡兹（James Carse），分辨了有限博弈与无限博弈（finite games and infinite games）。有限博弈就是你我根据一套有限的规则，在有限时间之内，玩一个游戏，决出胜负。这就是我们看见的个人、商业、运动、国际关系理论方面的模式，这就是我们正在研究的模式。但无限博弈就像我和我的儿子，起点与终点皆不易识别，要做的事就是加强关系，无论我们遇见什么困难，我们都能有效应对，并不决出胜负，要么双赢，要么双输。想想《论语》吧："己欲立而立人，己欲达而达人。"传统智慧就是：如果你的邻居做得更好，那么你也做得更好，就像师生关系那样。优秀的学生与糟糕的老师并不重要。学生可以使老师成名。师生一起成就事业。对于这些儒家文化之间的冲突而言，这就是"儒"必须说的话。这些文化应该是一个模式，应该指出：人们如何获益，如何双赢，而非一赢一输，这就是我们对这个会议的想法。

中国美国需要找到共同语言

魏：您发起夏威夷大学的学术项目，非常活跃——比如《国际中国书评》（*China Review International*）杂志、东西方中心（East-West Center）等等。您做这些项目，动机是什么？

安：就夏威夷大学与东西方研究中心而言，在二十五年前，我们成立了一个亚洲研究的发展项目，在二十世纪九十年代初，在亚洲研究方面，培养美国教师。因为你可以看见，亚洲正在进入全球视野，但美国人没做好准备。这个项目不断持续，现在我是资深顾问，几年前从主任的位置上退居二线。为何我们想要做这些？东西方中心受联邦政府基金资助，所以必须有清晰目标。在中国之外，我们拥有中国研究方面最大的中心。但如果你就中国研究方面去问问哪家大学做得好，别人会说哥伦比亚大学、密西根大学、加州伯克利大学、哈佛大学。夏威夷大学排名最末，就像喜剧演员坦吉尔菲尔德（Rodney Dangerfield），得不到任何尊敬。

所以，我的动机就是做一些事情，加强中美关系，并非出于政治理由，我的想法是，如果这两个国家能够在二十一世纪找到合适的关系，那么这个世界面临的北朝鲜问题、伊朗问题都可以解决，如果找不到，那么二十一世纪就会动荡不安，所以我们需要做的事情就是彼此加深理解，找到共同语言，彼此尊敬，懂得我们的同与异，做好有益于每一个人的工作。这些事情，源自杜威，就是重建哲学：哲学家们不得不放弃自己的问题，做好我们的工作，我们需要什么样的社会知识，来说出我们这个时代的紧要问题？在我们这个时代与处所，我们如何成为"儒"？

谈情说幻、论文衡史
——专访哈佛大学李惠仪教授

访问：蔡佳茵

李惠仪（Wai-Yee Li）教授

哈佛大学东亚语言与文明系教授，台湾"中央研究院"院士。1987年获得普林斯顿大学博士学位，主要研究晚明与清代文学、先秦两汉历史著作等。著有《引幻与警幻：中国文学的情爱与梦幻》、《〈左传〉的书写与解读》、《明清之际的女子与国难及其回响》等。编有《清初文学中的创伤与超越》。另与杜润德（Stephen Durrant）、史嘉柏（David Schaberg）合作英译了《左传》（*Zuo Tradition: Commentary on the "Spring and Autumn Annals"*，2016）。2016年，她因《帝国晚期中国文学中的女性与国难》（*Women and National Trauma in Late Imperial Chinese Literature*，2014）一书获得约瑟夫·列文森图书奖（Joseph Levenson Book Prize）。

蔡佳茵

香港浸会大学饶宗颐国学院博士，研究领域为中国近代文学史、教育史。博士论文以近代教育史上举足轻重的人物——桐城古文家吴汝纶及其子吴闿生为主要研究对象，关注十九世纪以来桐城古文家呼应时势危局、变革思潮，在近代文教转型事业上所留下的鲜活印迹，并梳理、评述其面对西学引进、知识转型挑战的作为和意义。

蔡 _ 蔡佳茵
李 _ 李惠仪

学术前史：我不是特别聪明的学生

蔡：李教授您好，据我所知，您鲜少接受访谈，大家对您早年的求学经历所知甚少。今天能否先谈谈您的"学术前史"？家庭教育、早期的学校教育对您走上研究道路有什么影响？

李：我很幸运，因为我成长的环境，刚好是香港机会很多的时候。那时的香港真可说是一穷二白，但社会上普遍有一种可以读书上进的希望，你不会觉得不见天日，不能逃脱你的贫穷。以我的家庭为例，父母分别在不同时候逃难到香港，我爸爸他大概读了两三年书吧，没什么一技之长，就当了警察。所以对我而言，没有什么家学渊源。

学校里是填鸭式的教育，什么都是靠考试。我不是特别聪明的学生，要很用功才可以勉勉强强考上去的那种，好在上中学、上大学都很顺利。我们那时候还有中学的入学试，不需要家里多么有钱，不需要住在什么地方，完全按你的成绩来分派，真的是非常平等。当然那个考试本身是很愚笨的，考上了也不代表你很聪明，但起码是一个公平的机会，很多贫穷的小孩也可以上很好的中学，所以我中学考上了拔萃女书院。二十世纪七十年代经济发展得很快，力争上游的机会很普遍。我上大学的时候，很多同学都住在"徙置区"、"廉租区"，都是家族里第一个上大学的。

蔡：您的英文功底深厚，这是中学时代的英文教育奠定的基础吗？

李：考进拔萃女书院的时候，我的英文还很差。但拔萃有一个很好的图书馆。我们学校离油麻地公共图书馆很近，窝打老道也有一个图书馆。我觉得学校没有什么可以发展我们头脑的机会，但还有一个暑假，可以看点书，所以我觉得我的教育是在图书馆里得到的。我很喜欢读英文小说，

十八、十九世纪的小说大部分都读了，像简·奥斯汀（Jane Austin）、勃朗蒂姐妹（The Brontës Sisters）、萨克雷（Thackeray）、乔治·艾略特（George Eliot）。这些维多利亚小说当时对我来说是一个很奇异的世界，充满异国情调，跟香港，跟我的世界距离很远。

蔡：这就是您在大学阶段选择港大英文系的原因吗？

李：读哪一所大学，其实当时没有什么选择。读七年制的中学就考港大，读六年制就考中文大学。十万人参加的考试，你不知道什么人会改你的试卷，当时的感觉也是很渺茫。如果考不上怎么办？当然也有其他的选择，还是有一些机会做其他的事情，但就要放弃上学。当时没有想到留学，家里怎么能负担得起呢？

考上港大以后选择什么专业呢？当时我在拔萃的同班同学，有十二人入读法学院，她们现在都是大律师。我选择英文系是觉得中文很没意思。中学时代的中文课程都是死记硬背，考试没有趣味，也不能临场发挥。我挺能背的，也没特别苦恼。但我们现在很基本的训练，读一个文本怎么去分析，在中文课上是没有的。我当时想，如果上大学也是这样再背四年，那真是太没意思了。中学的英文课比较有弹性，有小组讨论，而且我喜欢看英文小说，就选择了英文系。

大学时代：寻找、摸索、胡打乱撞

蔡：大学阶段您主要修习了哪方面的课程？

李：港大当时是叫英文和比较文学系（Department of English Studies and Comparative Literature）。比较文学非常吸引我，就上了很多课。那时的比较文学和现在很不一样，现在变成媒体研究（Media Studies），当时其实是阅读俄国文学跟欧洲文学的英文翻译，譬如欧洲小说、欧洲戏剧、德国小说、俄国小说、文学理论那一类课程。从学术研究的角度这并不是最好的训练，因为你不能读原文。另外就上了历史系的课，欧洲历史。

因为我考大学入学试（A-level）时读了亚洲历史，而没有好好读欧洲历史。

蔡：您在港大受到什么样的学术训练？
李：现在的大学很多是大班授课，老师们都会把材料包装得很容易消化，然后这样给他们。我们那时候因为很少有学生修读比较文学，很多时候班上只有几个人，导修就是三四个人。老师们都很宠我们，我觉得自己很幸运，很感谢他们。因为在中学的时候，要考大学入学试，一直有很大的压迫感。整个气氛，不能够畅所欲言，或者根本不知道怎么说话。我记得比较文学一年级的时候，我去上他们的课，第一节老师讲的是十七世纪法国的詹森主义（Jansenism），我从没听说过。但他在那里讲，我就觉得这个人的英文很漂亮，又讲得那么好，就觉得他很有学问，非常向往。课堂上，老师也很鼓励我们发言讨论。其实他们也没有想到如何让我们很容易地过渡到大学生的阶段，他们就这样把你丢到水里去了。然而老师对你有期待，反而学生会有一种成功的感觉。

此外最大的收获，就是学会怎么读书。那时候一个礼拜要读一本小说，对我来说很新奇的是，有很多分析文本的解读方法。那是在中文系没有的，当然现在很不一样了。八十年代文学理论很兴盛，我很有兴趣，但并不是真的就懂。我当时不知道文学批评应该用怎么样的语言来写，我在寻找、摸索一种语言。英文系有些老师是殖民时代遗留下来的，英文很好，但是对文学没有什么兴趣。当时是解构主义开始风行的时候，恰好比较文学的老师对理论有兴趣，他们都讲得很玄妙，很聪明，可以给我提供一种工具，我觉得应该多学一点。有另外两个老师不讲理论，就读文本，实际上就是新批评、文本细读。大概也没有很特殊的方法，就给我们一种解读的可能性，文字就在那里，你怎样去建立一个架构，怎么去读，用什么角度读，用什么理论读。那些老师不见得都很有名，但我还是学到很多。后来的很多基础其实都是大学时候建立的。

蔡：当时有没有运用文学理论写作论文的经验？

李：因为比较文学课很少，到大三的时候我修的课不够，有一位黄德伟老师帮忙找到一个章程，说写论文可以当作一门课，所以就让我写一篇论文，完成毕业要求。论文讨论文学中的幻奇观念（the idea of the fantastic），一章果戈理（Nikolai Gogol）的《鼻子》（*The nose*），一章卡夫卡（Franz Kafka）的《变形记》，一章董说的《西游补》。因为不懂俄语，也不懂德语，现在看来那是很不成立的论文，但是当时也没有办法，就硬着头皮写。后来我申请博士的时候就是用这个论文。

在阿巴斯（Ackbar Abbas）教授建议下，我从读托多洛夫（Todorov）的幻奇文学理论入手。托多洛夫讲到最后其实就是一种认识论上的不确定性，就是小说中的人物以及读者对小说中的世界，不能判定所见所感是真还是假。为什么我想到要写《西游补》呢？因为《西游补》的世界和《西游记》的世界有一个落差，《西游补》里的孙悟空在很多瞬间都不知道自己为何会进入这个世界，这个世界的逻辑为什么和《西游记》的逻辑不一样，所以中间确实有认识论的问题。果戈理的《鼻子》也构造了一个奇怪的世界，里面有很多语言和感官完全脱离了：八等文官柯瓦廖夫的鼻子怎么会跑到理发店里面去？鼻子怎么又会变成一个官员呢？还有就是卡夫卡的《变形记》，人变甲虫的故事，大家都耳熟能详。三个文本都涉及语言的边际问题，语言怎么有一个最后的限制，没法去解说现实的问题。最后写了大概一百页。

如果是现在的我指导当时的我，就会说你为什么不多读一点佛教的东西呢？为什么不多读一些明清之际的其他文学作品？这样才能够有好的文化基础、历史根基。最重要的是佛教的东西一定要读。当时只是读了很多托多洛夫，以及和认识论、解构有关的理论，这样就用了。所以这个文章不能见人。

普林斯顿的博士生时代

蔡：您大学毕业后就赴普林斯顿大学攻读博士学位了，为什么选择去普林斯顿读书？

李：那时候港大毕业就是天之骄子，一定能找到工作，而且待遇很不错，没有多少人去留学。即使什么都找不到，还可以去打政府工，不需要你有什么特殊的训练，只要有一些中英文语言能力，有基本的行政兴趣就行了。更没有人想到留在美国教书，读博士唯一的出路就是回港大。港大明显已经饱和了，不会再招人。按照我父母亲的想法，念一个博士更没有出路。当时也有老师鼓励我在港大读硕士，但是我觉得可能出去念书比较好。我没有离开过香港，对外面的世界感到很新奇。我1982年大学毕业，直接申请博士，并不是因为心高气傲，而是因为硕士课程都没有资助。我当时做家教，有些积蓄，但也只足够我申请七个学校。后来有几间学校录取了我，我就去图书馆找了老师们的书来看，觉得普林斯顿老师们的学问很对我口味，就去那里。离开香港时我二十二岁。

我刚到普林斯顿时很兴奋，因为香港很吵闹，普林斯顿很安静，我从来没有感受过那种安静。有很多需要学习的地方。第一个是国语。我刚去的时候一句都不会说，是很大的挑战。——不会国语连去图书馆查中文书都有问题，因为不知道英文怎么拼写。当时大陆刚刚恢复高考，1979年考试，1982年第一批学生出来留学，他们常常坐在一个桌边聊天，我就坐在他们那里听，慢慢也就会说了，没有太艰难。还有就是我中文的根柢不是很好，大学没有修读过中文系课程。来到普林斯顿就像补习一样，上什么课就多读一点书。我还记得高友工先生开唐诗课，老师和同学们分析平仄，熟极而流，一看就能讲出平仄是否正确。我简直不知道他们在说什么，就问高先生还要不要上这门课，他就带我去图书馆，找了一本书，告诉我一个晚上就可以知道平仄是怎么回事。他让我看书中的表格，只要练习几次就可以辨别平仄。其实原来也很容易。

蔡：普林斯顿的学术训练与港大有什么不同？有没有遇到什么文化震撼？

李：我当时正式属于比较文学系。我们那年有八个同学，但每一个人的方向都不一样，所以共同上的课只有比较文学入门，一个理论的课。我记得是桑德拉·波尔曼（Sandra Bermann）教授讲授，第一堂课进来他就拿了一个大本子，派发下来很多不同语言的诗歌，俄语、德语、西班牙语都有，其他同学都会读原文，有的念了一个硕士，懂的外语都比我多。我只能读英文翻译，会有点自卑。当时就觉得我应该做到他们那样子才好呢。但是没有办法，虽然很努力地希望学好德语和法语，后来都没有成功。因为实在没有余力了，中文要补的就那么多，能力就是这样子，走到一个限制那里。当时普林斯顿在理论上不是最尖端的地方，比不上耶鲁，但有很多老师都很有学问。大概当时应该再用功一点，可以多学一点。

比较文学系此外就没有要求修本系的其他课，而是要求修国别文学的课。但对我来说可能更有帮助的是修宗教和历史，因为此前这个方面的知识还是很薄弱，当时真的可能是初生之犊不畏虎，除了第一堂课以外，后来都挺容易的。

总的来说，在普林斯顿没有什么文化震撼，因为方法上没什么不一样。一样是听听课，写写论文，理论也和在香港学到的差不多，只是可能有更多不同的做法。在港大写论文就是闭门造车，在普林斯顿也是，关起门来就写了。

蔡：刚才您提到高友工教授，您对东亚系的其他老师还有什么印象？比如您的论文指导老师是浦安迪（Andrew H. Plaks）教授。

李：浦安迪教授是那种即之温然的老师，比较不说话。基本上也不会干预你走怎样的路。他比较木讷，刚认识他的时候不知道怎样和他谈话，我当时也很害羞，我们的谈话都很短，大概两三分钟。当初确实有一个挑战，不知道怎样可以沟通，我毕业以后就好很多。他对学生是非常鼓励的，但不是夸赞，不会说："Oh, you are great!"不是这个样子。

事实上，高教授他们的方法相对比较传统，但他们不会反对你去做别的。我也不是有意地去另辟蹊径，但当时做的东西确实跟他们有一点不一样，他们都会一直鼓励我。当时觉得东亚系就是一个蛮温暖的地方。因为我的同学们都在图书馆打工，晚上在流通部工作到晚上十一点，聊天、查书，那种小团体的感觉很温馨。

从博士论文到专著

蔡：您的第一部专著是《入幻与警幻：中国文学中的情与幻》，应该就是脱胎自博士论文，能否谈谈构思的过程？

李：其实真正写博士论文的时间是很短的，有一大段时间是没做什么，就坐在那里发呆，很彷徨，不知道应该怎么写。我最初的想法是借助德国浪漫主义的幻奇文学观念来看《聊斋》，分析这些虚构文本如何构成一个幻象的结构，着重讨论真与假的关系。但是讨论中国的叙事传统，就必然涉及史传的书写，所以开始读《史记》、《左传》，以便好好分析史书怎么去让读者觉得这个事件是真实的，具有权威，这是怎么建构起来的。在这个背景之下，再看史传与《聊斋》这一类幻奇文本的叙事有什么差异。但是写着写着觉得这可能不是《聊斋》最根本的问题，最根本的问题不是"真假"，而是"情"。所以就写了另外一章讲这个"情"，讨论小说怎样处理欲望和外在因素——譬如权力——的冲突。

写到这里，我就跟浦安迪老师说，不知道怎么写下去。刚好那一年余国藩（Anthony C. Yu）老师来访问，就在我四年级的春天。为什么会认识余国藩老师？因为他曾是港大的论文外审，我们见过一面。而且我申请过芝加哥大学，后来没去，觉得很对不起他。四年以后他在普林斯顿见到我，问我论文写得怎么样。我就跟他报告说现在有一个困境，不知道怎么写下去。我觉得讨论这些问题，最恰当的应该是写《红楼梦》。但是因为太多人写《红楼梦》，我很踌躇。余老师说一定要写，得到他的鼓励，我就改了论文题目，叫作《幻奇修辞与反讽修辞：聊斋志异与红楼梦研究》("Rhetoric of fantasy and rhetoric of irony: studies in Liao-chai chih-i and Hung-lou meng")。有一章写浪漫主义，两章写《聊斋》，两章写《红楼梦》。本来那个比较的结构就不能成立了，历史和幻奇这一章的比较也就去掉了。

所以博士论文没有写到楚辞、汉赋、晚明，这些都是后来加进去的。我1988年博士毕业以后就去了伊利诺伊香槟分校教书，教了三年。在那段时间我就写了汉赋的那一章，是为了开会写的，再后来把它延伸。专著的结构是后来才想出来的。从"警幻"生发出来：那种若即若离是从哪里来的，当然就是从神女这个传统来的；神女是从哪里来的，当然是从楚辞来的。博士论文写到《红楼梦》时还没有这些想法，脑子里打转的还是抒情主义，还有幻奇、想象这几个问题。我想这专书的修改可能是倒推的过程吧，慢慢觉得这个博士论文太不像样子，不能成书，一定前面要加，中间要减，最后把它变成专门讲"情"的书。

蔡：在研究方法上，受到哪位老师或者哪种理论影响最大？

李：很难说是哪个老师或哪种理论对我影响更大，因为都有影响。一开始自己的想法是讨论抒情主义（lyricism）与抒情精神在叙事里头怎么表达，因为德国浪漫主义的短篇故事也非常抒情，在想象和现实的边缘徘徊。这大概是受到高先生的影响。但是对于文本细读，是浦安迪影响到我。

蔡：是不是因为撰写博士论文阅读的经验，促使您撰写了第二部专著《左传》？

李：我觉得很多叙事是很明显的。它要解释这个事情为什么会这样发生，对于整个因果的问题很关注，事情发生的背景、后果是什么，退一步看，事件的意义在哪里。考虑到这个，其实就可以说是有意识的历史写作。

我对这个书不大满意，觉得不够紧凑。可能不应该像当时那样写，而是跳出来讲历史书写，作为一个话题切入《左传》，掉到书里就有点散。

我的想法，起码现在的想法是这样：有一些故事在《韩非子》《孟子》《国语》里头，把教训说得很清楚。在《左传》里头，那个教训就不是很清楚。有时你会感到疑惑，道德意义究竟在哪里？对于"史实多面性"的体会，是否和"史"的意识有一种特别的关系？我还不是很敢说。我们一般认为，"史"就是褒贬，会下一个价值判断。这当然是对的，《左传》里很多例子，甚至有两个故事直接说明"史"的意义，即古之良史董狐，另外一个是崔杼的故事，他们都正义凛然，好像"史"就一定是这样。但是《左传》里头"史"的观念也是有改变的。因为很多例子中，"史"就是"卜"，看天象、给皇帝意见的臣子。《左传》里有意把他们写成记录过去的人，把过去发生的事情的意义记录下来。此外，"史"也会有另一面，他们记录的事件的复杂性不能被道德架构所涵盖，背后有另一种意识形态，和后来被认为是儒家的观点相背离。比如《左传》对"权宜"这个问题特别有兴趣，对于怎样在各方面周旋得到最大利益，这种很现实、很实际的考虑特别有兴趣。这本身也是一种经世，在乱世如何自处。这背后可能也有一种意识形态，但是或许他真的就要把故事说得很多面性？这些问题我到现在也没有完全想清楚，而《左传》吸引我的就是这种复杂性，整本书展示出很多不同的面向。它不是一人一时之作，价值体系是"多元"的，所以有一些见解偏向于功利，有一些则偏向于符合传统。一般把它视为孔门的教训，但它本身是那么庞杂，有时甚至是离经叛道的。这方面讲的人不是很多。

蔡：您后来和其他学者翻译《左传》这本书，是不是对此前研究的一种补充？

李：算是一种尝试。不过我后来的感觉是，翻译也不见得就能抓得住这本书。倒是后来因为要校对，其中一次修订的时候我们就做了一个决定，每一段要加一小段，来解释这一段究竟是做什么的。我就觉得那个做法对我本人来说蛮有用的。因为这样的话我就没有很大的野心，只是很平实地一段段来解释，这段究竟有什么有趣的、值得看的东西，有什么前因后果，和其他文本有什么关系。因为没有好高骛远，很平实地对待文本，在这过程中反而蛮有收获。

蔡：您能否再谈谈您的第三部专书《明清文学中的女子与国难》写作的过程？

李：这个书的写作也是很多年前了。集中把它写好，应该是2007年左右。那时刚好有一个休假，把第一、第二章写出来，计划想写明清易代和诗歌的关系，但发觉材料太多，就收窄一点，放到性别这个范围来看。当年写完这两章后，就没再写了。关于难女和扬州女子的章节都是会议论文，因为会议主题和性别有关，才选了来写的。写了以后才慢慢拼凑起来，这本书是2011年完稿。

蔡：您对性别感兴趣是否也是北美的大环境使然？

李：可能不是对性别的关注。我对爱情、情的观念一直有兴趣，情跟私密生活，大历史背后悲欢离合的故事，觉得蛮有趣。这本书的框架是慢慢累积出来的。我都不知为什么会写出来。《左传》我后来觉得写得不是很满意，是因为觉得框架是硬套的，写了一半不知道怎么办。那个方法很不一样。是先想到要写一本关于《左传》的书，这样命题。这本书则是应酬的文字，写了一篇又一篇，慢慢发现都和性别有关，而且都是一个时代的，我怎么把它整合、安排。这个时代是很有趣的，也是因为阅读的兴趣，那些故事蛮吸引我的。有些书很好看，比如《板桥杂记》、柳如是相关的材料，本来就是很吸引人，荡气回肠。女子的诗词倒是有一种新鲜感，因为以前没有怎么注意，那就趁这个机会看。刚好那个时代的女子又那么英气勃勃，觉得很好玩，就看了一些。

蔡：如果一开始没有事先规划，那么后来如何将这本书串联起来？

李：第一个，性别，尽量把女性的文字收进来。因为第一章就是讲女性的诗词和关于女性的书写两部分，关于女性的部分更多，材料也更多，主要是如何通过女性的故事来书写国难、动乱。在乱世人们怎么安排自己的选择，如何安身立命。相对于前两部书，这一本更强调每一个人的生命故事，这可能是被材料带着走了。当然也有对研究对象的关怀，有一些历史上真实存在的人物，例如柳如是，那样奇伟的人生，钱谦益为何这样写她。还有卞玉京、陈圆圆等，她们的经历都是很传奇的故事。有一些是笔记，你知道有历史真实在后面，对待材料的态度可能会比较不一样。

详论就太啰唆了。但是我有一种自觉性。在分析时会考虑戏剧文本的特征，会考虑，但没有特别提出来。比如《桃花扇》，李香君的戏份相对侯方域来说是很少的，因为传奇里旦的位置经过处理，你不会觉得她的戏份特别少。与其他传统的对比，这一点就会很明显。我觉得自己没有什么章法。也没有读太多啦。一位小说专家，可能把所有明清小说都读通了，诗歌也一样。我不把自己视为专家，尽量多读，读到能够下笔，就这样了。如果别人读到的材料与自己的论点相悖，那也没有关系，也可以读读他的东西。

蔡：历史学家也非常关注明清易代，在处理材料时，文学学者会有什么不同？

李：我从赵园那里学习了很多东西。她比较关注思想史，以话题为中心，材料以诗文为主。很多话题可能是她先提出来，但我想到还有别的可以讲。例如她说到明末清初，靖难变成一个重要话题，我觉得她可能是第一个提出。我发现小说、戏剧的处理方法和钱谦益他们不太一样。如果可以对照起来看，岂不是很有趣？我没有刻意立异，但要说区别，就是我们读的材料不完全相同吧。我读的他们未必读了，所以注意的文类不同，问的问题也不同。我读的很多材料是关于私密的或公开的情感层面。

蔡：这本书还有一点很有意思，就是每章的结尾都提一下晚清的状况。为什么这样写？

李：那也是材料带着走的。当然已经有秦燕春的书《清末民初的晚明想象》，她写得很好。我可以稍微引申一点的是，前面的材料她不是特别熟。晚明清初阶段，她不是特别熟悉。另外王汎森也讲到，很多人都讲。我觉得这个可以提出，同一个话题到了晚清民初怎么延续，并有了新的方向。女子如何救国？晚清为何有了革命的新口号？男子书写女性，到了清末有何新变？我觉得都很有趣，但无法充分展开，还是材料不够熟，只能蜻蜓点水讲一讲。

蔡：有没有关键词可概括您一直以来的研究旨趣？

李：大旨不过谈情。《左传》不谈情，也许这就是为什么我对那本书不大满意。我所说的不光是爱情，而是探究人内在的世界。这是我做研究的乐趣所在。

选择学术就是选择一种生活方式
——专访陈剑教授

访问：庞琨

陈剑教授

复旦大学出土文献与古文字研究中心教授、中国古文字研究会理事，研究方向主要为古文字学、出土古文字文献的整理与研究，长于甲骨金文及战国文字的考释、简帛古书的整理与通读。先后毕业于四川大学中文系本科、河北大学中文系汉语言文字学专业文学硕士（硕导为赵平安教授）、北京大学中文系中国古典文献学专业文学博士（博导为裘锡圭教授）。其博士论文题目为《殷墟卜辞的分期分类对甲骨文字考释的重要性》（收入氏著《甲骨金文考释论集》，北京：线装书局，2007年），获教育部2003年"全国百篇优秀博士学位论文"。发表论文50余篇，其中不少重要论文收入近著《战国竹书论集》（上海：上海古籍出版社，2013年）。

庞琨

香港浸会大学饶宗颐国学院博士研究生，致力于先秦传世文献与出土文献的研究，现正以《诗经》为方向撰写博士论文。

庞 _ 庞琨

陈 _ 陈剑

庞： 陈剑教授您好，感谢您接受《稷风》的采访。能否向《稷风》介绍一下您的求学历程？

陈： 我最后走上古文字这条道路，跟从小的兴趣爱好有关系。小学中学我的语文成绩都不错，喜欢读古书，对语言文字方面有爱好、有敏感，自己也感到在这方面还是有天赋的。但比起好多有文学才能的人，我感到我在文学方面不行。文学需要感性思维，我缺乏这样的才能，只是对语言文字比较敏感。大学时代，我按照自己的爱好上了中文系。我们那个时候是二十世纪八十年代末九十年代初，中学时期的阅读眼界是很有限的。进了大学之后，没人管，又有大的图书馆，所以大学第一年很快地就乱七八糟看了一堆书，有文学的、美学的、哲学的。我有两个感受，一个是，这种阅读很大地开阔了我的眼界。另一个是，中文系同学大部分还是喜欢文学，以后如果要深造的话往往也选文学方面，文艺理论、文学批评之类；而我感到自己的性情、才能跟他们很不一样。进入大学这样一个更广阔的世界，跟来自四面八方的同学接触多了，自然要想自己以后的人生路程。我是大一看了许多书，也经历了一些彷徨。从大二开始就明确立下志愿，就要做古代语言文字的研究。一方面是感到跟我所接触到的有明显的杰出的文学天赋的同学相比，我觉得比不上他们。另一方面我觉得我还是喜欢跟书本打交道，不愿跟人打交道。对于个人来说，选择做学术研究的同时也就是选择了一种生活方式。当时我们川大汉语史很强，老先生虽然不教我们，但也都有很大影响力，像张永言先生、赵振铎先生、项楚先生等，当时我就打算以后就考川大汉语史。本科阶段主要的功夫花在基础的传统小学这一块，读古书，学古汉语和文字音韵训诂。那时也读过裘锡圭先生的《文字学概要》，受到很大的吸引。当然那个时候能够念懂多少很难说，反正以后每当重温时都会有新的收获。后来由于个人的原因，我考到了河北大学中文系。1994 年春季，河北大学硕士面试，我要到保定去。当时火车没有这么方便，我从成都到保定去还可以，但从保定回成都的票很难买，最后我回来就是从北京出发的。那是我头一次去北京，当然就要先去琉璃厂逛书店，在那里买到了裘先生的《古文字论集》。那本书其实是1992年出的，我买到这本书已经比较晚了。但是以当时中文系本科生的眼界和信息，根本不知道书出了。当时读裘先生有关古文字考释的文章也很少，也没有去期刊找的概念。拿到这本书之后只能说翻一翻，好多根本看不懂，但是很明显地感受到裘先生的魅力。当时我确定了一个想法，我在河北大学硕士阶段还是看书打基础，但是希望以后能够念裘先生的博士。我在河北大学很幸运地遇上了赵平安老师，赵老师在我硕士生二年级的时候就到社科院做李（学勤）先生的博士后了，但是我一年级时上过他一年的课。后来我时常跑北京买书、去北图查资料，往往都会顺路到他那去。我感到最难得的是，我一开始真正接触古文字学就有一个比较正的路子，赵老师把我引进古文字的大门，走的是比较纯正的古文字学的路子。一些人一开始可能不明白，就走一些弯路，而且有可能走歪了还自己不知道，而我没有这样的感觉。我在河北大学待了四年，我二年级时赵老师就离开了。后来还有另外一位老师，杨宝忠老师。他近些年都在做俗字，当时我跟他学习的时候他主要是做训诂，后来出了《论衡校笺》，那个时候我们谈得比较多的还是读古书的心得，他对我在这方面影响很大。这是在河北大学的情况。

要想考裘先生的博士，得先能够跟他见上面，打个招呼。1996年在天津召开了中国文字学会的第二届年会，我是硕士生，去旁听，那是我第一次见到裘先生。我跟裘先生说想考他的博士，我是要在1997年毕业的。他当然很欢迎，但是他当时有两个博士生，1997年没有招生计划，所以我延迟一年毕业，等到1998年才考的。考上之后就跟着裘先生念。从学的主要内容来说，在硕士之前接受的还是中文系基本的普通文字学和古汉语的基础训练，真正古文字学本身并没有接触多少。仅有的一些古文字学基础知识也往往来自裘先生《文字学概要》上的内容，《古代汉语》上讲过的一些字，还有就是翻阅裘先生的文章得到的一些零星的皮毛知识。真正系统地去学习古文字，还是从硕士开始。一开始主要是学金文，赵老师讲了一年。他还上了一门《说文》小篆的课（后来出了书）。按照裘先生他们的路子，古文字的各个阶段都要掌握的，所以在考博之前，我快速地翻阅了许多书籍，对古文字的全貌有了一个大概的了解，包括甲骨文、战国文字等。当时战国文字还比较零散，大宗的还是各类玺印、货币、陶文。虽然包山简已经出来了，但我也根本没顾得上，而且那种简跟现在的古书简也不是一个概念。在北大读了三年，我入学的时候是1998年，正逢郭店简出版，刚刚掀起研究战国竹书的热潮。但我当时心里是有自觉，感到跟着裘先生要把甲骨啃下来，所以决定毕业论文写殷墟甲骨。就古文字学的各个门类来说，金文的门槛是最低的，因为它相对单纯，材料比较简单，自学比较容易上手。甲骨就属于门槛比较高的，各种材料比较复杂，要专门下功夫，所以我想用写一篇学位论文的方式把它啃下来。在这期间，我也在不断地阅读简帛，只是主要精力没有放在这上头。但是这里头也有个门类贯通的问题，一个门类集中学了一段时间，有些问题可能留存到以后才能显现出来。按道理我当时的精力应该主要放在甲骨上，但是反而是根据郭店简释读金文，写了好几篇文章。这就是之前存下的问题，读简的时候能够联系上，就把它解决了。那时候文献所拿了集体项目，是郭店简的重新整理研究。在我没有毕业的时候，项目组根本没有让我参加，让我集中精力，先把毕业论文写好。等毕业了以后，裘先生说："以你现在的古文字学的训练，读古书的程度，现在来做战国竹书的整理，各方面条件都达到了。"我就马上加入了郭店简的重新整理。基本上我的求学过程就是这样子。

庞：裘先生是古文字学界首屈一指的大家，跟着他读博士是一种什么样的体验？他对您有什么样的要求？

陈：应该这么讲，凡是胆敢入裘先生门下的，都是"不怕死"的。简单来说，我们整个裘门的风格可以说是"不敢懈怠"，裘先生年龄这么大了都还在拼命干，我们有什么可多说的呢？也只能是在治学上珍惜时间，不敢懈怠。另一方面这也是对自己写文章、发文章的要求，在这方面不敢懈怠，不敢有含混过关、自欺欺人的心态。这种感觉就像是有双眼睛在后面盯着你。裘先生的有些书上印有他的照片，而他的书我们都常置案头。有时候突然看到他的照片，会猛一惊，感觉裘先生在瞪着我。在北大念书那段时间甚至是，有时知道裘先生离校出去开会了，我心理上都会感觉轻松很多。除了上课之外，实际上跟他见面的机会并不多，平常他也不会按部就班地给我规定必读书目，也不会特别提出学术问题要求我去解决。我觉得他对我帮助最大的，就是反复修改我的文章，借此来使我有所提高。至于读书的基本功和态度，全都靠自觉，不需要耳提面命。别人有时夸赞我读书用功，写作严谨，我觉得有裘先生在前，我这种用功完全不算什么，都是很自然的事情。我跟裘先生的交流非常单纯，往往见面说不了几句话就扯到各种学术问题上去了。裘先生对我的要求是这样，我对我自己学生的要求基本也是这样。我其实不是很会"指导"学生。有些导师会根据学生的不同资质和学习进度，给每个人开特别的书单，要求学生写摘要和心得，并且定期交流。这样当然是很好的，但我就不太会这样指导。我学出来的过程，就是自由自在地看书、想问题，可以说是"野蛮生长"。如果别人按照我的方式学不出来，那可能是因为我比别人专注一点，我生活当中没有太多别的兴趣和事情来分散我学术上面的精力。有的人可能很会学，能够大量阅读、大量记忆，知识很丰富。像裘先生的知识就很广博。而我只是对字词有着特别的兴趣，因此一开始就认定了要学裘先生古文字考释方面的本事。所以我后来的工作，不管是针对哪种材料，主要目的就是把这些文字材料读懂。从一开始我就有很强烈的目标，就是我要做点新东西出来。我会带着各种问题去学，这样的话兴趣也会保持得很长久。这跟给定阅读的范围，去挨个记诵，是不一样的状态。所以我对我自己的学生也是这样子，鼓励他们多写文章给我看。一个研究者从学得好，到知道怎样研究，到真正做点可靠的新东西出来，其实要经历很漫长的过程。我自己是到博士一年级下学期才稍微有点自信的，这还是建立在我硕士念了四年的基础上。用裘先生的话来说，这就是一种从"还差一口气"到"这口气接上了"的感觉。

庞：对于一个有志于古文字学的学生来讲，怎样打通从甲骨文到简帛甚至汉代文字的学科门类？

陈：古文字学界所讲的"打通"，往往是着重于古文字本身。如果是史料、语料等方面，那是另一个问题，不同的学科各有各的侧重点。古文字学的"打通"其实就是把不同阶段分别掌握并且能随时贯穿起来。现在比起以前有一个很大的优势，就是资料易于获取和易于检索。我在这方面主要有两个比较大的感受。其一就是，要快速建立一个知识谱系，或者叫知识的框架。先搭起一个架子，各方面都要有所了解，然后可以去有针对性地细化分支。以甲骨文为例，我们可以把要看的书分成几个方面——原始材料、分类分组的知识、缀合的相关信息、查阅各种考释观点的工具书（《集释》《诂林》）等。内容方面，要了解有哪些书是专项内容的研究。然后还有关于甲骨文例方面的各种复杂的知识：在一版较完整的甲骨上能体现出哪些占卜的程序，刻字的程序，各条卜辞应该怎么读，它们之间相互什么关系。首先要弄清楚，如果想掌握甲骨文，需要了解哪些方面的知识，其中哪些问题是亟须深入了解的，哪些是知道上哪儿查的，把这样一个框架构建起来，细部的东西可以慢慢去填补。再一个方面就是，对于有些时间有限的学生来说，要先大量阅读原始材料，略过一些细节。像我对青铜器，主要是研究它上面的铭文，对铜器断代的了解就也并不很深入，但知道到哪里去查考。其实随着学术分工的细化，学者也没有必要去掌握所有的学科分支。以前的学者，像是裘先生这样的，他们写文章可以做到自己独立判断青铜器的时代。我们现在如果需要相关的信息，通过查阅也可以达到差不多的效果，因为分工细化以后，其他学者专业领域的研究大都是可靠可信的。但就研究铭文字词本身，断代方面的知识往往不会起到决定性的作用，所以也没有必要非得门门都通。金文研究涉及青铜器和史学等多方面的知识，也包括铭文本身的知识。刚才说到金文研究门槛最低，是因为铭文本身没有太多花样，不像甲骨有那么多材料、文例方面的问题要处理。我对古文字原始材料的掌握是从硕士阶段开始，一开始是跟赵（平安）老师念金文。当时是一篇一篇讲，他在黑板上摹一遍，我在下面摹一遍。但材料的掌握主要还是靠自己读。那时候《殷周金文集成》还没出齐，已经出了的部分图书馆也不全。赵老师就让我读《三代吉金文存》。这个还是能够买到的。当时这套书的释文没有大陆版，我就只能闷头读，从前往后自己写释文。释读不出的地方，往往查一查《金文编》就能解决。也有不能解决的，那就继续往后看。如果在这些地方耗费的时间过多，就可能会使自己丧失兴趣。不管不顾，先看。一遍看完，再看第二遍。有的以前看不明白的，后面看得多了就明白了。至于后面兵器铭文的部分，我就先放置不管了，因为很多拓本根本不清楚，字也小。像甲骨这么大宗数量的也是这样。甲骨就不可能翻着《（甲骨文）合集》一片一片读了，要快速地翻阅，然后选读。残缺太厉害的、不太清楚的，就都先不管它。《合集》是分时代按内容排列的，在各个时代、各种内容中找一些比较清楚、辞例完整的卜辞来看。对一些疑难字词也是这样，翻阅一些《集释》、《诂林》，各家的说法，大致扫一下它的结论和按语，至于具体的论证过程是不是正确，这是下一步的问题。你先大致有个印象。现在检索方便了，有些内容不需要强行记忆，只要能够查到即可。总而言之，要掌握框架，一开始不要在一些细节上太纠葛，局部的疑难再专项细化解决。重点是要在有限的时间内掌握大略，到一定时候你就会感到对有些东西就有把握，概念和脉络就会清楚了。这也比较能让人保持兴趣，不会因为一开始钻得太深，耗费太大精力而得不到什么结果，最后失去信心和兴趣。

对古文字分阶段掌握之后，你又问到"打通"。这其实就是把各个时代的文字串联起来思考了。我们中心考硕、考博都有固定的题型，给你某个字，让你写出它最早的字形，然后分析它的结构。那么在学习的过程中，碰到一个字，就要随时思考：古文字里有没有这个字，它本来的结构是什么，造字本义是什么，以及这个字在学界是否有明确的认识，还是说有争论、有疑问，或者完全不能解决。就字形的掌握这方面，情况也不同。

有的人是由爱好书法篆刻走上这条道路的，就对字形很注意，也会摹写。有些大学就有这个传统，老师学生们都是能写的。据说他们训练学生读金文就是一篇篇摹写。在我看来，对古文字研究而言，这种方法的效率其实是很低的。有些字的字形我们已经搞得很清楚，不会跟其他字形发生冲突，也没有必要一一摹写记忆。我个人的串联方法比较日常化，以字词为单位，平常走路、排队，总有些做不了事的零碎空闲时间，往往碰到某些字词就能一个人想半天。所谓古汉语、文字学、小学方面的水平，好多就体现在，随便给你一个字，你能够联系起多少东西来：它的形音义，常常跟它发生关系的字，在古文字里面字形上的关系，在古汉语里面意义相近的聚合，还有经常跟它相通的，都涉及哪些声旁，都分布在哪些韵部，声母都有什么样的关系，等等。这是我经常自己一个人玩的游戏，你给我一个字，我就能想到很远。我所做的就是要把字词交织成一张大网。其实古文字考释也就是看你能联想起多少东西来。

庞：您在之前的讲座里提到，从某字得声的形声字，大都带有该声符的某些原始义项。这种形声字在古文字中所占的比重有多大？您的说法与宋代王圣美所提出的"右文说"有什么区别？

陈：形声字的比重是有人统计过的，我没有很精确的印象。比较值得参考的是黄天树先生的说法，他的著作中应该有过这样的统计。他把甲骨文直接划分为两类：有声字和无声字。凡是结构中带有声符的文字，都归入有声字。这个问题在中文系已经是一个专门的学问了，我们叫作词源学、语源学。这种说法表面看起来当然跟右文说一样，但是现在的认识已经比右文说科学得多了。语源学在右文说基础上的一大进步，就是清人所谓的"因声求义"，突破了形体局限。有同一语源的字，在发展中不一定会选择相同的声符，探求语源，就必须要建立在语音学发展的基础之上。哪些字在古代读音相同或相近，这是需要对古音有所认识的。清人训诂的一个重要突破，就是不单把声符一样的字联系起来，就算声符不一样，但是读音相同相近的字，也都联系起来考虑。这几次讲座里面提到比较多的就是"会意兼声字"，为什么一个字的会意偏旁会跟这个字的读音相同呢？因为它的语源就是这个字。专门研究这方面的，最早有王力先生的《同源字典》，后来刘均杰先生出了《同源字典补》、《同源字典再补》，后头还有不少相关著作，但是书名用了其他关键词，比如同源词、语源、词源、词族等。

庞：您怎么看待文字学的学科意义（文字学和其他相关学科的联系）和社会意义（文字学和社会大众的联系）？

陈：文字学和语言学是文科中比较接近自然科学的学科，跟其他文科的学问不一样，其实用性是显而易见的。语言学跟人类自然语言的处理，跟人工智能的发展等方面的联系是很紧密的。文字学就更不用说了，文字我们天天都在用，国家还有专门的机构来规范现代汉语用字，这是很实用的。再一点就是，你只要读古书，研究古代，都离不开语言文字基础的研究。如果没有清人的工作，我们现在读古书就有很多困难，读不懂。那么读古书又有什么用？那就要转入传统文化、精神生活有什么用的问题上，今天就不讨论了。相对于我们今天所探讨的先秦诸子思想，文字学本身总还是基础的工具，实用性还是要强很多的。地下挖出各种出土文献，第一步总是要把字认出来，弄明白是什么意思。要说学问对于我来说，对于学者个人来说的意义，那就全是为了满足自己的好奇心。对于古文字、出土文献还有古书，弄不懂的地方，就想在有可能搞懂的情况下把它弄明白。弄明白可能也没什么用，但是弄明白本身让我觉得很快乐。这个跟自然科学很多发展都很像。学术发展很有趣的地方就在于，好多研究就是学者、科学家为了个人满足自己的好奇心而进行的，不问这个东西有什么用。这个知识存在那儿，以后自然会发生你意想不到的效用。人们常常用这样一个例子来说明：麦克斯韦当年建立电磁理论，完全想不到有什么用，但却成为了后来好多新科学技术的基础，而且是过了好多年大家才认识到。对于学者个人来说，就只需要负责以学术的态度贡献可靠的新知，探索知识的边界。我还常常拿围棋来打比方。作为学者跟作为传统文化的爱好者有所不同，学者就像职业运动员。比如很多并不从事专门研究的人，他们可能只是觉得读古书、读各种论著很快乐，学到很多知识，就是精神生活、文化的一部分，但是作为学者，你的职责是要给大家贡献新的知识，这跟泛泛地掌握很多方面的知识不一样。所以我说这就像职业围棋。像是职业围棋高手，他们有什么意义？他们同样也就是在探索是否存在人类智慧的顶点。

庞： 今年距裘先生出版《文字学概要》已经过去了整整三十年。听说许多学者也都期待您能出一本文字学总论性质的著作，不知道您有没有这样的打算？如果有的话，我们可以对未来的这本著作有什么样的期待？

陈： 裘先生的书本身大概不会再出新的版本了，因为他前面出过修订本，最新这一版他也加了不少校案。再者他现在也没有精力再修订了。就我还有我们整个学界的现状而言，现在是处于材料的井喷期，大家还在慢慢地消化各种材料。就学界大的趋势来看，所有研究最后是要合成一部古今贯通的汉字史。因为除了古文字看得到明显的高速发展和增长以外，近十来年在文字研究上也明显看到各个阶段的力量都在加强，成果也都在增多。像中古汉字的研究，是以俗字研究为代表。俗字研究最初是杭大（杭州大学，现已并入浙江大学）的一些老先生在提倡，后来做出较多成绩的是张涌泉先生、黄征先生这些人。他们开始做俗字研究的时候，同一时期做这个的人还不多。但是现在看，他们的学生很多，也都做出很多成绩。还有杨宝忠老师，他虽然没有杭大这种渊源关系，但是也同样做了很多工作。各个时代汉字的研究，现在都越来越深入，成果越来越多。还比较薄弱的部分就是古文字研究跟俗字、中古汉字研究之间的缺环，就是汉魏六朝时期。这一部分其实也有不少人在做，像是汉魏六朝的碑刻文字、异体字研究，现在成果也越来越多。可以说，学界总的趋势，目标是要汇成一个比较翔实的，每个字都有比较完整的发展演变过程的汉字史。除了单个字之外，还有汉字史整个发展的鸟瞰，在各个阶段的特点的描述。简单来讲就是宏观论述方面的汉字史和单个汉字的发展历史。在古文字方面，包括从先秦到汉甚至魏晋，新材料都不断在出，一线学者消化这些材料都还来不及。具体到我自己，古文字形体源流也讲过好多轮（课程），也有出版社希望我把它写出来。我感到现在的储备离写成书的距离还远，现在的主要精力还是花在文字的基础形体上，想尽量把古文字阶段的各个字的来龙去脉和关系多搞明白一点，搞清楚一点，然后再在这个基础上来写。近期大概是看不到写出来的希望。至于理论方面，本来这就是我的弱项，已有的《文字学概要》也已经讲得非常好了，古文字方面的，像刘钊老师的《古文字构形学》，以及许多散见的文章也都有所涉及。前几年叶玉英就在我们中心网站发过一篇文字，就是对之前的构形学研究的一个综述。裘先生希望我写一本古文字考释的书，我就借为裘先生的文章写导读（指《中西学术名篇精读·裘锡圭卷》所收《〈释殷墟甲骨文里的"远""𤞷"（迩）及有关诸字〉导读》）的机会，以裘先生的文章为主要例子，比较多地讨论了甲骨、金文的考释。邬可晶为导读那本书写了一篇书评，说裘先生后来也有好多战国文字的精彩考释，也应该汇合起来写导读。我跟他说这个提议很好，你来写吧（笑）。考释战国文字的好多情况跟甲骨金文又不一样。裘先生跟我说就古文字考释写本书，我就感到有些东西很难写。古文字考释里面有很多专门的东西是绕不过去的，比如玺印涉及官制问题，货币、兵器等涉及历史地理部分的问题，这样的话，我要写书恐怕就只能找一些别人的例子，也写不到位。这种工作一定是要自己做过，知道甘苦，才能写到位。裘先生这个提议说起来倒是简单，当年他跟朱（德熙）先生、李家浩先生其实也有过这样的计划，想把他们几个的文章打乱重编，从而体现出古文字考释的各个方面，结果最后也始终没有完成。写书的话还是要看机会吧，不是坐下来凭空想想就能完成的。我确实是藉给裘先生文章写导读的机会，把我读他对早期古文字的考释研究的心得体会写得比较详细，所以那篇文章还是下了功夫的。要写古文字形体源流这一部分的话，大概也只会挑我比较有心得的实例来写专题文章，也很难说搭起什么样的理论框架。

庞：那撇开理论部分不谈，您目前比较有自信的这部分研究跟前人比如裘先生相比，有没有什么新的方法或者观点？

陈：应该说还是没有根本的突破。为什么呢？裘先生的方法影响了好几代人的研究，跟同时代前后的人比起来只能用出类拔萃来形容。他的考释文章可以说改变了古文字考释的范式，有多少材料就说多少问题，而且从他开始比较多地强调语言学的问题。引入语言学的考察是朱德熙先生首倡，裘先生把它发扬光大，到现在这种方法可以说没有根本的变化。只是现在材料多了，有很多东西我们可以把它讲得更清楚一点了。总有人诟病古文字学理论性不强，因为古文字学本来就是技术性、综合性很强的工作，每一个具体问题都有具体的材料论证，很难说用统一的理论来把它笼罩住。

古文字考释方面还有一点比较重要的就是，因为考释归根结底就是要把古人留下的东西读懂，所以还是古汉语的问题，而且它一定是有一个答案的。我们的工作就是通过各种办法逼近答案。符合事实的答案，往往是一下子就能让人接受的，没有多少弯弯绕绕的神秘可言。对于学者个人来说，这个东西是不是真懂，真明白，是不是各个方面都妥帖到位了，自己心里也是比较有数的。

庞：谢谢您接受我们的采访。

以经学为一生志业
——专访林庆彰教授

访问者：陈颢哲

林庆彰教授

1948年生，台湾台南人，1983年获东吴大学文学博士学位，历任东吴大学中国文学系专任讲师、副教授，台湾"中央研究院"中国文哲研究所筹备处副研究员、代理主任，东吴大学中国文学系、中国文学研究所兼任教授，清华大学、成功大学法鼓人文讲座教授，现任台湾"中央研究院"中国文哲研究所研究员、东吴大学中国文学系兼任教授，主要研究领域为经学、日本汉学、图书文献学。

陈颢哲

香港浸会大学中文系博士，现任北京师范大学历史文化研究中心助研究员、北师港浸大（UIC）中国语言文化中心助理教授。研究领域为中国经学史、春秋学、明清学术史，现研究重心为明代经学史。

陈 _ 陈颢哲
林 _ 林庆彰

陈：老师好，非常感谢您拨冗与我详谈，我谨代表香港浸会大学饶宗颐国学院全体向您致谢。日前，饶宗颐国学院举办"国学与汉学名家学术论坛"，邀请您至国学院演讲，实是开拓我们眼界。今日也趁此机会，想您谈谈对经学研究的看法，与我们分享您的学思经历。

林：哪里，我也很高兴能应陈致教授的邀约。你刚刚问到关于我的学思历程，我曾经撰写过《我的国学之路》，收录在《贵州文史丛刊》，现在又收在《经学研究三十年》里。这篇自述文章，交代了我过往如何走向经学、每一个研究阶段的开展。不过还是可以说一些里面没写的事。

我初中、高中都就读台南县佳里镇的北门中学，校长是施金池先生，他那时候还年轻，整个学校的校风也因此活泼起来。我的成绩并不是顶尖，因为我喜欢打球；成绩大概都在班上十名左右。北门高中并不是一个主力升学的学校，历来大概就全班的前十名的可以考上大学。我算算成绩，大概觉得自己应该没问题，所以也就挺放心的。

不过我在考地理的时候，看错了一道题，所以整整少了十分。这件事很让友朋讶异，因为我的地理成绩一向很不错，甚至同学都昵称我"地理仙"。总之，考试的失误，让我考上了世界新专（今世新大学）的图书资料科；虽然有兴趣，但不是最终的志愿，后来决定重考。隔年，我考上了东吴大学的中文系。

在东吴读书的时候，大二时黄永武教授教声韵学，大三时刘兆祐教授教训诂学，他们都是文学博士，年轻有为，教学又认真，我非常的仰慕他们；同时，我也读了屈万里教授的《古籍导读》、《书佣论学集》，对屈老师的学问敬佩不已，从此坚定了要考研究所的决心。

那时屈万里老师任"中央研究院"历史语言研究所所长,也在台大教书;而东吴大学成立中国文学研究所时,也邀请屈老师来任教,所以我就决定报考东吴的研究所,在东吴读了硕士。

硕士班时,因为希望能让屈老师指导,所以我托请刘兆祐老师引荐,那时屈老师在普林斯顿大学高等研究所当研究员。屈老师得到消息后,要求我先写一篇文章让他看看。我撰写了有生以来第一篇学术论文《黄河名称考》,文章谈关于先秦时期的"河"为"黄河"专名,于先秦典籍中出现了四百余次,皆无例外。而"黄河"这个名字则是出现在东汉,显见"河"这个专名在此时期变成共名。屈老师看到这篇文章后非常的高兴,文章在发表后,也颇为学术界所称道。入门后,我因为非常的崇敬屈老师的学问,他的每部著作、文章我都仔细的拜读,单篇文章也都找来影印装订。可以说,我受屈老师的影响是非常大的。

硕士论文我写了《丰坊与姚士粦》,这本硕士论文很受学界关注,现在讨论明代经学还是很多人引用。因为这本书考订了一个学术公案:向来认为丰坊伪造了《子贡诗传》以及《申培诗说》。但是经过我的考订,丰坊只是伪作了《子贡诗传》的抄本,《子贡诗传》的刻本则是王文禄所伪作,同时王文禄也伪造了《申培师说》。后来我写了《清初的群经辨伪学》也后续讨论了这个问题。论文写成时,送去给屈老师过目。那时是 1978 年的三四月间,屈老师已经罹患肺癌,但老师抱病看完后,很高兴地对我说:"你这个说法打破了三百年来的成说。"我当然觉得很高兴,也接续着念了博士班,继续师从屈老师。

但很不幸的,在我博士班一年级下学期时,屈老师因病逝世,是在 1979 年 2 月 16 号早晨四点钟。屈老师走后,我商请刘兆祐老师与昌彼得老师共同指导我的博士论文,那时定题是《明代考据学研究》,题目是屈老师所赐。

这本博士论文，将考据学往前推到了明代杨慎，也就是说，清代考据学不能上溯到顾炎武就算了，还必须往前追寻一百五十年左右。这个说法，现在也大体为学术界同道所接受，我的博士论文被引用也是相当频繁。

在我博士班四年级时，东吴大学就聘我为专任讲师；至博士班五年级毕业后，东吴大学则聘我为副教授。可以说，我的教学生涯是从东吴大学开始，也一直没有离开。

博士班三年级时，我协助刘兆祐老师编辑屈老师的遗文为《屈万里先生文存》。这是我人生一个极大的转捩点，因为当时我看遍了屈老师的文章，也为了收集遗文，而开始跟学术界有所往来。累积了后来用得上的许多经验，例如说，那时的氛围，台湾要与大陆通信是不可能的，后来我才知道要先写到美国去，再转到大陆，这样往来大概要三个月左右。当时屈老师的儿子在山东，我要拜托屈公子搜集文章，至少就要三个月左右；有一次我去信请他找某篇文章，屈公子回信说影印机坏掉，而修理的技术人员在北京，一来一往就耗费大半年。另外屈老师还有些文章在美国国会图书馆，便只好透过舍弟的渠道，商请驻地的官员帮我影印，也可说是劳师动众。

说实话，当时屈老师的学生很多，怎么会让我这后生晚辈来编呢？原因是因为屈老师的学生虽然很多，但也都是已经成名的学者，如龙宇纯、程元敏等先生，他们研究、教学工作繁重，而稍微年轻一点的学者，则也惮难而不敢编纂。所以那时屈师母是找了刘兆祐老师，请他想想办法，刘老师就嘱咐我来编文存。不过刘老师那时跟我说："你慢慢做吧！"所以我也就真的慢慢做，搜集资料一年半、校勘又一年半，前后历时三年才告完工。最让我感到满意的，是《屈万里先生文存》这套书的体例格式都由我拟定，书出版至今已三十多年，也没有听到有人说这套书格式哪里不好，这也就是我对屈老师的一份心意。

另一件事，则是编了屈万里老师的哀思录。这是在屈老师过世后，屈师母搜集了一点当时报章刊载哀悼屈老师的文字，那时也想请屈老师的其他学生编辑。奈何时限急迫，兼之师门其他学长学姐都各有要务，所以此事也由我一人承担。在当时，我搜罗了全台所有的报纸，凡有刊登关于屈老师的文字，我都剪辑复印了下来，并排印成《"中央研究院"院士屈翼鹏先生哀思录》。

博士班时期，我还参与主编了《中国文化新论》的《学术篇——浩瀚的学海》，当时是美国德拉瓦州立大学（University of Delaware）的刘岱教授担任总主编，邀请了许多著名的学者来进行，像是杜正胜、黄俊杰等教授，那时的我只是讲师，又兼任联经出版社的编辑，怎会有机会编辑其中的《学术篇》呢？那时刘岱教授找不到负责编辑《学术篇》的人，所以他想了个办法，请有意愿编这册的人，各人依照自己的想法先行试拟论题并撰写其中一部分，再交付由学者票选。那时我想，既然要写"学术史"，当然必须以经学为主，也依照我自己的想法编排了相关的篇目，并且写了大概好几篇的经学史、经学观念的文章。经过票选后，就选择了我的版本。

之前编辑屈老师遗文、哀思录的经验，主要是让我学习到了编辑的方法；这次参与《中国文化新论》，则是让很大程度上的拓展了视野。不管是学术前辈的往来，还是资源的运用，这些认知都是我后来编各个目录很重要的基础。

讲到编书，这个想法其实早在我硕士班时就有了。那时候要研究经学不比现在，很多资料、研究成果，别说是利用，连收在哪里都不晓得。因此我就想编一部"经学研究论著目录"，也把这想法跟屈老师说。但是屈老师跟我说，这当然是好事，但那时我只是硕士生，一无人脉、二无资金，因此我把编目录的事搁下。直至1983年，我取得博士学位；毕业后的第一件事，就是着手编定目录。

那时候拟定从 1912 年编到 1987 年，就是今天你看得到的《经学研究论著目录》第一编。编书时，我也仍然没有经费，所以就动用自己的存款来搜集资料，再请了四个那时候正在读硕士班的学弟来充当编辑，当然这是"友情赞助"，说实在话也付不起他们薪水。这四位分别是：刘昭明，曾任台湾中山大学中文系系主任；第二位是现在是东吴大学中国文学系的陈恒嵩；第三位是张广庆，但是他在读博士班时不幸过世；第四位则是李光筠，在硕士班毕业后任职讲师，其间因为心肌梗死而辞世。想想也是很难过。前几年我参访香港大学的饶宗颐学术馆，饶公将作者签名送他的书都放在学术馆供人参看，我看到里面有《经学研究论著目录》，便抽来一看，上面有我以及四位编辑的共同签名，书与字迹俱在，但人事已非。

初编出版之后，学界有非常正面的回响，我们也就着手开始编第二编、三编。编第二编时，工作的地点就在我的住所，来参与编辑的人，也都自费大老远的过来，出去搜集资料也都是自掏腰包；有时候编着晚了，就在我家打着地铺睡觉；到了三编之后，《目录》才开始受到重视，申请计划及经费，人力物力才不至于如此吃紧。

1987 年，我接任了《国文天地》的社长。之前《国文天地》是正中书局主办的刊物，但是办了三年，经费吃紧就想停刊；我跟一群同道觉得可惜，遂联合了十九位教授，共同出资将刊物所有权买下来。根据政府规定，公务员（案：指公立大学教授）不得兼任社长或者发行人，那我在私立东吴大学教书，自然不算是公务员，因此大家就推举我出来担任社长。接任的时候，我非常忐忑，当时台湾流行一句话，大概是说："你想害一个人，就怂恿他去办杂志！"我既没有经验，又不是什么资本雄厚的企业家；自己失败不打紧，要是《国文天地》在我手上停刊，那我岂不成了历史罪人？

所以接任之后，我反复地考虑这个杂志社除了出版之外的功能，就带着一群学生去大陆考察。南来北往地走了一圈，我们发现两岸的学术资讯非常隔膜，因此决定将大陆的学术书籍代理进来，将其带到台湾。1990年的时候，我就带了几个学生，用台币三百万当资金，去大陆买了九千包的书。只能说我那时天真傻胆，满脑子只想着要怎么交流学术、要怎么赚钱来支撑《国文天地》，完全没有顾虑到当时两岸的氛围，也没有考虑到这些书要是被当局查禁怎么办。

运气很好，这九千包的书进来台湾时，没有任何一本被查扣。凭着这九千包的书，我们在当年的8月5号成立了万卷楼图书公司。当时我这样两岸来来去去，总是带着一大堆书叩（海）关。搞到后来，有人甚至猜测："这个林某人，肯定是有什么高层党政背景、不然就是官二代，不然怎么有办法这样两岸来去自如？"这自然是一件趣谈，但也不难凭此猜想当时两岸的悬隔程度，没有一点背景的普通人，确实很难这样两边跑。

一边进行抢救《国文天地》的同时，"中央研究院"的中国文哲研究所筹备处也成立了。当时筹备处主任是吴宏一教授，他找上我，问我有没有打算来文哲所服务。他对我说，在外头教书资源毕竟不如纯粹的研究单位，而我办的《国文天地》社虽有功于文化事业，终归是"服务业"。我想想，自己确实也想做学问，于是1990年5月，我通过文哲所的甄选，8月1号正式到文哲所（筹备处）服务，那时候的研究员只有我跟钟彩钧先生两人而已。

那时我年轻，所以精力旺盛，也到处做事。一边处理社务、一边做研究以及协助筹备文哲所，一方面也留意各地的文史资料讯息。像是我听说台湾雾峰林家的藏书五六千册都要销毁丢弃时，我也不远千里自己开着车去把那些书抢救下来；当赵友培先生过世，他公子要出清赵先生藏书时，我也是开着小车慢慢一趟趟地去将这些图书保留下来。这些工作累积起来，让文哲所在正式成立前，便已拥有两三万册的藏书。现在文哲所四十万册藏书的起始根基，就是当初我从台湾各地弄来的这些图书。

文哲所一开始只有我是研究经学的人，后来蒋秋华、杨晋龙也都进来，我们就成立经学文献组，逐渐展开了各项计划，带动起经学研究的风气，直到今天的局面。

陈：老师的故事我也多有耳闻，听您自叙这么多的事，不难理解为何您在学界会有"北牛"的绰号。（案：黄永武先生曾誉林先生与张高评先生为台湾学界"南北两条牛"，意指二位先生如同耕牛般踏实苦干的精神。）不夸张地说，您可说是陪伴着文哲所经学组走到今天的领航人。现在各地的经学研究者，也都透过文哲所这个平台而互相有所联系，说经学组是现在的经学研究重镇，我想也绝对不为过。

经学组这些年来，也出了相当多的著作，这些著作的编订与老师的学思历程也有关系。老师曾经把自己的经学研究路向区分为三大部分，分别是经学史的重新诠释、经学文献的重新整理编辑以及日本经学的研究。而我们也必须承认，老师在经学文献整理的贡献上是无可怀疑的，那么能不能请您再说说您对自己研究领域的感想心得呢？

林：虽然我的研究是几个方向，但是归根结底，还是以经学史作为主轴。之所以编目录、建立资料库，也都是为了方便做（经学史）研究。可以先说说目录的部分。我现在编的几大部目录，缘起是我在进行经学研究时，经常苦于资料的难以搜集运用，所以我才决定编纂经学研究论著目录。你看这些目录所收录的文章，都经过主题式的编排，依朝代、经典、经学家等，这样的编辑方式，可以在最大程度上为研究者提供方便。虽说现在有电子资料检索的方便，但是这些目录仍然还是有不能取代的价值。像是大陆常见"以书代刊"的学术出版形式，其中的文章便无法透过网络搜寻检索，但是我编的目录中，却将这些刊物中的文章名称条析出来。

陈：确实，就我自己使用的经验，纸本目录更能提供一个鸟瞰式的视野，很快让研究者掌握相关议题的研究进度、范围甚至是该议题的关注程度。例如我在检索明代经学相关目录时，很快地便能掌握哪些明代的议题、经学家已经被讨论过，这确实是透过关键字的电子检索系统无法提供的方便。

林： 除了目录以外，我也一直想继续编经学史的论文选辑。之前我已经编过《中国经学史论文选集》，但是那毕竟是比较大范围的论文。如果情况允许，我还希望能以专题的形式，择取各议题具有代表性的论文，汇为一册，使后来学者在进入议题时能有所借镜取法。

陈： 就老师的叙述来看，您编这目录、论文集，都有一点在进行经学史资料长编的意味。

林： 对。除了近人研究的资料搜集，还应该再搜罗编纂"中国经学史参考文选"。现在的经学研究视野，绝大部分都是以经学专著为主（案：即笺、传、注、疏、集释等形式的文献），但忽略了经学作为传统学术的主干，许多学者都会谈到经学问题，其重要性不在专著之下，但表现的方式不一定是经著。举个例子来说，刘歆《移让太常博士书》虽不是经著，但作为今古文之争的重要文献，你能不读吗？董仲舒的"天人三策"你能不知道吗？所以我也曾经希望仿照现在文学史文献汇编的作法，弄一系列的经学参考文选，但可惜现在没有时间。

陈： 从我在老师门下学习开始，就常听见老师说想撰著一部《中国经学史》，那老师是否有相关的想法呢？

林： 这也是我最近最想快点进行的工作，无奈资料实在太多，整理起来也真的不是一时三刻就可以完成。不过可以略提一下：按照我的构想，经学史的书写，应该是要以主题式为主、复以朝代为序、再别以专经为分。经学史上，本也就有几个重要的命题，好些命题都还没有让人满意的定论。例如章句之学、魏晋经学的属性、义疏之学的形式内涵等。所以我来撰写经学史的时候，会是以主题性为主，章句之学必须推源至汉代以前的"传记"，涉及经典文本诠释模式的建构，然后才能叙述至汉代经学诠释模式；而且各个经典都有不太相同的侧重点或表现形式。这样的论述架构就是我说的"以主题为主，以朝代为序，以专经为分"。

而且叙述涉及的时代，也必须远从先秦以至民国时期。尤其是民国以来的经学研究，受到贵古贱今的惯性影响，我们对此时期的经学研究基本上可说付之阙如。像是胡适这么一位精力旺盛的学人，既是传统的接受者，又跟科学主义脱离不了干系，那他的《诗经》学研究跟传统有何异同？这些提问基本上我们仍然不能回答，这也是很可惜的。

陈：民国以来的经学，我们常常以"崩解"称呼之。就我自己的观察，那时的经学讨论，并不是笺注形式为主，而又常有"溢出经学门墙"的现象。像是透过《诗》、《书》建构上古史等，有以史学、考古学、社会学甚至是人类学来使用经典的样貌，这样也能算是"经学研究"吗？

林：确实，就我自己的观察，民国经学的最重要特征就是"多元化"，不再是以一种一元式的圣典研究来推动。另外，这跟你的提问也有关，这样"使用经典"的方式是否算是经学研究？我以为仍然算是。

传统的经学研究，不就是透过经典文本的诠释，借以建构学者自己的主张，这主张可以是政治的、文学的、哲学的。如果你承认这样的方式是"经学研究"，那透过"经典文本"来建立史学诠释、人类学解读，怎就不是经学研究呢？所谓"经学主体性"的建立前提，即是以经学文本为核心，其衍生的部分皆可说是经学的延伸，如果能以这个视角来看，那就不会有这样的疑惑。

像是古代早有天文学者在研究《春秋》日月食的记载是否正确，今天也有学者透过这些自然现象记录来建构先秦史，这中间如果没有民国时期作为衔接，怎么去谈经学里的天文学系如何成立？如果不能以这样的形式看待经学的某种转型，那这段时间的经学现象不就空白了吗？如果没有这时代的转型来铺陈，今天我们看待不同领域的研究者在进行经典诠释的时候，我们如何定位这类型的出现？所以虽然民国经学的现象很特别，但我还是认为在经学主体性成立的前提下，这仍然是经学研究。

陈：您说的是，如果能以这个角度看，经学才能是被称之为"百科全书式的学问"。那也允许我打个岔，我记得老师曾大力提倡"经学"必须要作为一级学科，但"经学"作为学术主体的话，本身的涵盖层面相当广泛，所以这也导致我有个疑问：您所创办的文哲所经学文献组，为何要在"经学"二字之外，添加上"文献"二字呢？这样的"追加"，会不会让经学变成是一种纯粹述古的学问，以搜罗、整理古典文献为止境？

林：其实设所的时候，文哲所的咨询委员便如此称呼经学组，当时就有争议到底要不要加上"文献"二字。因为加上了"文献"，那经学组的研究重点就会被局限在经学文献之上，显然刊落了义理思想等主题。所以我也有提出定义是"经学与文献学"，研究的重心成了两条轨径，后来也比较为人所接受。而且，"经学文献组"这个称呼，也只有当初的咨询委员们如此称呼，后来经学组的发展当然还是以经学为主轴，所以学界同道还是以"经学组"来称呼，"文献"的含意就渐渐的隐没了。

陈：这样说来，可能还是一个误解。因为您与经学组开拓了非常多域外经学的研究领域，且侧重在当地文献的搜罗整理，但按照您的说法，这只是一个研究的初步而已，后续域外经学的义理意涵还有待进一步的开发。这个话题，也是老师研究生涯中一个重要领域，那请您说说，为何有这样的动机？

林：主因当然是我在当硕士生的时候，有看到非常多的日本经学文献，但那时候我根本无法看懂。所以我也先努力地学日文，甚至聘请日本来台的留学生来教我日文，在学习的时候，教材都是日本汉学文献，所以我也读了非常多的日本研究成果。

博士班的时候，我撰写《明代考据学研究》，看到日本已有学者进行一样的议题讨论，我大吃一惊，这让我下定决心，也要好好整理域外经学的研究成果，促进不同地方的学术交流；也希望能把日文学好，可以进行学术著作的翻译。

所以后来借国科会经费补助的机会，我赴日本九州大学访学时（1998—1999），甚至花了半年的时间，勤跑大学的语言中心，什么样的课都听，就是要精进自己的日文水平。当时的中心主任，甚至觉得不解：这个华人怎么连"汉字课"都跑去上？

比较扎实的日文能力，让我在日本汉学文献的整理上比较有成果，这部分张文朝先生曾写过《林庆彰先生研究日本汉学的成果与贡献》，有比较详尽的内容。虽然如此，其实也还是很多工作还没完成，像是去九州大学之前，我就有找人合作翻译了一系列的"日本学者论乾嘉学术"的文章，底稿也交给万卷楼公司排印，只是到现在也还没完成，如果真的出版也有四大册之多。

比较感慨的是，日本本有很优秀的汉学研究传统，但目前好像除了我之外，也没有太多人对其有足够的重视。更惋惜的是，日本人自己也没有好好整理自己的传承，像他们的经学那么发达，却没有人编过经学研究目录，这工作竟然是由我这个外国人来编，记得我们到东京大学搜集资料，由于白天的上班时间很短，根本抄录不了多少资料，只好商请助理，闭馆后将一部分书借出来给我们誊抄，几个人埋首抄到东方既白，才再将书带回图书馆放好。而且日本的期刊，都以五十音排列，不知道怎么读就找不到那刊物，搜集资料时很受折磨。但也有很受鼓舞的事，我把所编的《日本儒学研究书目》，送了一套给荒木见悟教授（1917—2017），他很感慨地说："想不到我们自己学者该做的事，竟然劳烦你这位外国学人来帮我们做。"

另外，也得帮国外汉学学者说句公道话。海外汉学的研究者，当然多的是学有专精的专家，但总是最熟悉自己所研究的领域，以此为主做出极为精深的研究成果，然而缺点也往往在于此。学者容易忽视其他领域的内容，甚或是相对难有通盘的认识。而编纂目录、全面地整理文献，却恰恰需要博通的眼光，这当然是我们这些华夏文化圈中的直接继承者占了便宜。

陈：像老师您精研日本经学，能不能简单跟我们介绍一下日本在使用这些经典时，在概念的接受上，是不是有什么转化或者可资我们借鉴的地方？就我个人所知，像是《春秋》"攘夷"的概念，在日本那边似乎做了一个主客对立的转化，成为后来发动甲午战争等的概念依据，都是为了"攘侵华夏之夷（女真）"；以及许多日人的经学史观点，其实也被许多早期的中国经学研究者所接收内化，是不是可以请您谈谈这部分？

另外，您经常称呼"日本汉学"，但其实指的内容应是"日本的经学"，是不是"汉学"即等同"经学"？

林：应该这样讲，要把日本的情况独立来看。"日本汉学"其实有两个层次，一个是"日本人研究中国的学问"，可以称为"日本汉学"；但同时也涵盖了"日本人研究日本经学和儒学的成果"。

不过我们两个在对待"汉学"这个词确实有落差。在我的语境脉络里面，"日本汉学"的实质内容当然还是以"经学"为主。

至于你说的另一个问题，这也是一个后来者可以深入去比较探讨的地方。像是谢无量的《诗经》研究，就有不少是跟日本学者雷同的部分。根据目前直接看到的状况，可以说日本提供了非常多在我们这边看不到的史料资料，其坚实的研究传统也确实弥补了我们的不足。

在观念的转化上，更有许多讨论的空间。就我记忆所及，日本人对于孔子圣学、圣人观念确实都有所转换，也借此塑造了自身的民族认同。例如山崎暗斋（1619—1682）就曾碰到有人问他："如果孔子率军来攻打日本，那日本该不该投降？"山崎氏的回答就体现了日本接受中国文化影响的两难，他说："如果反抗，那就是违逆了圣人之意；但若因为是圣人领军而投降，那又与天皇的意志不符。所以，还是抵抗到最后吧！"

（大意）"这样的回应就涉及了"尊王"、"攘夷"、"圣人"等重要命题，诸如此类的议题很多，如果能深入地比较探讨，必然会是中国文化传播史上的重要课题。

陈：域外经学研究当然也还有待识者进行深入研究，不过话说回来，现在港澳台的经学研究似乎也面临一些问题。您曾经预言，大陆方面的经学研究将会复兴，现在看着大陆各地雨后春笋的举办经学研讨会、成立研究所，确实也符合您的预期。就经学研究现状来说，请您谈谈港台、大陆的情况。

林：我那个说法，是 2005 年提出来的，当时有人就认为我太过乐观了。不过就现在来看，似乎还是低估了。目前大陆的经学研究者，无论是在议题的开拓、细致深入的讨论上，都发展得非常好。这一方面受益于大陆善本书的收藏数量非常大，所以也为学者提供了相当的方便。再来当然是年轻学子愿意投身经学研究，这才是今天大陆经学研究兴盛的最重要原因。不过真要说缺点，还是有的。其中我认为是两个大问题，阻碍了学术的发展：其中一个是缺少一个更加全面的学术公共平台，不只是、但也包括线上资料库的建设改进。虽然现在有所谓的线上资料、论文库可以使用，但是在建制上，却少收了以书代刊的文章、会议论文集的文章。单就以书代刊这一项，我的统计至少就有六百种，一种刊物一期以十篇文章来算，一次就少收六千篇文章，这不能不说是一个极大的缺漏。另外一方面，也跟缺少公共透明的学术平台有关，所以学术资讯某种程度上有着不对称及难以普及的问题，导致剽窃、重复研究的问题层出不穷。浪费了学术研究能量不说，也导致学术道德伦理观念低下，这个问题若不解决，必然会造成学术进步的阻碍。

而香港与台湾的问题是一样的，都面临人才断层的困境，两地在学术交流如此紧密的情形下，连问题也都差不多。这首先是人文学在工商社会的整体问题，再者经学是一个相对难入门的学术领域，所以年轻一代比较不愿意加入。我以为这是必须从整体体制来改善的，但具体要怎么进行，还是需要再思考的。改善的方式包括扭转社会价值观，提高社会对人文学科、经学的关注度，这都是比较漫长但必要的改善。另外还有就是要突显本地化的特色，增加当地色彩，提高当地年轻一辈的参与兴趣。像是我刚刚说的日本汉学，有进行本土化的改造；同样的，香港、台湾两地，在不同的历史、风俗、背景影响下，对经典也有若干程度的全新诠释或改造，若研究者能把这一面突显出来，便能够让当地人对经典产生亲切感、认同感。像是台湾在日本殖民时期的经学研究，对于"攘夷"观念会如何解释呢？考虑到当时的时空背景，想必不会与传统中国的解释系统一致，但就有待进一步的考察了。我相信如果能增强这种本土化的特色，必定能对现在衰弱的经学研究有相当程度的改善。

不过也许不必悲观过头，香港、台湾的经学研究目前虽然是颓势，但是因为传统从未断绝，所以谱系清楚，许多说法都追溯得到，传承由来都明明白白；再加上研究环境相对优良，虽然善本书不多，但是近现代的资料流通非常便利，我想这也还是香港、台湾仍具有一定优势的地方。

陈：老师所言甚是，人文学科向来都是与"人"分不开的，但我们今天的研究，却越来越往学院里头走。如果能让我们的学问普及化、社会化，我想确实是会有所改变的。当然，在最后，不能免俗的，您作为一位经验老到的经学研究者，能否请老师您指点门路，传授年轻一代有志于经学研究的学子一些经验或者方法？

林：虽然说经学入门很难，但其实方法跟中文系的训练本质上也是相通的。要进入经学，那当然不能少读了原典，这个原典首先是十三经的文本，其次就是研究对象成果的原典。如果基础文献功夫都不熟，那怎么接下去研究？阅读原典的一个好处，除了掌握基本内容外，也有个重要的功能，便是让你自己心有所会、有自身的体悟，这个部分只能意会、不能言传，但依照个人的秉性才气，确实在原典阅读的体会部分各不相同，但没有这层体会，也真的确实难做好研究。所以基本上，所有学问的起始点，便是好好地沉潜下来研究原典。同时也必须大量参看二手研究的成果，才不会在前人已有结论的地方钻牛角尖而不自知。

除了专题之外，经学研究也非常讲究贯通的视野，必须要有经学史的大概念，在进行专题研究时才不会走岔路。还好现在我们都看得到很多名家的著作，早期如皮锡瑞、周予同的经学史著作自然不必说，近代一点也有如戴君仁、徐复观、屈万里老师等先生的著作可以参看，只是他们的书不见得都是冠以"经学史"之名，像是屈万里老师的经学史观点，很多都展现在《古籍导读》里面，所以也必须阅读。大的经学史要读，专经的经学史也还是不能放过，例如刘起釪先生《尚书学史》、程元敏先生《尚书学史》当然也都是经典名作，不只便于初学入门，也可以为精熟的研究者提供不同的视野观点。

所以入门经学，并不是有什么特殊的模式方法，基本上还是多读多想，阅读的书也一样是原典、二手研究以及名家撰著，同时也要掌握好经学史的大视野，如是而已。

陈：是，诚如老师所说，虽然无甚秘笈心法，不外日积月累地进行思考阅读，我想这也是一切学问所必需的基本功。

今天的访谈，虽说是耽搁了老师一下午，但实在是让我受益匪浅。最后，还是谨代表香港浸会大学饶宗颐国学院全体向您致谢，不只是感谢您接受访谈，也感谢您不远千里来这里分享您的最新研究成果。希望日后还能有机会再与您详谈，也祝愿老师您身体安泰，继续向学界分享您的学术心得！

林：哪里！也谢谢陈致教授以及浸会大学饶宗颐国学院的各位。

早期中国考古学访谈略要
——专访罗泰教授

访问：段陶

罗泰（Lothar von Falkenhausen）教授

中国考古学研究的国际著名学者，出生于德国，曾先后求学于德国波恩大学、美国哈佛大学、北京大学、日本京都大学。1988年毕业于哈佛大学人类学系，获博士学位，师从张光直先生。毕业后任教于斯坦福大学和加州大学河滨分校。1993年起至今，任教于加州大学洛杉矶分校。多年以来，罗泰教授致力于中国青铜时代的考古学研究，特别关注学科之间的互补研究和考古学数据能够提供新信息的重要历史课题。先后出版《乐悬：编钟和中国青铜时代文化》、《宗子维城》等专著多部，发表学术论文百余篇。罗泰教授为推动中美考古学界的研究与合作做出了重要贡献。作为北京大学和加州大学合作考古项目的美方合作指导者之一，罗泰指导了长江流域古代制盐遗址的发掘工作，同时也是《东亚考古》杂志的创始编委之一。

段陶

香港浸会大学饶宗颐国学院博士研究生。论文方向为西周中晚期的贵族家庭，研究兴趣主要为西周青铜器及西周考古，古文字与出土文献。

段 _ 段陶

罗 _ 罗泰

段：罗泰教授您好，我是国学院的学生，感谢您拨冗接受这次访谈。之前听您的讲座，有一些相关的疑问，我之前本科时也选修过夏商周考古和战国时期考古的课程，但是专著读得不是很多，国学院有不少同学是做先秦方面的研究，但是考古学的基础都比较薄弱，所以有些疑问也想向您请教。您之前的讲座以四川盆地制盐中心为例，提到文化聚落的相互影响，我觉得可能还是军事因素更胜于经济因素占主导。因为好像并没有见过制盐业中心与农业中心区域文明去反向控制那些已经占有铜矿资源的区域文明，反倒是先占有铜矿资源的文明可以得到大范围的扩张。例如张光直先生曾撰文说明夏、商、周文明都先后迁都靠近晋南的铜矿资源，继而才进一步进行了对周边区域的有效控制。楚文化似乎也是先抢夺了桐柏山的资源才能向东、向西扩张。

罗：四川盆地的制盐业恰好都没有被三代的力量控制，它明明不属于楚国有武力控制的地区。同样，长江以南的铜矿，在战国时期以前都没什么和我们现在所谓的楚文化有关的遗存。考古学当然不能最后证明那一带没有被楚国控制，只能从考古学文化遗存来说当地的居民不是楚文化的参加者。早年顾栋高已写到，春秋时代楚国的势力并不到长江以南的地方，考古发现基本上能够证实这一点。那一带的矿财就是当地的土著人开发的。至于山西南部中条山的铜矿，情况虽然还不太清楚，但当地直接进行开采活动的人员是否直接受附近三代政治中心的控制也是未知的。从文献中可以知道，那些所谓的山林沼泽地带，也恰好是自然资源所在的地方，往往不是早期王朝国家直接控制的。首都会有人管理这些资源，但好像并非以直接的行政手段。自然资源附近的居民好像也不是商周主流社会的氏族，这个情况到了战国中晚期才有改变。秦能够统一六国的一个重要因素也就是它比较早把这些原来并非放在国家体系中的山林沼泽纳入了秦国的直接控制下，让它们的财富直接拥护王家的力量。这些事情在考古材料中有间接的反映，吉林大学的滕铭予女士在这方面做过很有趣的研究。她指出王家和一般的贵族在秦国的物质财富差异特别大，这个原因也许就是和这个现象有关系。她还指出战国时期秦国贵族的来源比较复杂，文献中虽然也有这样的记载，但是从考古材料中更加可以看到他们物质文化混杂的程度，这可能反映了他们能够获取物品的各种不同区域之间的差别。

段：您提到的人员构成复杂让我想到，一般认为商文化和龙山文化关系比较密切，但是也有很多文章提到商的兽面纹饰吸收了良渚文化的特点。那么怎么判断是文化之间的相互借鉴还是人种上族群内部的交融？

罗：我一直不认为考古学文化和人种有直接关系。精神文化是考古难得谈到的事情，所谓的物质文化反映得更直接的是经济交往的联系。文献记载有血缘关系的宗族并不相当于考古学文化。考古学文化是和文献中的社团相异的概念。考古的意义不在于简单地证实已经从文献上知道的事情，而是它刚好可以给我们提供一套原来不知道的信息。所以我在《宗子维城》一书中写到，不要过早把考古材料与传世文献整合，先全面研究考古材料的内在信息及其意义，然后再考虑它是否与文献有关的问题。研究文献有自身严格的方法，考古学家往往不太掌握它，还不如让文献历史的专家负责这一步工作。我个人比较相信《尚书》、《诗经》一些部分早到西周。对《左传》而言，尤锐（Yuri Pines）曾经指出，尽管成书年代是在战国，但是它很多地方真实地引了春秋时代的记载。尽管它们经过了极少的改变，我还是认为这些内容是基本可信的，当然要看具体哪一部分，为了分别春秋时代原材料和后加的其他内容，尤锐的研究从文献学、语言学的角度提出了很好的方法。我认为《左传》一大部分的记事方式很像后来比如明清时期朝廷记"实录"的习俗，更早在西周时期的青铜器铭文中已经有类似的记事方式的例证。这可能是一个很悠久的传统。

段：我想到《尚书·汤誓》那一篇中提到三人战车，这应该是春秋后期才出现的，而商代晚期使用的马车是单人马车？

罗：不是，应该至少是两人的。

段：因为它宽度只有一米二左右。

罗：对，但也应该一直是一人驾车，一人持弓或戈。后来还有三人车。春秋战国时期的文献清楚地记载了这样的马车配置，考古中也发现了这样的例证。但是乘车的人具体是坐着的还是跪着的，那还不清楚，反正好像不可能是站着的。西方反而是站着的，但商周马车的车厢太矮，不论是从复原图还是从考古材料，都找不到车夫能够站起来的车。

段：您书中提到的西周晚期的礼制改革可能是和政令有直接的关系，因为它转型得非常迅速，在这之下您是否认为有更深层次的原因，比如说社会或者自然因素，例如气候变化或者铜矿产量减少？

罗：西周晚期的礼制改革之后的物质文化反而变得更加发达，所以我觉得应该和矿产资源稀少无关。相反，礼制改革促进更多矿产被引进到周文化的中心地区了。我在书中写得很清楚，我认为礼制改革是和人口增长直接有关。这次改革有突变的成分，也有漫长的变化的成分。主要研究铭文的人认为这个变化进行得比较漫长，而且把时段定得比较早，大概在穆王、恭王时期。但是从考古资料来说，比较明显的改变是在西周晚期发生的，大约是在周厉王在位期间，是否和厉王有关系目前还不好说。大家都知道，考古材料不太容易定位到某一代周王的年代，除非是在铜器铭文上直接写明是哪个王，单连这种铭文的解释都常常还有复杂情况。比如，铭文提到的王名往往都不是当朝周王而是已经死去的周王的谥号，所以提到王名的器物实际上恰恰证明这个器物肯定比这个王在位的时间要晚，晚多少代光从铭文的内容就说不清楚。也有人认为这不是谥号而是生称，但这个说法显然已经被李学勤先生否认了。我也觉得周朝应该没有生号这个概念。据我的理解，礼制改革背后主要的问题应该是贵族阶层膨胀，没法给这么多人安排高级的职位，所以需要一个新的人员配置方式。我自己不深入研究年代学，但为了方便采取夏含夷对各个周王的年代论,他公元前840年以前的研究主要依靠《古本竹书纪年》,应该是可以接受的。考古学年代比这个要粗一些,西周时期分三期,各期大约一百年左右,每期还可以分为两段,再细就不现实了。但是考古的年代也有好处,可以给文献中提到的一些模糊的文化现象用物质材料来定它的年代。例如用鼎制度,这是《公羊传》何休注中提到的,《周礼》也提及,其他古文献的注疏也有线索,但都很不详细,现在考古发现已经证明这样一种制度的存在,而且对应于九鼎、七鼎、五鼎的墓主的社会地位也可以考订清楚,尽管对这个制度的具体情况还有一些分歧,有两种说法,分别由李学勤先生和高明、俞伟超先生提出,各自有它的道理。但更加重要的是,多亏了近几十年的考古发现,我们终于可以把这个制度出现的大致年代定清楚了,过去的古文献让大家想象它是一种永久存在的习俗,但现在我们就明白了,真正意义上的、严格的用鼎制度其实是在西周晚期的礼制改革中才被建立起来的,在那之前尽管有一些类似现象,但还没有系统化。典型的用鼎制度在西周晚期礼制改革之后持续了两百到两百五十年左右,在秦国一直延续到商鞅变法,在其他的诸侯国在春秋中期左右又被复杂化了,原来的制度仅仅在高级贵族层面上还保留着,但下级贵族墓葬里的青铜器组合已经改变了。通过考古学的材料,我们就能够将用鼎制度这个文化现象的历史理解得更加具体。有趣的是,东汉以及更晚的儒者,如何休、杜预等人,尽管他们的时代距离西周、春秋很远,但是他们对用鼎制度的理解反映的情况恰好是我们在公元前八百五十年到六百五十年前后的考古资料中能够最清楚地看到的文化现象。这些现象后来已经被改变了,在现存的文献被记录的时候早已消失了,但这套制度在儒者的回忆里似乎已经变成一套思想意识,变成大家都公认的一套最典型的文化标准,尽管到东汉魏晋时期早已不实行了,但还是被学者知道了,他们这套知识是怎么传下来的目前还是一个谜。

段:您之前提到过因为先秦青铜器太美了,所以可能太过于瞩目于青铜器研究,对其他载体有所忽视。比如说可能有漆器的大量使用,起码在生活用器上是比较广泛的。

罗：对，也有漆制礼器。有时候在墓葬中还能看到两套，一套是青铜器还保存着，另一套漆器只能发现一些残片了，但是能看到它的位置，有存在过的痕迹。虽然我们还是不太了解这些漆器具体的作用，但肯定不是日用器。考古学家往往只好根据现在所保存下来的东西来复原古人的生活场景。任何学科都受它的材料的限制。文献也有这个问题，很多事情从文献中无法知道，比如说日常生活，文献往往不提，反而从考古可以得到线索。但有的方面考古和文献都不可靠，比如说早期的服饰，考古上保存得极少，文献上也只是偶尔才有一点线索，可以很谨慎地说一些情况，但是想要具体细微成体系地研究早期的服饰还是不可能。古代的战争也是一个例子，尽管相关的考古材料多，但是不足以把基本问题研究清楚。当然可以从兵器开始做研究，兵器的发展反映了某些变化，根据它们的分布模式甚至可以试图做量化研究，可以去了解哪一个地区、时间段发现多少件，不同社会阶层兵器的数量增加或者减少，等等。但是光从兵器研究古人打仗的方式似乎不行，因为它们的分布范围复杂，兵器的使用地往往不是其产地，所以兵器的研究方法与礼器的不同。战场虽然发掘过几处，但遗迹现象特别少，所以很难具体复原情况。从司马迁以来，实地考察成为历史学的一个重要方法，西方的希罗多德也有这个精神。史地环境的考察往往能够有力地补充考古资料的不足。

段：还有一个比较幼稚的想法，张光直先生认为中国城市出现的驱动因素和西方是不同的，中国的政治性更占主导，西方更多的是技术性因素。但我想在不同地域不同时期可能出现一批主要以某种因素为主导的城市，这样的分期是不是也存在？

罗：这牵涉到早期国家形成的问题，商到西周国家基本上以祖先崇拜的宗教活动作为枢纽，经济活动也是以这个为中心制定的。商代、西周、一直到春秋中期，好像没有独立形成的经济制度，当时的经济活动基本上服从于礼制，到春秋晚期及战国时期，经济大开发才促进了市场经济的发展，因而城市的基本性质改变了，并且城市的面积也相较之前大了很多。

这应该就是由于经济生产和贸易的驱动作用。现在研究中国城市的学者也提到，刚好到了春秋晚期以后，从考古材料中看到的城市的数量有了或许多到十倍的增加，而且增长十分迅速。在这以前，每个城市基本上都是一个国家的中心所在，有些国家可能有两个以上，比如西周可能有五都，那五都都是都城，他们之间不太有层次的区分。但是春秋晚期到战国时段就不一样了，那时有一个比较明显的区分，上层有首都，每个国家内部也有各个地区的中心，以下甚至可能有三等、四等的城市。那些新的城市崛起的情况很复杂，一方面和国家管理的变化有关，我们从战国文献也能知道有了新的国家财政制度和劳役制度，另一方面和经济繁华也有关系，当时的市场经济显然已经不完全是受政府控制的。还有一个在学术界不大受关注的方面，当时不同国家开始有边界意识，之前是在环绕城市中心有不同的区域，比如"国"就是都城，在外边是"郊"、"野"等，这个国的野可能和另一国的野有重合，住在野以外的居民的所属难说。我们从文献记载知道，陕西骊山到春秋时期还有戎人居住，骊山之戎当时并不属于秦国、魏国和周王畿之中的任何一方。太行山有很多片不属于周人主流社会的族群，但是从他们的语言、人种、文化习惯和生活习惯，他们可能和周人还是有很多相似的地方。周人本身来源就很杂，所谓的"戎狄"也许并不比周人杂多少，但最后也都被融合了，他们居住的地区就被容纳为战国时期的几个大王国的领土了。到了战国有了边境观念之后，这些族群也都变成了各个国家的居民。这种情况到了汉朝在南方还比较明显，北方也是，反而中心地区越来越单纯。

段： 文献中提到过齐、鲁都在山东半岛，但是他们对当地人的接纳态度都不一样。

罗： 你说的齐的情况是在战国时代，鲁是在春秋时代，这是一个时间段的差异而非地域差异。我一直认为文献上反映的历史现象和考古材料不太好对应，但是从经济模式和社会结构而言，应该强调楚、秦、齐是周人主流社会的典型例子，并非是蛮夷接受了中原文化。秦在早期是处在比较边缘的位置，可是从有该地考古材料之初，它就遵守很正统的周人礼制。

它的主流氏族是这样，周围好像还有其他不属于主流族群的其他部族，他们语言和渊源和秦的主流氏族可能是不一样的，这是考古中没法证明的。但是那些可以确认为秦国遗迹的都是属于考古意义上的周文化范围。楚国的物质文化出现得更晚一些，考古上还基本没有发现早期楚国的遗址，但出土的一些器物可以证明西周时期已经有楚这样一个政治概念，但那些器物几乎都不是在大家所认为是楚的地方发掘的，比如山西南部晋侯墓地发现过一套楚国的钟，另外还有一些传世品，不知道是从哪里出土的。武汉大学已故石泉教授和他的学派很正确地考察出，楚国早期都城应该在现在陕西、河南、湖北三省接壤那一带，但它的早期都城遗址还没有发现。《左传》中春秋早期到中期，楚国经常出现，但是楚国的考古痕迹是直到中期才比较明显。而且它们其实和北方中原的主流物质文化没什么区别，很多学者都会声称这是楚文化，可是从严格的考古立场而言根本就无法定什么楚文化，只有周文化在楚地的表现，可以称之为周文化的一个地方类型。

段：那楚式鼎和周鼎的差别您怎么看？

罗：楚式鼎只是当地作坊所做的陶鼎，基本上和当时众院是同样的器形，具体在风格、比例上稍有一些不同，但是器物本身就是和当时北方一回事，是同类的东西，当地的其他类型的陶器也是跟中原大同小异，楚式鼎这么一种地方型陶器根本不足以把它拿来定为一个异质文化。我在书中也提到，最大的挑战在于树立一个适当的判断标准、到底差异有多大才足以区分不同的文化系统。而且这个标准要一致，至少在同一个时期、同一个文化区域不能对楚文化是某一个标准，对巴文化又是另外一个标准。我认为在东周时期被称为巴人的文化系统与周人主流是不同的考古学文化，尽管与周的中心地区有联系，而且有经济交流，但它们的基本的文化系统是不同的。包括四川地区的蜀文化——当然最好不要称之为蜀文化，因为蜀和巴都是族名，从严格的考古学术语角度应该用遗址地点来命名它们，北京大学的孙华教授就坚持把之前学者称作战国时期的蜀文化称作青羊宫文化，我认为这是很正确的——这样真的是和东周时期周文化系统不同的考古学文化。如果我们采取这种判断标准的话，所谓的楚文化就不能被单独划分出来。周文化的分布范围比较大，那就是说明它的经济形态基本上已经统一了。但这不一定代表不同族群已经融合了，这从考古上无法直接判断。

段：那如果楚式鼎和周式鼎的差异不足以分别归为两个文化系统，为什么商式鬲和周式鬲之间的区别会这么大？

罗：这两种鬲的制造方法是不同的，不同地区采用了不同的技术。商地基本上是分开先做三个足，在裆的部分捏在一起，再制造它的上半部分。西部是先用泥条盘成一个圆筒，在下边切三个豁口，再把足往里面叠进去，从中间捏在一起，和商式鬲不同，捏起来的地方不在裆而在每个足的中间。这些只是制作技法的区别，并不能简单地等同于什么民族传统的差异，而是跟两个地区陶匠长期发展的工作习惯有关。当然制作年代久远也会影响消费者习惯用某一类鬲而派生出另一类，但这些都和他们的思想文化应该没有什么深刻的联系。

段：您之前谈到生活用器，我们知道商代酒器很多，西周还有，东周以后就基本消失了。很多学者都根据文献说周人有戒酒的观念，比如《酒诰》和大盂鼎的铭文，也有学者说用青铜器盛酒会产生有害物质，人们发现之后就不这样喝了。罗教授对于酒器的消失和饮酒观念的变化在考古上有怎样的看法？

罗：我们刚才说到西周晚期礼制改革比较突然，礼器的组合取消了酒器。这在考古上可以得到证明，在公元前八百五十年左右在不同地域基本同时发生，在那之后，有一些规格很高的墓葬中还可以看到过去酒器的模型，有人称之为冥器，因为它确实是无法使用的，也许是为了纪念，也许是模仿还在宗庙里收藏的旧物，这些都是我在《宗子维城》中详细写过的。在那个时候，在祖先崇拜的活动中的确取消了喝酒的程序，但我们不能从此推理周人当时全面禁酒，我们从考古的资料只能谈到礼制里酒的作用。有关周人在日常生活喝酒的习惯，我们并没有很好的线索。罗森夫人（Jessica Rawson）写过文章，她认为在西周晚期每到重要仪式活动时，人数就增加了，所以要制造大量青铜器使得从远处还能看到，因此出现了列鼎列簋以及编钟的复杂化——音乐的重要性也增加了，有了成套的编钟。所有这些变化是否能够与《尚书·酒诰》联系在一起就是比较复杂的问题，这些问题未必是考古学家一定要关心的。哪怕《酒诰》是西周时期的，它所宣布禁酒的范围似乎不限于宗教仪式上，和考古材料中酒器在西周晚期的礼器组合的情况未必能够直接对应。《诗经》中提到在祖先崇拜的仪式之后，参加仪式的大家聚会喝酒，不排除"酒诰"针对的就是这样的宴会。大盂鼎不仅是禁酒的内容，还提到官僚制度。大盂鼎的形制看上去确实像西周早期的器物，然而铭文的文体又与我们所知的其他西周早期的铭文有所不同，这可能由于我们材料不完整，其他类似格式的铭文和青铜器我们还没有发现，然而还有其他的可能性：是否有可能大盂鼎是中期或中期偏晚的时段铸造的复古风格的器物呢？我提出这样的可能性很小心，但最近十几年来，学者们对中国古代物质文化中的复古现象以及古物收藏兴趣越来越大。比如说，妇好墓中出土的好多玉器现在被学术界认为早到新石器时代。之前很多学者不敢提出这种可能性，但根据最近几十年的发掘材料我们就可以清楚地辨认出来。到了商代、西周甚至春秋，我们都偶尔可以看到新石器时代的玉器传了下来，并且对传世玉器有了再加工。青铜器也有复古现象，我在《东方》（Orientations）上曾经发表过论文，提出两个实例，就是商人用青铜复制了新石器时代的陶礼器，和一般的商代青铜器形制非常不同，所以一直给学术界造成了困惑。罗森夫人的一篇很好的文章中提到安阳出土的一套青铜器，一方面它的形制是安阳偏中晚期，另一方面它的纹饰比较接近二里冈，就明显和同时期的其他器物不同。周代各种复古现象也很多。所以也许大盂鼎的铭文和形制分别偏向于不同时期这一现象也可以当作一个复古的解释，不过这目前仅仅是一个胆大的假设。以前我特别自信根据美术史或者考古学的型式分析法而推论各种青铜器的年代，但是现在已经从事了三十年的研究以后，我越来越不敢说了，看来材料越多，情况变得越复杂了。

段：铭文和传世文献的好多问题都很矛盾，比如《诗经》中有很多饮酒的篇章，但是西周之后的出土材料却很少发现。

罗：周王朝不可能完全禁止或取消喝酒的习惯。明显商人、周人、秦汉人都一直在饮酒，可能喝酒在文化生活中的习惯有了一些调整。从语言学研究而言，关于《酒诰》在《尚书》的成书中属于哪个阶段，夏含夷写过文章，可以参考。

段：嗯，《酒诰》有些学者断代比较靠前的认为是成王时代。是否有可能某一时期之后酒器都由不太容易保存的漆器制作，所以很难有考古材料证明？

罗：这是一个文献学问题，我并没有资格具体讲。反正年代相当于成王的青铜器组合还经常有酒器，甚至可以说那个时期它们仍然以酒器为主流。对青铜器中含有铅的残留，这对人体是有害的问题而言，我也不很清楚。好像变成合金成分之后，有害成分就不会溶解，但如果是陶器的铅釉成分，喝多了就会中毒。好像没有人做过这方面的实验，但从化学的角度好像不太可能。

段：我读《酒诰》的时候就很费解，好像周人把商人灭国都归咎于饮酒，后来的历史学家好像也都很强调这一点，饮酒应该没有这么大的危害，他们为什么要这样强调呢？

罗：对，而且周人明明还在宗教场合继续喝酒，这并不是商代特有的，而且至少在西周中期酒器的使用依旧很频繁，有人说到周代鼎簋的使用变多，到了西周中期确实变多了，但并不是早期就可以有的现象。所谓先周青铜器是有不少鼎簋，这可能是因为当时酒器是用其他材料制作而不能长久保存，但无论如何，爵、卣、尊在先周也是存在的。所谓先周青铜器也是很复杂的现象，邹衡先生根据其性质辨认出的先周青铜器未必都正确。我们在南方可以频繁看到春秋晚期的漆器，酒器可能多用漆器制作，因为用起来比铜器舒服。那种习俗也许可以追溯到更早的时期，但考古证据较少。

段：您的下一本书好像要从经济考古的角度切入，这样的话道路交通史、劳役制度、农业考古、工业主导的聚落中的社会分工是不是都要有所涉及？

罗：对，最重要的是农业问题，这也是我研究的中心之一。青铜时代的农业研究最近有一点点进步。之前做早期农业研究的要么是做农业起源，要么做新石器时代农作物和畜牧业驯化和改良，或者是做汉代农业，有很多的图像材料，但是周代农业研究比较少。

段：如果做这个时段的研究，可以从考古角度做制度方面的推论吗？比如人与田的关系，土地拥有者与使用者的关系这类。

罗：这些确实难以从考古中得到直接的证据，更多的是从生产方式上进行量化研究，追溯到生产水平是否有提高，至于农民的社会地位，除非有直接的墓葬发现，否则就难说了。这也是周代社会考古最大的谜题，就是说周代的农民是否是主要氏族的成员，我们能看到的周代大规模的墓地，只有一部分才是贵族阶层，这从墓葬形制和随葬品中可以很容易地判断。但是那些没有贵族地位的墓主是不是就代表了当时社会中的农民阶层？很可能是。但是如果是这样的话，周代社会就和西方决然不同，那就是在周代，非贵族和贵族都属于同一家族，其实文献记载也证实这一点。如果我们对考古材料的解释是正确的话，那考古材料和文献材料就可以互证。但是我们不知道的是，周代给我们留下来的主流氏族墓地是否代表周代的全体，还是在包括贵族与非贵族的主流氏族以外或者以下还有大量考古材料中没有留下痕迹的人？肯定还有一些，因为在垃圾坑内有的时候能够发现人骨，就是没有社会地位的人，奴隶或者异族之类的。但我们不知道这些人在当时的不同地域各占多少比例，如果比例较小，那大概就可以根据我们对周代主流社会的理解较好地复原当时的社会史，但如果占多数的话，根据考古或文献所复原的只能代表周代很小部分的社会生活。

段：感谢罗泰教授接受访问，有时只做文献研究视野太狭窄，忽视了考古材料，您的研究对充实先秦社会生活的理解意义非凡。听说您的新书《宗子维城》的汉译本快要出版了，这对于同学们关于先秦史的学习和研究一定是一个非常有力的方法论和知识结构的补充。

文章辉五色,心迹喜双清
——专访袁行霈教授

访问:孟飞

袁行霈教授

字春澍，1936年4月18日生于山东济南，原籍江苏武进（今常州市武进区）。著名古典文学专家，北京大学中文系资深教授、人文学部主任、国学研究院院长、国际汉学家研修基地主任。主要社会兼职有全国政协常委、民盟中央副主席、国务院学位委员会委员、国家古籍整理出版规划小组成员暨学术委员会副主任、教育部面向21世纪教学改革顾问组顾问、全国高等院校古籍整理委员会委员、中央文史研究馆馆长、中华诗词研究院院长。2018年4月当选美国人文与科学院外籍院士。

孟飞

西北大学中国文化研究中心讲师，曾任香港浸会大学饶宗颐国学院副研究员、博士后研究人员，主要研究领域为中古文学、文献学。

孟_孟飞
袁_袁行霈

博采、精鉴、深味、妙悟：中国诗歌艺术研究

孟：您的大著《中国诗歌艺术研究》建立了一整套具有民族特色的理论体系，其中提出的系列命题，如中国古典诗歌的多义性、意境、意象，诗歌的音乐美、人格美以及自然美等，一度成为风行学术界的热点话题，可以说开一代学术研究的新风。请问您将中国诗歌艺术作为最初的研究方向，是基于什么考虑？

袁：中国是一个诗的国度，在诗歌艺术方面有许多值得认真总结的经验和规律，古人提出的一些诗学理论和范畴，也有待于结合诗歌创作加以深入阐述。这项研究前人虽然做了一些，但是不够系统，特别是将诗歌理论和诗歌创作结合起来进行研究，还比较薄弱。研究文学批评史的人未必深入研究诗歌史，而研究诗歌史的人又未必对理论有兴趣。"文革"以前我已经有兼顾这两方面的想法，还发表过论文，"文革"期间中断了。"文革"结束后，我下决心做一点有个人特色的学问。在分析了当时学术界的状况后，我选择了一向被忽视的诗歌艺术作为重点，以中国独特的诗歌艺术理论和诗歌艺术史为课题，将诗歌与哲学、宗教、绘画、音乐等邻近学科沟通起来，在广阔的文化背景下进行研究。1979年我结合讲授"中国诗歌艺术研究"这门课程，写了一系列的论文，在此后的几年里陆续发表，后来编成《中国诗歌艺术研究》一书，于1987年出版。我总结出"言"、"意"、"象"、"境"等几个范畴，分析其间的关系，从人格、语言、意境等方面解释"风格"的形成。我又从诗歌艺术史的角度，考察了自屈原到陆游共十四位诗人的艺术特色、艺术风格和艺术成就，力求将诗人的人格与风格、诗歌主张和诗歌艺术、艺术渊源与艺术创新互相沟通起来加以研究。

孟：您对于研究中国诗歌艺术，有什么经验和心得可以赐教吗？

袁："博采、精鉴、深味、妙悟"是我研究中国诗歌艺术的体会。诗歌艺术不等于平常所谓写作技巧，就一个诗人来说，人格、气质、心理、阅历、教养、师承等都起作用；就一个时代来说，政治、宗教、哲学、绘画、音乐、民俗等都有影响。把诗人、作品放到广阔的时代背景下，特别是放到当时的文化背景下，才有可能看到其艺术的奥秘。《文心雕龙·知音》说："凡操千曲而后晓声，观千剑而后识器；故圆照之象，务先博观。"这就是"博采"。看得多了才有比较，亲自从事创作实践才更精于鉴赏，而且趣味要高，眼力要好。"精鉴"一方面是指资料的鉴别与考证。考证的乐趣类似侦探推理，要善于从细微处发现问题、找出线索。"精鉴"另一方面含义是善于鉴别作品的优劣。至于"深味"与"妙悟"，则是研究诗歌艺术的特殊要求。简单地说，"深味"是对诗歌言外的韵味细细地加以咀嚼；"妙悟"是对于诗歌的一种敏锐的感受能力和共鸣效果。既要深得诗人之用心，又要有自己独到的领悟与妙解。

孟：您在香港中文大学"诗意画的空间及其限度：以明人的作品为中心"的演讲，在分析明人《九歌》题材的画作时，曾打了一个巧妙的比方，用"过去完成时"和"现在进行时"两种状态评判构图立意的高下。我们听了很受启发，可否请您就此申言一二？

袁：诗歌可以提供给读者广阔的想象空间，诗意画却只能在众多的可能性中选择一种，使开放的想象空间变成唯一的凝固的形态。诗意画应注重于诗"意"的表达，如果仅仅画出诗中写到的物象，如山川、树木、烟云、寺庙或人物，而没有画出诗意之所在，就不能算是成功之作。画景物容易，画诗人内心的波澜就很难。诗歌作品为诗意画开启了灵感之门，也筑起了限制想象的围墙，画家既要跨入诗人开启的门，进入诗意的境界，又不能为诗的内容所囿。诗歌求言外之意，音乐求弦外之音，绘画求象外之趣，其中的美学观念是相通的。古代绘画要求在有限的形象之外寄托不尽的意趣，往往要在画面上留出大片空白，启发观者自己去想象、补充。作诗忌太直、太露，作画也应当巧妙构思，尽量多给观者留一些想象的余地。

精神的家园：陶渊明研究

孟：我们知道您还是陶渊明研究的大家。您的《陶渊明集笺注》是海内外最为通行的陶集版本。您出版的专著《陶渊明研究》，得到了学界的一致好评。请问您治陶的历程是怎样的？

袁：我小时候听过陶渊明许多故事，像葛巾漉酒、抚弄无弦琴、不为五斗米折腰等，对他特别感兴趣，于是就找他的诗来读，陶诗的平易和朴素也很合我的口味。进入北京大学后，我才认真地阅读陶集。后来在林庚先生的指导下，参加主编《魏晋南北朝文学史参考资料》，其中陶渊明的诗文由我注释。由于注释的需要，我曾重新阅读了陶渊明集，参考了各家的评注，加深了对他的理解。二十世纪七十年代后期，我认真读了不少思想史方面的书籍，汤用彤先生的《魏晋玄学论稿》、《汉魏两晋南北朝佛教史》，冯友兰先生的《中国哲学史》，都给了我很大的启发。经过大约两年的学习和思考，我再回过头来读陶渊明，便有了一种新的眼光，这就是思想史的眼光。我力图在思想史和文学史的交叉点上确定我的研究课题，先后写了《陶渊明崇尚自然的思想与陶诗的自然美》、《陶渊明与魏晋风流》、《陶渊明的哲学思考》等论文。我遵循陈寅恪先生的话，不仅把陶渊明看作诗人，也把他看作哲人。我认为只有把他放到魏晋时期的思想潮流中，考察他的思考涉及哪些哲学范畴，才可以对他有更深入的理解。至于他的诗歌艺术，也只有结合他的思想才能作出更深入的分析。

1981年，中华书局的程毅中先生又约我承担《陶渊明集编年笺注》的工作，这是当时几家出版社共同承担出版的十大作家全集的新注之一。我欣然答应了。这项工作开始进行得相当顺利，在一年多的时间完成了大半。但当我放下笔以一个读者的眼光阅读自己的书稿时，我对自己失望了。看自己的书稿，别人懂得的地方我注了，别人不懂的地方我也没有弄懂很多；别人不含糊的地方我也不含糊，别人含糊的地方我仍然有些含糊。我如果没有新的发现，没有新的开拓，则大可不作了。于是我毅然搁下笔来，重新研究陶渊明的基本资料，经过钻研有了不少新的发现。比如陶渊明的享年问题，注释陶集中遇到的许多问题，都与之相关。我一边校勘陶集版本异文，一边考证，花了六年的时间编成《陶渊明年谱汇考》，并在此基础上撰写了《陶渊明享年考辨》一文，发表在《文学遗产》。陶渊明的享年此前占主导地位的说法是六十三岁说，我则认为七十六岁说在各种说法中是比较圆通的。这一点，后来在曹道衡和傅刚两位专家为我的《陶渊明研究》所写的书评中，已经得到了认可。

《陶渊明研究》1997年由北大出版社出版，这本论文集大体从思想史、政治史和诗歌史三个方面讨论一些在我看来重要的问题，考证方面包括版本、享年、年谱等。我觉得自己在写这部书时没有偷懒，也没有取巧，对得起读者，对得起自己，也对得起我所喜欢的陶渊明。2001年我完成了《陶渊明集笺注》，2003年该书由中华书局出版。这部书出版之后获得很多荣誉，读者和学术界对此书的兴趣，出乎我的意料之外。我本来准备此书出版以后对陶渊明的研究暂时放一放，但是欲罢不能，随后又写了《论和陶诗及其文化意蕴》一文，发表在《中国社会科学》；写了《古代绘画中的陶渊明》一文，发表在《北大学报》。后来在朋友们的鼓励下，我扩充此文，收录一些绘画，2009年在中华书局出版了《陶渊明影像：文学史与绘画史之交叉研究》一书。

孟：记得您在大著《陶渊明影像》中提出陶渊明是中国文化的一个"符号"，对此应当如何理解呢？

袁：陶渊明是古代士大夫的一个精神家园，通过他我体察到古代许多士大夫的心灵。苏东坡得东林寺大字本陶集，不愿一口气读完，他"每体中不佳，辄取读，不过一篇，惟恐读尽后，无以自遣耳"。我研究陶渊明的心情跟苏东坡有近似之处。我为他倾注了二十年的时间和精力。陶渊明成了我多年相处的朋友，笺注陶集成了我跟那位真率、朴实、潇洒、倔强而不乏幽默感的诗人对话的渠道。研究陶渊明，是我聆听他的心声，与他对话、交朋友的过程。我对陶渊明有这样一个基本的看法，就是他一方面延续魏晋诗歌的古朴作风，而进入更加纯熟的境地，像一座里程碑，标志古朴诗歌所能达到的高度；另一方面他又是一位创新的先锋，他成功地将"自然"提升为一种美的至境，使诗歌和日常生活相结合，并且开创了田园诗这种新的体裁。他的清高、耿介、洒脱、恬淡、真率、淳厚、善良，还有他的幽默，他对人生所做的哲学思考，连同他的作品一起，为后世的士大夫构筑了一个巢，构筑了一个精神家园，一方面可以提醒他们和虚伪丑恶划清界限，另一方面也可以使他们得到休息和逃避。所以在中国，特别是宋代以后，知识分子对陶渊明有强烈的认同感。苏东坡开始写和陶诗，后来形成风气和传统，有许多著名文人都写过和陶诗。取他诗文中的词语作典故，或作自己的斋号的也很多。所以我说陶渊明已经成为中国文化的一个符号，代表中国文化一部分精粹的东西。夸大一点说，懂得了陶渊明就懂得了中国古代士大夫精神世界的一半。

学问的气象：横通与纵通

孟：我感觉先生您的学术格局和视野、境界，就像您《学问的气象》一文中形容的那样："如释迦之说法，霁月之在天，庄严恢宏，清远雅正。不强服人而人自服，无庸标榜而下自成蹊。"很令人佩服和向往，请问先生如何才能臻就这种"学问的气象"？

袁：我写这篇文章，是缘于平时读书所感，自己差得很远，借以自勉而已。有气象的学问必有开山之功，开拓新领域，建立新学科，发凡起例，为后人树立典范。就中国近现代的学者而言，其中不乏有大家气象的人物，如梁启超、王国维等。他们的共同特点是学术格局大，视野开阔，治学道路平正通达，具有总揽全域的能力。宋代词人张孝祥有首《念奴娇》词，其中有句："尽挹西江，细斟北斗，万象为宾客。"何等恢宏！如果借用来形容学问，"尽挹西江"可以说是把有关资料全部搜集起来；"细斟北斗"可以说是把有关的材料细细地加以辨析；"万象为宾客"可以说是把相关学科都用来为自己的研究服务。学问能到这一步,也就不是常人所能及的了。

孟: 您一向强调多学科交叉研究,教导我们"横通与纵通",做"十字路口"的学问,请问是否基于对"学问的气象"的追求?

袁: 我于1978年曾在《光明日报》发表题为《横通与纵通》的文章,借用章学诚《文史通义》中"横通"这个贬义词,赋予它以褒义,加以发挥,强调多学科交叉。我的意思是,文学与史学、哲学、宗教学、艺术学、社会学、心理学等学科有密切的关系,应当在这些学科的边缘寻找新的研究课题,来推动学术的发展。"纵通"是我杜撰的词,意思是说要对研究课题的来龙去脉有纵向的把握,要能放在一条发展线索上做历史的、系统的考察。比如研究文学史,不应当只局限于一个时期、一个朝代的分段研究,要能上下打通。即使只是研究某一段或某一段的某一具体问题,也要能综合运用关于整个文学史的知识,对这个具体问题做出历史的考察和判断。"纵通"还有一层意思,就是对学术史的关注与了解。研究一个问题,必先注意已有的研究成果,看到有关这个问题的前沿,将研究工作的起点提高,这样研究工作的水准必然会更高,研究的结果才可能达到新的水准。

"三古七段"说:关于中国文学史的分期

孟: 您主编的《中国文学史》(四卷本,1999年出版)是国内高校中文系普遍采用的教材。与传统文学史分期不同,您在其中提出文学史"三古七段"说,令人印象深刻。请问您分期的主要依据是什么?

袁: 传统的文学史分期基本上是以朝代为断限,如先秦两汉、魏晋南北朝、隋唐五代、宋元、明清。这种朝代分期符合长期以来文学史研究和教学的习惯,便于操作,而且朝代的更替确实与文学的兴衰有密切的关系,因此朝代分期自有其不可替代的理由。"三古七段"是我处理中国文学史分期问题的一种新的视角,主要着眼于文学本身的发展变化,体现文学本身的发展变化所呈现的阶段性,而将其他的条件如社会制度的变化、王朝的更替等视为文学发展变化的背景。将文学本身的发展变化视为断限的根据,而将其他的条件视为断限的参照。王朝更替可以作为政治史的分期,至于文学史就应当以文学本身的发展作为分期的依据,这个道理其实很简单。

"三古"即上古、中古、近古,这是中国文学史大的时代断限。具体地讲,上古期可以分为先秦、秦汉两段。中国文学的各种体裁、中国文学的思想基础、中国文学思潮的主流几乎都孕育于这个时期。从文学的创作、传播、接受来看,士大夫作为创作的主体和受者,文字作为传播的主要媒介,中国文学的这个基本格局也是在上古期奠定的。中古期包括魏晋至唐中叶,唐中叶至南宋末,元初至明中叶三段。中国文学从魏晋开始了自觉的时代,并在南北朝完成了这个自觉的进程。文学语言发生了划时代的变化,由古奥转向浅近。诗、词、曲三种重要的文学体裁在这段时间达到鼎盛,文言小说在魏晋南北朝初具规模,在唐代达到成熟,白话小说在宋元两代已经相当繁荣,白话长篇在元末明初也已经出现了《三国志演义》、《水浒传》等作品。文学传媒出现了印刷出版、讲唱、舞台表演等各种新的形式;文学创作的主体和受者,包括了宫廷、士林、乡村、市井等各个方面。也就是说,中国文学所有的各种因素都在这个时期具备而且成熟了。近古期包括明嘉靖初至鸦片战争、鸦片战争至五四运动两段。把明中叶看成文学新时代的开端,主要基于以下事实:一是随着商业经济的繁荣、市民群体的壮大、印刷术的普及,文人的市民化和文学创作的商品化成为一种新的趋势;适应市民生活和思想趣味的文学占据了重要的地位。二是在王学左派的影响下,创作主体个性高扬,对理性禁欲主义进行了强烈的冲击,晚明诗文中表现出来的重视个人性情、追求生活趣味、模仿市井俗调的倾向,也透露出一种新的气息。三是诗文等传统的文体虽然仍有发展,但已翻不出多少新的花样,而通俗的文体则显得生机勃勃,其中又以小说最富于生命力。这些通俗文学借助日益廉价的印刷出版这个媒体,渗入社会的各个阶层,并产生了广泛的影响。

"文化的馈赠"：关于中华文明史的思考

孟：您主编的《中华文明史》出版后好评如潮，是北大人文学科的一个标志性项目。2012年此书被翻译成英文出版，听说还将有其他几种语言的版本正在翻译。您能简单介绍一下相关情况吗？

袁：《中华文明史》是一部多学科融合的学术著作，由北大文学、历史、哲学、考古、东方语言文化等学科三十六位一流教授，历经六年时间撰写而成。这部书的特点是将中华文明放到世界格局中进行考察，写出中华文明在世界文明进程中所处的地位。论述中充分注意文物考古资料与文献资料的结合，力求史笔、议论、才情三者相结合。《中华文明史》在2006年出版后，由美国华盛顿大学的康达维教授主持翻译成英文，并于2012年在剑桥大学出版社出版。在他的带动下，日本早稻田大学的稻畑耕一郎教授组织翻译了日文版，把原书四册变为八册，现在已经由潮出版社全部出齐。去年在东京召开新闻发布会，有近四百人出席，包括学界、政界、出版界和媒体人士。此外还有俄译本，由圣彼得堡东方研究院的一位研究员领衔翻译；韩译本、塞尔维亚文译本、匈牙利译本正在进行，都是国外汉学家和出版社来做的。

孟：《中华文明史》有这么多语言的译本，真是令人欢欣鼓舞，期待它们早日面世。对于中华文化走向世界，您认为应持怎样的态度？

袁：我在1998年北大中国传统文化研究中心主办的汉学研究国际会议上，曾提出"文化的馈赠"的观点。我想这既是我们处理世界各民族之间文化关系的原则，也是我们弘扬优秀的中华传统文化、推动中外文化交流的一个准则。各种文化之间的差异是客观存在的，但差异不一定导致冲突。如果抱着强加于人的态度，就会导致冲突；如果抱着馈赠于人的态度，就不会导致冲突。馈赠是双向的，既把自己的好东西馈赠给人，也乐意接受别人的好东西。馈赠的态度是彼此尊重，尊重对方的选择，可以接受也可以不接受。馈赠的结果是多种文化的互相交融、共同繁荣。我想这既是我们处理世界各民族之间文化关系的原则，也是我们弘扬优秀的中华传统文化、推动中外文化交流的一个准则。

溯古亘今，体国经野：中国地域文化通览

孟：2013年您主编出版了三十四卷本的《中国地域文化通览》，堪称我国第一部全版图分省文化地图，可否请先生介绍一下此书的编撰情况？

袁：编写完成《中国文学史》、《中华文明史》之后，我考虑以后的学术路向，开始关注中国地域文化。我深切感到对中国文化的研究需要探索一条新路，要将时与地综合起来加以考察。我想强调，中国文化史有两个坐标：一个是时间的坐标，一个是地域的坐标。一方面，黄河和长江流域的文化显示出中国文化的基本特征；另一方面，中国文化有多个发源地，其发祥与兴盛的时间也有先后之别。特色与时间不尽相同的文化板块之间互相交错、移动，呈现一幅幅色彩斑斓的文化地图，编织成中国文化的全景。我希望经过学术界的共同努力，构建一个中国文化史的立体模式，描述时与地整体演进的图景。所以我借着担任中央文史馆馆长的机会，组织中国各地文史馆，编了三十四卷《中国地域文化通览》。地域文化的区分可以按照春秋战国的分法，如齐鲁文化、燕赵文化、巴蜀文化等，但我们为了编书的方便，按省、自治区、直辖市的行政区划分卷，港澳台也各一卷。《中国地域文化通览》是一部多学科综合的学术著作，包括文、史、哲、考古、政治、经济、教育、科学、技术、书画、工艺、宗教信仰、民俗风情等许多领域。我们邀请了各地文史馆以及其他方面的学者共约五百人参加。其中香港卷由饶宗颐先生担任名誉主编，王国华、邓聪先生都做了很大贡献。我不希望中国文化变得"千人一面"，中国文化是多元的，应当保持各地丰富多彩的特色，找出各地文化发展的优势。

取精用宏，守正出新：新编新注十三经

孟： 您近年来主持的"新编新注十三经"项目也备受学界瞩目，"新编新注十三经"的一大亮点，就是对传统经典的格局进行了调整，请问先生是基于怎样的考虑？

袁： 2009年我提出"新编新注十三经"的想法。"十三经"历来被视作中国传统文化的精髓，在当前复兴中国传统文化的社会思潮中，"十三经"也常被视作传统文化经典的代名词。但原来的"十三经"是儒家一门的经典，道家、法家、墨家、兵家等诸子的著作都未能涵括其中。我认为，所谓"国学"并不等于"儒学"，现在早已不是"罢黜百家，独尊儒术"的时代了，我们应当改变儒家独尊的局面，更广泛地汲取各家之精华，以更广阔的视野继承和弘扬中国优秀的传统文化。我希望编一部中华文明的"十三经"，不限于儒家。"新编新注十三经"保留了《周易》《尚书》《诗经》《礼记》《春秋左氏传》《论语》《孟子》，增加了《老子》《庄子》《墨子》《孙子》《荀子》《韩非子》，这些都是原生的、时代最早的、处于中国文化源头的、在当时或后代具有广泛深远意义的典籍。

孟： 除了"新编"之外，您还倡议要为这些经典做"新注"。请问"新注"的特点是什么？

袁： 学术是知识的创新，创新是学术的生命。学术研究不能重复别人，要么就不做，要做就要出新。或者有新的材料，或者有新的观点，或者有新的方法。但"出新"不能离开"守正"，基础要稳，走的路要平正通达。只要基础牢固，有充分的资料作依据，可以大胆地提出新的结论。我把这种态度概括"守正出新"，"新编新注十三经"秉持的就是这一理念。利用今天掌握的资料，在全球的视野下，对经典做出新的解释。我们今天可以看到更多的出土文献和传世善本，加上日益频繁深入的中外交流，应该利用这些优势对经书作新的解释，集中展现一个时代经学研究的成果。这个项目由北大十三位老师负责，我担任《诗经》的新注者。我希望北大能够成为经学研究的重镇，重建国学研究新格局。

"大雅堂"：北大国学研究院、国际汉学家研修基地

孟：近些年来"国学"复兴，各地高校纷纷成立国学院。北大国学研究院建立至今已有二十四年历史，可谓得风气之先。可否请您介绍一下北大国学研究院的传统和特色？

袁：北大国学研究院的历史要追溯到 1992 年，最初得到南怀瑾先生 10 万美金的鼎力资助，后来金庸先生又慷慨解囊，捐赠了 100 万人民币作为国学研究院的启动资金，推动了研究的顺利开展。我们策划出版了《国学研究》，至今已出版三十六卷；还计划出版《国学研究丛刊》，出版了几十种书。我们的口号可以概括为两句话："虚体办实事"和"龙虫并雕"。"虚体办实事"指我们国学院没有一位专职老师，都是兼职。"龙虫并雕"借用王力先生的斋号，指除了深入地研究，我们也做一些普及工作。我们所做的普及工作，影响最大的是与中央电视台合作拍了一百五十集大型电视系列片"中华文明之光"，后来出了一大套书。2002 年我们开始招收博士生，先后聘请北大文、史、哲、考古等方面的著名学者共同担任导师，设置有利于学科交叉的课程，至今已有十二届博士毕业。他们在不同的岗位承担中国传统文化的研究和教学工作，有的已成为其他高校的国学院院长。

孟：我们知道，您不仅致力弘扬传统文化，还积极促进文化交流，您后来主持建立的北大国际汉学家研修基地，数年之间誉闻远播，庶几与美国哈佛燕京学社、荷兰莱顿汉学院、日本京都大学人文科学研究院等著名汉学研究机构相当。先生可否为我们简单介绍一下研修基地的情况？

袁：2009 年，北京大学与国家汉办合作，建立了国际汉学家研修基地。基地工作的重点并不是简单地介绍国外汉学家以及国外汉学的历史和现状，而是推动中国古代典籍和当代研究著作对外传播，促进中国文化走向世界。研修基地成立以后，我们建立了汉学图书馆，创办了两份刊物：

一是《国际汉学研究通讯》，刘玉才教授主编，已经出版了十二期；一是与蔡宗齐先生合作，在美国杜克大学出版社出版的英文刊物《中国文学与文化》(Journal of Chinese Literature & Culture)，已经出版了四期。我们还先后召开了"我的汉学之路"、"国际汉学翻译家大会"等国际学术研讨会，以及近百场国际汉学讲座。此外我们还有"马可波罗研究"、"域外汉籍文献丛编"、"中国文化入门丛书"、"国际汉学家资讯数据库"等研究项目。基地还邀请了多位国际著名汉学家来客座研究，像剑桥大学的鲁惟一教授（Michael Loewe）、麦大维教授（David McMullen），法国远东学院的汪德迈教授（Léon Vandermeersch）、华盛顿大学的康达维教授（David R. Knechtges）、普林斯顿大学的浦安迪教授（Andrew H. Plaks）、加州大学洛杉矶分校的罗泰教授（Lothar von Falkenhausen）、京都大学的高田时雄教授等，都曾来基地研究，此外还有不少青年汉学家来进修。今年秋天开始，研修基地和国学院将在一起办公，一进北大西校门，面对校长办公楼，左边是外文楼，右边一栋就是我们的，国学与西学相对相应，这才是北大应有的气象。我将这栋楼命名为"大雅堂"，取班固《西都赋》"又有承明、金马，著作之庭，大雅宏达，于兹为群"之意。

教学的艺术，人格的魅力

孟：您在北大一向受学生爱戴，您的课堂从来都是座无虚席，很多学生写回忆文章，对您的气质风度印象深刻、赞不绝口。2016年您在香港中文大学演讲，与会师生现场反响也十分热烈。您认为作为一名教师，应该具备怎样的素养？

袁：我想作为一名老师，首先应当具备敬业的精神，对自己所从事的事业应当怀着虔诚的态度，决不敷衍。我们都尝过敷衍的苦头，一件很简单的事，拖延好久办不成，因为办事的人在敷衍我们。我们为此苦恼，为此气愤。如果我们以敷衍的态度对待学生，学生会怎么想？我上过王力先生的汉语史这门课，我注意到他的讲稿每个字都写得端端正正。我还上过李赋宁先生的西方文学史这门课，我注意到他是怎样在图书馆埋头备课。讲课不一定要念讲稿，但要充分准备，态度要认真，大到体系、观点，小到一些细节，都应该考虑周到，不是自己讲着痛快就行了，要对学生负责。另外，既然做了老师，就应当潜心学问，追求真理，不羡慕名利，不随波逐流。我们要的是内心的满足，至于外界的宠与辱都可以看得淡些。我常对同学讲，我只是北大中文系的一名老师，我的职责就是教书，如果有下辈子，我还愿意当老师。陶渊明有两句诗我很欣赏："虽未量岁功，即事多所欣。"就是讲他参加劳动的体会，不管收成多少，劳动这件事本身就有许多快乐。我想教书也是这样，教书这件事本身就有许多快乐。还有什么比师生之间切磋学问更快乐的呢？每一堂课都是一次切磋的机会，都可以从中得到乐趣。我们平时读书做研究，有了心得总想找个人谈谈，课堂上那么多学生，就是专门来听你谈的，学生给我良性的反馈，使我有许多即兴的机智的发挥，学生的提问又启发我新的思路。教学相长，这有多好！

孟："文章辉五色，心迹喜双清"，是您常用来勉励学生的集句联，用来形容您的道德文章再恰切不过。衷心祝愿您身体健康、学术永葆青春！

中国的迷信、理性与其预测文化
——专访德国汉学家朗宓榭教授

访问：周康桥

朗宓榭（Michael Lackner）教授

1953 年生于德国南部的班贝格市，曾先后求学于海德堡大学与慕尼黑大学，攻读汉学、哲学、政治学和民俗学。师从著名汉学家鲍吾刚（Wolfgang Bauer），于 1983 年获得慕尼黑大学哲学博士学位。1992 至 1994 年任瑞士日内瓦大学汉学系代理教授，1994 至 1999 年任德国哥廷根大学汉学系教授，1999 至 2000 年任日内瓦大学汉学系讲座教授，自 2000 年以来，任德国埃尔朗根—纽伦堡大学汉学系讲座教授暨系主任；在德国联邦科技教育部的大力支持下，于 2009 年创建了埃尔朗根—纽伦堡大学人文研究院并担任院长。朗宓榭教授治学门类广博，主要研究领域为宋明理学、中西文化交流史、中国政治思想史和命理学研究等，通晓德、中、英、法、意、西等多国语言及拉丁文，著作等身，包括中文译著《朗宓榭汉学文集》（郎宓榭著，徐艳主编，上海：复旦大学出版社，2013 年）等。

周康桥

现为澳门大学中国语言文学系博士研究生，研究领域为早期中国。访问时担任饶宗颐国学院研究助理。

周 _ 周康桥
朗 _ 朗宓榭

德国汉学由买书开始

周：朗宓榭教授您好，中国文化院《国学新视野》杂志委托我为您做个专访，谢谢您接收我们的采访。可否先请您介绍一下德国汉学的历史与状况？

朗：德国汉学有较长的历史。第一位德国汉学家大家可能都不太熟悉，叫作诺依曼（Karl Friedrich Neumann），他于1830年到达广州，当时在做关于一位船夫（shipman）传说的研究。但他本人其实对中国文化没有太深刻的了解，只是对此有很浓厚的兴趣。清道光年间，外国人在中国买书、学习汉语是被禁止的，在停留广州时，诺依曼却私下购买了约六千册汉籍，而后通过贿赂海关，称汉籍为废纸，几经周折将书运回德国，并送至慕尼黑国立图书馆。现今这批书仍有三千五百多本存世。因我曾在巴伐利亚国立图书馆工作了三年，看到过这一批藏书，所以我对这个收藏比较了解。诺依曼最初想将这批书卖给国王，但是国王却不愿意为此花钱，而是承诺可以给他一个教授职位，前提是他捐赠一半的书籍，所以在十九世纪三十年代他便成为了德国第一位汉学教授，而另外一半的书籍他卖到了柏林。他购买的书现在看来还是很宝贵的，因为他搜罗书籍没有什么标准，从最学术性的经书典籍，到民间各式各样的图书，都有涉猎。所以你看到这份藏书，较为广泛地反映那个历史阶段中社会文化的各个层面，很有意思。在中国的图书馆，通常不会保留这些民间的书籍，诺依曼搜罗的不少书，在当时也算是庸俗的垃圾文献，但是一直保存到今天，这份古籍收藏就显得弥足珍贵了。

我在二十世纪七十年代开始从事汉学的学习与研究，首先要学的是古代汉语，实际上，当时的中国对那时的我而言是"不存在"的，我平时也没有接触过中国人，那个时候中国也相对比较封闭。所以我们研究古代中国就像研究埃及学的学者一样，都是将研究对象作为一个古代文明来对待，与现实的中国没有任何一丝关系。到后来我们才发现，有一个中国存在于与我共同的时空。另外还有一个情况，我的前辈老师们去台湾或是日本做汉学研究，但他们中的大部分人并不会讲中文，他们可以写汉字，可以翻阅中文典籍，但是口语与听力都不行，他们都是通过阅读文献来研究，而我们现在则可以用中文来作报告、作采访了。

汉学——越研究越发觉有意思

周：当时是什么兴趣促使您开始学习汉学的呢？您目前在做占卜与预测方面的研究，能否为大家介绍一下？

朗：我最初在海德堡大学学习了一年阿拉伯语，但其所用的研究方法是纯粹语言学上的，与文化背景没有什么关系，对我而言，便觉得有些无趣。虽然我也有研修民俗学，但还是想找一个真正的，与西方文化同一个层次的，包括有书法的、有制度的、有官僚的、有历史的、有美感的文化来作为主要的研究对象，于是我选择了中国。当时我还只是一个不到二十岁的学生，很多情况都不怎么了解，但是有这么一个想法与感情存在。随着研究的推进，又获得一些深层次的感悟，并不感到枯燥乏味，越研究越发觉有意思。

我硕士阶段是研究晋朝的谣谚，《五行志》中有个部分便称作谣谚，这需要先翻阅杜文澜那本书（《古谣谚》）。在此基础上，我博士阶段接着研究明代与清初的一些类书：《梦占逸旨》、《梦林玄解》、《梦占类考》。这三种书籍可说都是关于占卜与预测的类书。那是1984年左右，中国大陆对这样的内容还是比较敏感。包括西方汉学在内，我是第一个著书探讨这些内容的。当时还有一些法国汉学家发表了相关的论文，但我是第一位出版专著的，该书出版于1985年，是用德文写的。我也写有法语的书籍，因为我在法国、瑞士日内瓦待过几年，出版过法语、英语，还有中文的著作。《朗宓榭汉学文集》于2013年在复旦大学出版社出版，

2017年三联出版社出版了我的另一本中文著作《小道有理》。

我的老师是鲍吾刚（Wolfgang Bauer）教授，他有关于"拆字／测字"（character dissection）一类的研究，曾发表过两三篇相关的文章，当然这并不是他最集中的研究领域。可以说（占卜）是我个人自己选择的切入点，我对心理分析有兴趣，同时对西方关于梦的解析也颇感兴趣，所以很自然的，想看看在中国，这么优秀的文化中产生过什么类似的可以用来作比较的。后来我就离开了这个研究领域，转而研究耶稣会的一些著作，同时还跟两位同事将张载的《正蒙》翻译成德文。所以这中间我有很长时间没有接触占卜研究，直到九年前，才又回到占卜，这个学术生涯伊始的研究领域。

耶稣会士与中西文化交流

周：您刚才提到耶稣会士研究，传教士或许可称为最早的一批汉学家，您如何看待他们关于中国的研究及其影响？

朗：自明末开始，来华的传教士描绘的中国景象虽然不是专门的汉学研究著述，但在当时的确也起了类似的作用，不过他们所写的文字恐怕未必是反映中国文化的"真象"。在他们笔下，中国比欧洲先进、理性、有序，他们也知道中国文化有许多的毛病，但佞华的思想仍然在当时的欧洲广为传播。耶稣会士对中国的青睐，是借他人酒杯以浇自己块垒的行为，不同的"他者"，根据欧洲态度的变迁扮演着不同的角色，不过是西方思想和政治游戏中的棋子。所以他们（对中国的研究）有的非常深刻，有的则流于表面。譬如利玛窦（Matteo Ricci），他写了《交友论》，影响很大，甚至被收入了《四库全书》中，但反过来讲，他也写了一本在当时没有多少人知道与接受的《西国记法》。他本想将自己的记忆术小册子献给江西巡抚陆万垓，因为陆的两个儿子正在准备科举考试。但陆万垓对此书评价非常消极：为了理解运用这个记法，本身就要花费很大的记忆力，这就很讽刺。

《西国记法》这一套逻辑是自古代希腊到欧洲中世纪发展开的，中世纪的修辞，不管在教堂、在大学，都有过这种很机械（mechanical）的记法。记的时候要在脑海里想象有一个地方，譬如一个书架，从左边开始。比如我讲中国书法，就需要一个意象（image），在我脑海里就将一个中国人写字的形象放进"书架"。要记忆别的东西，也用相同的方式来处理，借用语音与字形上的技巧，将意象与要记忆的字词联系起来，依次放进"书架"中。这过程十分繁复，而且都是联想，我本人是无能为力的。西方人在十四五世纪也用过，但到了利玛窦的时期，那已经是十六七世纪，大家都不使用了，太复杂了，只有耶稣会传教士保留了这个记法。我本人并不会使用这套记忆方法，还是比较陌生。

至于传教士在中西文化交流上的状态，我认为是有不同阶段的。最初明末的时代，所谓的"实学"刚刚出现，所以有不少学者，像徐光启、杨廷筠等这批人当然感兴趣，他们又是对哪个部分感兴趣呢？就是对当时所谓的科学，也就是"格致"感兴趣。同时也对世界观、宇宙观有兴趣，当然对神学也想了解。我们知道，徐光启对着玛利亚圣母的塑像，怎么说呢，爱上了她。这批学者与耶稣会士的交流很多。之后中国人慢慢丧失这方面的兴趣，到1616年"南京教案"，甚至出现反对基督教的活动。比利时学者杜鼎克（Adrian Dudink），他对耶稣会著作里中国学者写序的书目进行了统计——结果很有意思——越来越少。中国人对耶稣教会带来的新知识，最开始兴趣很强，然后越来越少，大趋势应该分不同的阶段。此后还有一个上扬的阶段，就是1669年左右，汤若望（Johann Adam Schall von Bell）这批传教士，他后来还做到天文台主任（钦天监监正）。清朝皇帝，尤其是康熙皇帝对他们的数学知识、天文学知识，对他们的机器，也包括奇怪的机器，非常感兴趣。所以中西交流的状态有高低起伏（ups and downs）的不同阶段。从最初充满好奇，到利玛窦过世以后，1610年，这个兴趣慢慢下来了。然后再经过康熙皇帝，在乾隆时代，传教士包括基督教教徒的日子都是很煎熬的，这跟国家领袖的个人态度有莫大关系。

周：我自己在翻译文献时常有词不达意的困扰，在面对西方传教士带来的文化与典籍时，中国学者是如何将这些陌生的事物转化成中文语境的呢？

朗：事实上，有些词没有办法翻译，因为没有符合的词语。不同的符号体系造成这种交流的障碍，这种障碍又没有比较具体的表现，在西方是这个意思，传到中国就大相径庭了。挑选精准的词汇用来指代某一陌生的现象，往往已是理解和把握外来事物和思想较为往后的阶段了。为了将那些舶来品融入既有的知识分类体系，人们在最初则更加偏向于采用意译的方法。我们都知道严复"信、达、雅"的翻译方法，将全文融会贯通再以中文短句译英文长句，虽然会在一旁加上自己评述，但是与原文相比还是会存在偏差。无论是中文的翻译，还是从拉丁翻译到英文、德文，都不是十分契合原文的。过去的译者是比较自由的，他们把大意理解起来就行，但我们现在很严格，要求每个词都尽量要一一对应。

我现在正在研究阿奎那（Thomas Aquinas）作品最早的中文翻译，是1654年左右由一个西西里传教士翻译成中文的，做得非常好。因为原文是拉丁语系，很是复杂，阿奎那的逻辑思路，即便对我们今天的研究者而言，也很难理解，看得出译者花了很大功夫。我自己对翻译工作有比较乐观的看法，但是翻译时必然是需要花很多功夫很多心血，没有最好的译作，只有更好的译作。

传统中国：迷信还是理性？

周：您在"国学国故国粹研讨会"（香港浸会大学，2016年11月）上的报告"传统中国：迷信还是理性？"很有意思，但由于会上时间有限，报告时略过不少内容，能否请您再详细介绍一下？

朗：我首先展示的是《论语》《大学》和《中庸》在1687年的第一个拉丁文译本。十一位耶稣会士参加了翻译。这可以看作是十七世纪把儒家思想彻底纳入西方理性轨道的尝试。《中庸》在西方多次单独出版，法译本称之为中国的"科学"，所有的译本都强调其理性。早在1583年，利玛窦的上司范礼安（Alessandro Valignano）就指出，中华帝国完全是由理性来统治的，在很多方面优于西方。总的来说，在欧洲启蒙时代，占主导地位的是"理性"中国的形象。伏尔泰（Voltaire）也持有这种观点，他说："孔子比穆罕默德要高明得多，这是第一个没有宣布上帝启示的凡人！他运用的只是理性，而不是谎言和利剑。"伏尔泰当然不知道谶纬之说，也不了解《孔子家语》这样的著作，而正是这些，揭示孔子与占卜有着渊源关系，"韦编三绝"一词就出自于此。当然也有其他人持不同的观点，甚有影响力的荷兰汉学家高延（Jan Jakob Maria de Groot）就认为中国完全是被迷信主宰的国度，他著有一部六卷本的《中国的宗教体系》。他的学说对韦伯（Max Weber）产生了很大的影响，在韦伯看来，儒家思想有"理性"的成分，但是无法从"巫术的花园"中解脱出来，所以中国人不同于新教教徒，缺乏"对世界的张力"。他们都是有局限性的。我这次报告主要分析纪昀的《阅微草堂笔记》与他编撰的《四库全书》术数类的序。从纪晓岚的文本中，可以很明显地看出他怎么对待那些奇怪的现象。我对他的看法与判断非常有兴趣，以此对迷信与理性在传统中国的关系作一番探讨，其实二者不可以被看作是无法调节的对立。当时另外一些学者，比如朱珪，他也参与到《四库全书》的编纂之中，同时他也对扶乩非常感兴趣，还组织了一个相关的朋友圈。

周：您怎样看待西方与中国在对待迷信与理性时的差异呢？

朗：我认为这是近代西方的一种发展，与欧洲中世纪也是分不开的，譬如大阿尔伯特（Albertus Magnus）说过这样一段话："我们做一个科学系统，科学系统里面也包括有星占学，是与医学归为一个学科。因为二者是通过推测而不可重复的，一般的医学可以出现误诊，医生都依靠自己经验来推测。"大阿尔伯特，他自己是一位星占学家，他也是靠自己的经验与直觉来从事研究与工作。传统中国所谓的术数，虽然被归于小道，但不是被禁止的。可在西方，从中世纪以来，类似的行为都被禁止，虽然每位教皇、每个教廷都有自己专属的星占师，有些自相矛盾。当然这类在中国虽然是小道，但是完全没有什么障碍，没有拦路虎。

周：《汉书·艺文志》中就是将神仙、方术与医学放在一起。

朗：是的，在这一千年以后，西方才是这样的分类方法。而且现在做纯粹科学史的学者对科学的定义也越来越宽容，我们跟马普学会（Max-Planck-Gesellschaft zur Förderung der Wissenschaften e.V.）在柏林的科学史研究所关系比较密切，所以我对他们的思路想法较为了解。他们也很难区分开科学与迷信中间的一些界限，科学是多样的，有不同的出生地，有不同的说法。对科学的理解、定义越来越弹性（soft definition），这是最近的发展趋势。中医也越来越受欢迎，人们对中医这套医学逻辑也更加的包容，认为这是另外一种理性。所以我感觉，对于过去人们认为迷信之物，你信不信不必管，但是需要去研究一下，因为这是人类知识非常重要的部分。有人批评说中国人现在没有什么信仰，其实信仰在中文里也是外来词。我信，就是我可以靠什么，但是信仰，就像西方的基督教、犹太教、伊斯兰教那些，这是一种特殊的现象。可靠是另外一回事，是 I trust，然而 I trust is not I believe，这是不同的层次上的问题。在面对风险社会时，人们不知道该依靠什么，就去求神拜佛，去相信那些怪力乱神的东西，也包括算命，也包括风水。当然，官方方面是不允许的，但是很多人甚至将占卜术纳入到民族认同的一个组成部分。至于信仰方面，泰国现在的佛教恢复，中国的基督教徒越来越多。但是还是要考虑"可靠"的东西，这是跟价值观有关系的问题了。

命运、能动及预测

周：近年您创立的以"命运、能动及预测：东亚文化和欧洲文化中的应对策略"为主题的人文研究院，是德国教育部支持的全国九大研究基地之一，主要研究中国与欧洲预测文化的对比，吸引了来自全世界人文学界的瞩目。您在这项工作中有遇到什么困难吗？取得了什么有意思的成果呢？

朗：研究基地现在一共有十个，我们是其中唯一一个研究中国的，并且是研究预测，包括占卜、星相、算命、风水一类被人们认为是不登大雅之堂的内容。困难并非来自官方，我自己一开始认为研究预测这一类小道之学很难得到这么大的支持，但是当时有一个国际委员会来判断评估这个申请，认为这些研究很有价值。最大的障碍就是，我跟研究欧洲历史的专家学者合作会遇到一些困难。我作为汉学家，能看中文，能看拉丁文，能看古希腊文，能看意大利文，等等，所以我了解中国的历史，同时对自己的传统也有些了解。而研究欧洲历史的欧洲学者，他们的学术传统很长，他们拥有自己的期刊杂志、自己的丛书，我们汉学家还没有这些，他们在另一个圈子，自己的阵营，所以在活动开始时沟通比较难。此外，他们面对汉字、汉学的思路不一样，也不了解，因为他们还是作为欧洲人研究自己的历史，而我们研究的对象是作为"他者"的国度。这同时也是国外汉学的问题，不过也可算得上是国外汉学的优势。我们提出的问题与中国学者提出的不一样。当然，中国学者对材料、对文本有非常深厚的知识，但是有时我们提出一些问题，标新立异，会发起新的关注点与新的学术活动。我举一个自己的例子，我们以中国研究为核心，以研究中国的算命、预测为中心，但是我请研究欧洲历史的同事来进行比较研究，互相提供相关的资料等，这种交流开始的时候不太畅通，但是现在越来越顺利，我们现在请越来越开放的年轻学者，他们虽然不懂汉语，但是他们对我们提供的材料也很感兴趣，可以做一个参照对比。我们每周一次坐在一起开一个小范围会议，每个研究小组给其他的研究小组提供一些参考材料，这些材料很有意思，每每阅读都收获不小。比如我刚才说的那位中世纪星占师大阿尔伯特，我以前只是知道他的名字而已，现在对他就有了比较深刻的了解。非常感谢和汉学领域之外的这些学者的合作。

周：这个研究基地像一座桥梁将中西方相关的学者沟通起来了。

朗：对，这是一种交流，大陆来的学者、台湾来的学者都有。我们与台湾"中研院"关系也很密切，比如史语所来的近代史方向的祝平一、张哲嘉。中西交流有时候非常表面，特别是怎么对待未来，这是要基于相同的话题、共同的经历才好讨论的，没有这个就太抽象了。我们这儿是比较有趣的一个圈子，有欧洲历史专家，有来自中国大陆和中国台湾的专家，还有来自世界各地的汉学家，而我们的基地则是媒介人。有着同样的课题来预测对未来的看法，有同样的话题就可以比较研究一些实际的问题了。

我觉得现在的中西交流比起历史上而言，往往可以在同一个层次高度（same height）进行沟通，而且大家没有自卑感，中国大陆学者在国内国外待了好些年，也有很开放的心态。而且我们也是这样，派我们的学生到大陆、香港、台湾去交流。但是最关键的是，不要刻意去找他者（the other），不要去找陌生的课题，先要找一个有共同话语的题目，比如在一起研究甲骨文，研究一个历史现象。这个陌生、他者越来越不重要，不像当初中西文化相遇时那么大的差异了。我个人非常反对后现代的一些看法，我在这方面比较保守，有些学者过分强调这个"他者"概念了，人类之间还是有很大的共性的。并且文化比较主义可能会更偏向简单的双边关系，而非反映多边层面存在的关系。

周：是的，就像您刚刚说到徐光启他看到圣母像，被那种美所震惊、吸引，人们审美、思维中存在很多共通之处。

朗：毫无疑问如此。

占卜术风云再起

周：那您觉得中西方的命理学，有什么有共性的地方？

朗：当然有，传统西方从托勒密（Ptolemy）以来的星占学，跟八字的关系相当密切，不光是方法。在中国，"时"、"日"、"月"、"年"，这四个叫作四柱，那么西方也是这样。2016年7月，我们组织了一个很新奇的会议，请来西方有名的星占学家跟中国的八字专家在一起，来探讨同一个问题，比如说给他们历史名人的"命单"由他们分别按照西方的方法、按照中国的方法来测算，得出的结果有相似之处。相不相信这种占卜不是我要关注的事情，但是将他们放在一起，进行比较、研究，于我而言是很有趣的。中西方的命理学也有差别，最大的不同是西方没有风水，西方有卜人，却没有卜地。当然建筑师会关心房屋的朝向，但是地道的风水在西方是没有的。具体是什么原因导致这样的区别，我现在也不清楚。

周：《尚书》中写道周王灭商后，就派召公去占卜寻找何处适合建都，中国关于卜地的记载相当早就出现。

朗：战国时期的《日书》里面也有很多与卜地相关的记录。而且有十分完善的系统，用以占卜出最合适的地方。而古罗马建城的地方，是比较偶然的，有神话传说的记录，但是没有系统的地理、风水、堪舆。有时我觉得，有些是套话空话，但是有一点道理，这种占卜中的语言看上去是非常理性的，某种意义上说是传统中国衍生出的一种理性。我并不是说西方人不关心地方，只是没有系统的方法来确定最合适的地方，最符合我们命运的一个地方。

所以我们应该给理性一个新的定义，非常广泛的一个定义。我们现在所说的理性的概念是从西方十八世纪启蒙运动来的，而且启蒙运动派生出很多知识。在中国二十世纪，陈独秀这一批人，宣扬"德先生"、"赛先生"的概念。但是我最喜欢的例子是严复。他是中国启蒙的先驱，他把亚当·斯密（Adam Smith）、达尔文（Charles Darwin）的作品翻译成中文，使用的是桐城派的方法，贡献很大。我在三年前，与北师大一位教授，合作研究西学东渐的问题很多年。我们一起去读严复的日记，发现原来严复每周至少会下一次卦，然后翻看《周易》是怎么样解释的，这是我非常喜欢的一个例子。从宇宙观而言，严复是近现代化的，是十分先进的。但他可以说是手不释《周易》，还使用了古代的占卜方法。我查询到他有一个清初的手册（《增删卜易》），他每次都用这个手册来解释他的问题，他下卦的结果，例如弟弟是否能够发财，哪一天适合结婚，等等。这样看似矛盾的两个方面存于一身，直到今天还有很多人是这样。

周：是的，不少中国人在面对日常事务时，还是会翻看老黄历。

朗：黄历，在香港特别普遍，所谓择日非常重要。吴宓也是这样，中国古人有一套很完美自洽的世界观。但是问题是这些为什么没有进入像严复他们这些人的世界观？他们是区分得很明显的：有一个十分官方的世界观，翻译、修辞典等都是严复他们的贡献，但是他每次给儿子写信，说自己下了卦，给你一些建议。这不是间接委婉地，而是很直接的，这种态度上的区分也是我以后想要阐释的问题。大陆来的访问学者，他们告诉我上飞机之前找了四位算命先生，看看哪一天最合适出行。但是在大陆大家不会太公开地讨论这些内容。他们来到我们这边，可以讨论，可以研究，这是我们研究基地的好处。大家对预测方面不只是感兴趣，而且是做实际的研究工作。

周：您平时的生活中也会用到这些吗？

朗：我对西方星占学也有些研究，避免不了的会对预测进行一些实际操作。我也对奇门遁甲、四柱、六壬、八字有些研究。当然，我不是算命先生，但是因为要探讨比较具体的问题的话，需要研究这些基本方法是怎么样，基本的思路是怎么样。还有一些中国来的访问学者，告诉我《梅花易数》方面的知识，还包括《易经》方面的专著，特别是宋代的。我对宋代很感兴趣，朱熹在《语类》说《周易》本来就是一本占卜的书，很多学者不太关注，或者说不敢承认，因为朱熹首先是被定义为哲学家的，我的研究，以及我们基地的研究，也为占卜起到了一定的"正名"的作用。

周：您近期的研究方向是怎样呢？

朗：一个是我刚才说的阿奎那的中文翻译，十七世纪的耶稣会传教士，并没有全部将其翻译成中文，材料太丰富，我正在研究关于命运、自由意志那一部分，非常有意思。选择哪一个中文词语来翻译"自由意志"呢？阿奎那用的是拉丁语，翻译成英文就是 free will，翻译者一开始讨论用"自专"。另外一个方面是分析清代的一些高级官员对待占卜的态度与看法判断，在他们眼里，有什么障碍，有什么怀疑。

周：像十三经首部就是《易》，对传统文人来说接受这种占卜是很自然的。

朗：我同意，西方没有这样的书，只有《圣经》最后一篇的启示，这个启示都讲末日，讲最后审判。西方对历史的观点跟中国不会一样，差别很大，因为经典不一样，我们没有《周易》这一类占卜书籍作为经典存在。《周易》的地位很高，不管从宇宙观、哲学还是占卜的角度来说。所以中西方关于预测的发展不会完全一致，西方对于占卜还是有禁忌的，但中国关于占卜、关于预测这方面的禁忌比西方少得多。

周：越是不稳定的状态下，人们越希望能够预测未来，现时世界的乱象对您的研究有什么影响呢？

朗：我们是想不到世界的变动会突然这么大，这些变化都是几年前才刚刚开始。我们刚向德国教育部递交申请，写研究计划书的时候，还没有出现什么危机。经济学专家用最为科学的方法都无法预测，而我们设计了这样一个庞大的研究课题，并申请成功，这可算得上是人文科学的直觉，是一次直觉和经验的成功。

周：在中国，现在有关占卜、预测的事物越来越多，您觉得未来的发展走势会是怎样？

朗：一方面，中国近二十年来积极提倡弘扬中国传统文化，实际上是打开了潘多拉的盒子，这个盒子一旦被打开就很难合上。另一方面，占卜与无神论是不是矛盾不相容？只要把占卜的可靠性依据归结为最广义上的"自然力量"，可以想象人们在将来可能会找到一种模式，把一些预测、掌控命运的占卜形式变黑为白，打造成甚至连政府都会积极支持的"软实力"。占卜与中医、武术、风水、属相同属于民间文化，占卜可能与他们在西方秘术圈走一样的外销之路。就像之前说的，占卜无疑早已成为民族认同的一个组成部分，是它的一个新模块。如果在中国占卜能够得到更多承认，它从非正式文化变成官方支持的正式文化就指日可待。

周：谢谢朗教授与我们分享您的研究，晚生受益匪浅，再次感谢您接受采访。
朗：不用客气。

化民成俗：
点亮中华传统文化的灯塔
——专访龚鹏程教授

访问：孟飞

龚鹏程教授

台湾师范大学国文研究所博士毕业，历任淡江大学文学院院长，台湾南华大学、佛光大学创校校长，美国欧亚大学校长，北京师范大学特聘教授，北京大学特聘教授等教职。曾获台湾中山文艺奖、中兴文艺奖、杰出研究奖等。2019年始任山东大学文学院讲席教授。致力于中国学术文化研究，兼通儒释道，博涉东西方，著述宏富，出版专著《中国传统文化十五讲》、《中国诗歌史论》、《中国文学批评史》、《书艺丛谈》、《龚鹏程述学》等一百余种。

孟飞

西北大学中国文化研究中心讲师，曾任香港浸会大学饶宗颐国学院副研究员、博士后研究人员，主要研究领域为中古文学、文献学。

孟 _ 孟飞
龚 _ 龚鹏程

治学多方，一以贯之

孟：龚教授您好，我受中国文化院《国学新视野》的委托，藉您来香港讲学之机，请您做一个专访，感谢您的支持！您在文史哲、艺术、宗教等诸多领域皆有深造独得，学问不仅广博而且精深，就像孔子弟子形容的那样："夫子何其多能也！"请问您纵横这么多领域，有没有像孔子那样"一以贯之"的心法？

龚：这个题目问得好。每个人来问我的时候，题目前半段都是一样的，都在问你为什么那么厉害？（笑）其实本来就是"一以贯之"的嘛。我们面临一个社会结构变化很大的时代，我们做学问就是想了解中国的社会变迁。文明发展这么长的时间，中国历史上有很多的文化变迁，在不断的文化演变过程之中，到底不变的是什么？有没有可以贯穿的东西？古人说研究目录学为了"辨章学术，考镜源流"，"考镜源流"就是要从源到流了解历史的变动。了解历史的变动是我做学问非常重要的一个线索。你当然可以说它是一个历史学的方法或目录学的方法，但总之我是希望了解它的变动。我会特别关注一些特别大的变动的时代，比如春秋战国礼崩乐坏、贵族陵夷，这是一个大的变动。又比如说汉末魏晋、唐宋之际，社会也是面临很大的变动。又比如明清之间，是不是也有这样的变动？再有就是近代。这是几个比较集中的变革时期。

文化及社会的变动是我贯通这些学科主要的线索。我想要了解的是，在这个不断的变动之中，早期的源头、发展的思想，它在后期的逐渐变化之中，到底是延伸扩大了还是萎缩了？或者说转变了，走到另外一条路上去了？还有一些新的古人还没有来得及展开的领域，我们这个时代可以有所开拓。所以顺着这个历史的方法，我们从中探索思想的脉络、源流,然后看传统的很多观念、影响、价值在延伸变化当中呈现什么面貌。我们会有自己的选择和判断:哪些是我们应该吸取的?哪些是应该注意借鉴的?或者哪些是古人来不及发展我们还可以有所发展的?这是我在讨论问题时的一个大致脉络,大概所有文章都是这样的。

比如今天我讲的这个题目:宋明理学,其实它还有另外一面。它本来就是传统儒家,儒者柔也,温柔敦厚,能够把刚愎粗暴的个性柔化。儒者本身是具有教化功能的一种人,他有这种责任。为什么古人认为儒者出于司徒之官?他本来就不是纯粹的学者。汉朝人为什么一直在谈整齐风俗、化民成俗?儒家早期侧重在改造君王,宋明以后改造君王这件事常常没什么效果,因而更扩大了化民成俗这条路子。农夫耕读传家,商人讲求商人伦理和儒家的结合,读书人就是孔庙、书院,家族进行儒家式的生活,把伦理、孝悌的精神延伸到血缘宗族里去,这是宋明儒者主要工作的一个方向。这个方向我觉得在当代还可以再来发展。当代整个社会组织瓦解,这个时候如果要重建一个儒家还可以重新发展生存的土壤,其实是非常重要的。我的论述大致都是这个脉络,可能只是材料不一样,具体谈某个对象可能不同,但"一以贯之"的是希望在变动的历史之中,寻找可以改造我们当代社会的一些原理。这些原理不是从西方来,而是从中国的传统中所延伸发展选取出来的。

何为"生活的儒学"?

孟:您在政治儒学之外,提出了"生活的儒学",您有哪些实践主张呢?

龚:第一,我从(二十世纪)七十年代开始,做了一些族谱和宗族的研究。当时我除主编一些方志、族谱之外,也做一些族谱学的研究,唐宋的族谱、宋元的族谱,一直到当代。第二,我现在也在帮助一些宗族恢复原有的活力,中国原生态社会已经全部瓦解了,现在要重新组合,宗族血缘关系的脉络还是一种力量,也是一种组合的方式。第三就是孔庙和书院。书院的重要性不用多说,宋明以后在地方上产生了极大的影响,现在孔庙废弃，书院也大部分变成了文物单位或者旅游单位，那么这些已经转换了功能的单位，或已废弃或已移作他用了，有些变成花鸟市场，有些变成工厂，有些建了小学，等等。传统孔庙的祭祀功能、文化功能，还有教育功能，现在都谈不上，我希望能够把它恢复。

每个民族都有它的圣贤，圣贤是一种理想的具形化。我们对于孔子的尊敬，代表了我们民族对圣人的崇敬。我希望孔庙的祭祀至少春秋两祭，还有其他岁时祭祀。比如说过去每年朔望日有释菜礼，春秋两季有释奠礼，这些祭祀可以逐渐恢复。我们现在于国内恢复了一部分，说起来简单，但做起来很困难。因为即使是山东曲阜，祭祀也是错误连篇，像这一类的古代吉礼，比如祭孔、祭天地鬼神、祭黄帝、祭伏羲，都非常混乱。我希望通过一些努力调整改造，将祭祀功能恢复起来。再一个就是它的教育功能。过去孔庙不单是一个庙，只是祭祀，它还要有学，庙和学是合在一起的。我们今天到北京去看国子监，国子监在哪儿呢？就和孔庙合在一起。孔庙里的明伦堂，就是过去教学的一个地方。现在我们把教育功能全部移到现代学校里面去了，孔庙变成空的，变成古迹。没有祭祀就没有崇敬之心，没有教学就没有学习的功能。所以我们只是在外观上去看一眼，没有进入到它的体系中去，我们现在希望把这两部分功能都能恢复。我在都江堰孔庙办了国学院，希望把教育传统给恢复起来。

另外，孔庙过去还有一些很重要的文化功能，我希望也能够恢复它。除了岁时祭祀之外，它还有演礼、习礼等，能给老百姓提供一些社会文化生活。可以到孔庙中去学习射箭，学习六艺。我们还在里面办各种活动，比如古琴音乐会、经学研讨会，还有各种讲座，礼拜天都可以去，我们也欢迎所有人到里面去学习。百度百科把都江堰文庙做成一个孔子文化的数字博物馆，全国只有这一家。不是我们找他们，是他们找我们来做的，这是一个比较能够呈现儒家文化内涵的场所。我把它称为"活化"，就是说不是一个死的古迹，而是在当代还可以起作用的。假如全国几百家孔庙都能这样做，它就能够成为每个县市的文化灯塔，或者文化的发电机,这不挺好吗?另外就是书院。书院现在也是一样,比如说庐山书院,它现在只是庐山风景管理处下一个单位,作为一个旅游点,书院是不吸引游客的,一般游客也不会到书院去,因为书院规模很小,去了也看不出所以然。像这样的旅游点经营都很困难,要靠国家拨钱来维持,要死不活的,养活里面一个小卖铺都不见得很容易,所以我们觉得这些书院要恢复它、重建它。

比如江西袁州的昌黎书院,韩愈贬官贬到潮州,又从潮州调到江西袁州去,在袁州待过几个月。当地人很怀念他,建了韩文公祠堂,北宋时期把韩文公祠堂改造成昌黎书院,到民国就移作他用了。但那个书院的框架还在,我就把它重建起来,像这样的重建很多。我之所以举这个书院为例,是因为刚好这有一件趣事,就是在重建过程中更换大梁,发现梁上朱砂笔写了一段字:"大清嘉庆十五年,岁次庚午,仲秋月上浣榖旦,袁州府知府丘鹏程、宜春县知县龚景沆督理,宜春廪膳生员刘培庄捐资重修。"我的名字三个字全在里面,而捐资建书院的人也姓刘,非常巧合。现在这种书院恢复得很多,因为它的形态很多,恢复的方式也都不同。比如马一浮先生,原来在四川办复性书院,抗战结束以后他又回到杭州,把复性书院迁了回来。但是当时复性书院其实已经没有活动了,它只刻书,它的人长期住在西湖的蒋庄。现在把蒋庄作马一浮先生的纪念馆,现在交给我来帮它运营。一方面我还是维持它这个纪念馆,但我初步恢复了它当年的智林图书馆,当然现在规模还比较小,进一步就准备再恢复他的复性书院,把前贤的书院慢慢地恢复起来。

最近我们在山东曲阜尼山,孔子出生地,做了三十五平方公里的尼山圣境,全部都来做儒家文化。建了一个很大的孔子像,现在很多景点的标配嘛。(笑)七十二米高,加底座九十多米。另外要办一个儒宫,就是儒家文化的学术殿堂。第一期的工程已经完成,做了一批书院的小聚落。它一方面作为精品酒店,大家旅游可以去住,体验一下儒家的文化生活。另外就是希望能够号召天下的书院都到那里去开分院,大家联合起来把书院文化做大。像这一类事情很多，我们现在各地方都在推动，结合景区、主题公园，还有一部分城市规划，比如建新城区，结合来做。这是我做的第三个部分。

这个也是因地制宜，比如说新疆伊犁，那么偏僻，我们觉得它不是汉文化的中心。但在伊犁底下有一个县城，这个县城是以哈萨克民族为主体的，还有其他民族如蒙古族等，总之是以少数民族为主体的。这个地方，整个县城是以八卦的方式建成的。我们中国南方有很多八卦村，都是八卦形态，但村庄规模很小，而它整个县城都是八卦。当地人也特别相信《周易》，有这种风气。我去做调查的时候觉得好奇怪，为什么这么偏僻的地方还有这么深厚的文化传统？现在我帮他们每年办一场世界周易大会，也帮八卦城做了改造，在中间建了一个太极坛，作为它的城市展览馆。然后每年帮忙策划一个天山文化节（以周易大会为基础，再扩张延伸将少数民族文化也包含进来），现在已经发展成为天山文化旅游季，有蒙古族的摔跤，哈萨克族的骑马、赛马等。哈萨克人会说话就能唱歌，会走路就会骑马，马术都非常好，可以马上竖蜻蜓、翻跟头、叠罗汉，很厉害。但是骑射他们不会，我在那边演示传统的射礼，另外把中国传统的骑射回传过去。典礼很好看，他们身穿民族服装，有很多女孩子戴着她们的帽子，帽子上面都是猫头鹰的羽毛，穿的服装也很漂亮。然后六十匹马慢慢地聚集排成一个队形，到老师父面前全部下跪，等于有一个传授骑射的仪式。把传统文化跟具体的当代人的生活重新糅合起来，会变得很有趣。他们每年都办，这样的话当地的民族文化也就发展起来了。又比如说我在山东栖霞，就是烟台附近，办过全真教的研讨会，当年王重阳收"全真七子"，全真教就是在那里发展起来的。这些年当地也不太重视，不知道怎么做，我们帮他们办论坛，也帮江西宜春办过禅文化高端论坛。让我们的文化与当代人的生活，如城市建设、文化景区、休闲活动、旅游等全面地整合起来，我觉得这样做才是让当代人重新体会传统文化的一个途径。

我最近在南京办一个"报恩讲堂"。明朝永乐皇帝在南京建了一个大报恩寺，非常宏伟，但在太平天国时已经全部毁掉了。最近又进行遗址的考古挖掘，收获还不少，发现佛顶骨舍利等，所以就建成一个遗址公园，兼具保护和旅游等作用。但毕竟是遗址，地面上没什么东西，所以看起来比较空，规模又很大。我就建议说，古代的寺庙都是要有高僧大德讲经说法的，还要办很多法会，现在如果都没有这些东西的话谁来看呢？实现不了这样的功能。现在每个月在那边除了办讲座之外，我们也举行各种的礼仪活动。传统文化的一些活动，音乐、射箭，各种开笔礼等，现在几乎天天都有，应接不暇，一般老百姓还是很乐意接受的。现在反而是学界对这些东西犹疑不前，但实际上民间已经供不应求了，所以我们现在还希望进行一些人才的培养，比如教传统礼乐。我们现在忙不过来，需要再培养一些人来做这些事情。

我说的大概就这些，从宗族、书院、孔庙到社会。古人做社会就做"乡约"，一个地区一个地区的，那我们现在等于把这个扩大，也跟地方的企业家合作，有景区的规划，或主题公园的设计。也跟地方政府有一些合作，主要配合他们发展文化的一些政策，或者文化旅游或者文化建设，或者单纯的只是城区改造。城区改造也可以做得有文化，我是延伸了传统的宋明理学重建儒家型社会、礼乐生活这样一种路数，希望能够在这个社会中全面地铺开。

传承文化与改造社会

孟：您不仅倡导，也在身体力行地实践，把传统文化和现代生活脉络连接起来，这也是我们非常佩服的。

龚：现在一般学者只做学问，但不通时务，不谙世事，关在学校里面，认为写几篇文章就很了不得。这种工作我们不是不做，也一样在做，我写的学术论文比谁都多。但如我刚才所讲，什么叫儒者呢？没有推动教化就不是儒者。而且做这些事跟做学问不是相悖的。因为在不断地做这些事，我们才对传统学问有更多的体会。很多做传统学术的学者认为要为古代服务，要把孔子的道理讲清楚，我不是这样的。我们是现代人，现代人为什么需要孔子？为什么需要老子？是因为要改造当代的生活。很多人讨论要不要批判孔子，我认为不是这样，我们批判的是当代。我们对当代生活有不满，所以我们希望能够改造当代社会嘛。（笑）我的目的其实还不是传承，而是改造。因为要改造，所以才需要传承。

比如现在讲民族音乐，我很不以为然。完全是学西方交响乐的形式，大提琴都拉上了，这是民族音乐吗？舞台上的音乐、乐器：胡琴，《二泉映月》；琵琶，《十面埋伏》……唢呐，那是波斯来的，胡琴更是胡地来的，琵琶就不用说了，四弦的、五弦的两种，一种出自印度，一种出自波斯，舞台上基本是这些乐器。还有一些锣鼓之类的，都是民间的俗乐。中国古代的音乐文化那么丰富，古代祭天地鬼神、宗庙，祭孔，这些音乐我们老百姓听都没听过。我们的音乐生活难道就只是听西方的这些东西吗？还听这种所谓的民族音乐，如何丰富我们当代的音乐文化呢？（笑）都江堰文庙祭孔在国内算是不错的了，那天我到孔庙去，乐队的团长就问我："龚老师，我们现在孔庙的乐器，当时是从曲阜孔庙的仓库里复制一批回来的，但是我们都不认得，也不会用。"其中有四架瑟，上面贴着字条说是瑟，大家都没有见过。夫妻要结婚了，我们祝贺他们百年好合、琴瑟和鸣，李商隐诗"锦瑟无端五十弦"，大家都知道，可是瑟你见过吗？《诗经》说："我有嘉宾，鼓瑟吹笙。"怎么鼓瑟啊？瑟比琴大很多，琴七弦，瑟二十五弦，是琴的四倍，像一张小桌子，怎么弹法？都不知道。他问我有瑟谱吗？我说不会有啊！为什么呢？瑟很多时候不是独奏的，它是与琴互相调配的。琴为主，瑟为从，所以才是"琴瑟和鸣"，才代表夫妻嘛。琴属阳，瑟属阴，瑟要转调来配合琴，它是一套文化。瑟这种乐器现在大家都不会了，也没见过，我们把它重新恢复，想让大家了解到中国音乐不是纯粹声音，还涉及伦理、阴阳、五行等很多东西，比如季节不一样，声音、宫调就不一样，是与天地配合的。

为什么会帮各地办节庆活动？外国人是不过节的，有人说外国不是有圣诞节、复活节、万圣节吗？我说那不是节，是纪念日。什么叫作节呢？节是阴阳互动中的二十四个节点。阴消阳长，阳消阴长，在互动中显示它的阴阳消长关系。比如马上要冬至了，怎么庆祝呢？南方吃汤圆，北方吃水饺。为什么要庆祝呢？难道是庆祝冬天到了吗？不是的，庆祝春天快来了。为什么呢？因为冬至这天是一阳生，阳气已经发动了，到了春天三阳开泰，冬天就过去了。这个时候是冬天来了，但实际上是一元复始，其中蕴含很多的想法。我们中国人过节都和这个有关的。为什么过三月三、五月五、七月七、九月九？都是这样啊。有很多的活动，登高、菊花酒、插茱萸……王维诗"遍插茱萸少一人"，为什么插茱萸？因为中国古代没有辣椒，辣椒是后来墨西哥传进来的，早期用有辛味的东西比如茱萸去辟邪，就跟端午节我们喝雄黄酒是一样的道理。中国人过节是和天地结合的。

我们讲"天人合一"，"天人合一"理论很复杂，但它已经变成一种生活礼俗，变成一种好玩的东西，我们只要重新把这种东西玩起来，就能够从中体会到中国人的生活态度，或者是价值观。你对老百姓不用讲太多道理，就从生活礼俗稍微引申一下，大家就恍然了。（笑）为什么要做这些事情？不是说为传承文化而传承文化，而是为了丰富我们当代的文化生活，改造或批判我们现代社会的价值观或者体系。为什么办书院呢？我不是为了恢复书院而恢复的，我恢复书院的目的就是对现代的教育体制不满。我们所有工作的背后，都会对现代社会的现代性有一些反省，我们希望有些讨论。

国学人才如何培养？

孟：近年来大陆掀起"国学热"，大学纷纷设立国学院。您也开办国学院和书院，在全国各地推广普及国学，希望将国学和生活联系起来做一些事。请问您对于培养国学人才有何意见？

龚：现在培养国学人才的问题很大。台湾当年的中华文化复兴运动没有继续发展下去，除了政治因素之外，教材、师资一直都是很大的问题。现在大陆已经引进四套台湾中国文化基本教材，实际上这套教材当年在台湾改来改去，因为大家都有很大意见。争论最激烈的就是其中有一版是用陈立夫先生《四书道贯》里面的整体来做中国文化基本教材，大家觉得没办法接受。教材向来是个问题。

第二是师资。大家说在台湾中国文化传统没有断，但没有断不是说每个人都会，不是所有老师都会教，还是会有一些问题，现在这个问题在大陆当然就更严重了。教育部前一阵子说，现在各单位要开始给中小学教书法，发现目前还缺八十万的师资。老师不会写啊！（笑）那怎么办呢？要培训这么多的师资，当然各地方要想办法。我的做法是这样的，针对这个现象，先编一套教材。我这套教材下个月（2016年12月）就要上市了，第一套三十本，我会编到七十本。当师资不足的时候，一般老师只要去维持秩序，根据这套教材就可以上手教，你也可以让学生自己去写，这套教材编得特别详细，自学以及老师上课来教完全没有问题。过去我们教书法都是师徒制，老师带着你写，我小时候练书法老师是抓着我的手写，现在弹古琴不也这样教吗？但这个只能够小规模的，面对一个课堂就很难处理。原来我出过一个字帖《学书九十二法》，谈字的结构，我就把这个概念扩大来编这个教材。从"永字八法"入手，它是一个笔画，然后再来字的组合。古人归纳过很多这样的写法，我基本上以此为基础，让大家先练，练完以后再来讲它的章法和应用。怎么写对联？怎么写斗方？怎么题扇面？这样的话这套教材就可以推广。我又做了一些视频，在各地全面办一些培训班，先培训师资。现在北京已经开了六家，然后就是江西南昌、天津等地，各个地方现在都开始慢慢铺开。我准备在全国办一千家培训点，主要是跟各美术馆、博物馆，还有新华书店来合作，希望这样能够解决一部分书法的问题。

接着我还要马上再开班，就是我刚讲的音乐文化。因为现在即使是中国音乐学院出来的学生，或者是我们现在中小学的音乐老师，他们对传统的音乐文化也是不了解、不熟悉的。我们不是纯粹的音乐欣赏，而是礼乐结合，这样的班我还准备慢慢开下去。最近我还想为书院、一般的中小学老师编一部培训教材。这些中小学老师过去都没读过经典，即使读古代文学的也可能没有读过经典，你让他去教《庄子》、教《诗经》，他会怎么办？做培训从头到尾地教并不现实，他有工作，来上课的时间是有限的。那能不能编一个经史子集的简便教材？比如《诗经》三百篇，十五《国风》、《大雅》、《小雅》，再加上三《颂》，里面各选一点，这样读了作为一个基础，去教小朋友就够了。（笑）《尚书》可能就《尧典》、《皋陶谟》、《禹贡》、《盘庚》，选几篇作一点简单注释，知道一下夏、商、周三代就已经够了。五经、四书、诸子都有一点，补充基本的文化知识。我准备编一本这样的书，作为中小学师资培训的教材。所以该做的事很多。

现在我常常觉得，我们的社会有这么大的需求，但学界到现在都没有反应。大家只是天天在嘲笑于丹、南怀瑾，问题是社会有需要，而学界又不能够提供。社会大众现在需要一些简便可以入手的东西，我们提供的还是太少了。我不是说学术论著不重要，所有普及的基础在于本身有研究，没有研究怎么做普及呢？这是不可能的。但是我们也要针对这个社会的需求，来调整一下我们写作的方法和策略，还需要一些风气嘛，不然的话做普及的人永远会被骂。西方好的大学，大一的入门课往往都是大四来教。记得我当年考上大学的时候，去参加一个国学讲习会，来上课的就是方东美、钱穆等，只有这些大家才能够笼罩全局，所以应该鼓励更多的大学者来写这一类的东西。因为他们有眼光，有判断，知道什么是好东西。如果他们不做，而大家有需要，那就只能看现在市面上有的这些东西了。

"儿童读经"的评价与反思

孟：说到国学教育，现在社会上对儿童读经的批评很多，您对此有何看法？

龚：这个要分几方面说。现在很多人在批儿童读经，我是反对（他们意见）的。为什么呢？第一，当年推动儿童读经的时候，这些人在哪里？没有人出来主张，现在人家做起来了，他们出来痛批一顿，好像很懂教育，过去他们在儿童教育上起过什么样的作用呢？儿童读经是几十年的运动，在大陆至少都推行二十多年了，他们好像忽然间发现一个新的事物。（笑）第二，二十多年前大陆推动儿童读经，没有师资。王财贵说阿猫阿狗都可以教读经，小朋友跟我念，普通话标准就可以啦。后来甚至发明了读经机，因为机器念得更标准，不需要人教。它的门槛很低，不需要有师资和教材，只要有一本印得清楚的书，跟着念就可以了。正因为这样，所以这个读经运动才发展起来，这是当时的社会现实。当年如果不是以这种方式推动，我觉得是完全不可能的。第三，经该不该读？是质疑读经，还是质疑读经的方法？方法可以讨论，经该读，这是不用讨论的。我写过一篇文章，常常被人家引用，说小孩子不让他读经典，你让他读垃圾啊？现在学校教的就是垃圾，你说读经出现很多问题，但是为什么家长把小孩送去读经？那些读经的学校为什么能生存？它固然像你们说的那样很烂，但因为学校更烂，现存的教育体系太差了，大家对学校都没有信心了，不然谁愿意把自己的小孩送去读经呢？所以该批判的不是读经，是学校。你说你占有了所有的教育资源，读经你也可以读啊，把现在课本改掉换成经典，把老师培训培训，可以做得比所有的私立学校都好。几十年都不改，人家天天骂你。现在你说我们也要国学教育，那是因为大环境改变了，人家做起来了，形成一种势力，对现行体制产生一种压迫，然后你才去做。所以读经运动这几十年的发展我觉得是应该赞扬的，不是应该批判的。

现在社会条件改变了，读经可能进入一个新的阶段，在方法上可以再斟酌、再调整。过去读经有一些乱象，也是因为我们都不重视它，它没有教育资源，自生自灭。所以里面有一些就依附宗教团体，现在大家读《弟子规》，就是宗教团体推动的。很多人去读佛经，把自己的生活方式弄得跟宗教徒一样。因为过去没有社会资源，只有宗教界来提供。还有一部分是私人来办的，教学资源有限，经费也有限，当然存在很大问题。"两间东倒西歪屋，一个南腔北调人"，带着几个小朋友，那不是瞎扯嘛。当时社会上应该对他们有更多的资源支持才对。台湾当年反对教育体系的时候也是这样，当时办森林小学，后来办森林大学，完全在体制之外，跟读经运动的道理是一样的。现在的教育不让家长放心，家长都瞧不上，宁愿跟着小孩受苦走另外一条路。未来虽不可知，但觉得都值得，因为你（学校教育）的未来我知道，一定是很烂的。（笑）所以该惭愧、该改造的是现有这个体系，不是儿童读经。儿童读经的方法当然可以改造，我觉得当年根本没有条件谈这些，现在不一样，现在可以谈。

我不赞成全部背诵，因为古人也不是这样。我自己小时候也背过，很受益，觉得很好。但背只是其中一部分，而不是全部。我觉得儿童教育还是以诗为主，孔子教他儿子不就是读诗吗？诗歌与性情也有感动，小孩子的性情用诗来调理，对他一辈子的人格教育都非常重要。第二是习礼，小孩子是动的，但不能让他乱动，演礼的活动让他既学习到规矩，也学习到礼仪，还能使他活动。小孩子如果身体不好，也不可能有远大志向，个性可能会非常封闭，而且也不自信，所以要有一个健全的体魄。习礼让你合群，歌诗让你个性好，这才是古人幼教的根本。我不赞成从三岁开始背诵，有很多小孩发育得比较晚，王阳明六岁都不会讲话，所以我们不需要太早，揠苗助长，有害无益。古人六七岁以后才开始进入蒙学，先读《三字经》、《百家姓》、《千字文》，主要是识字。真正开始读经是从《论语》、《孝经》读起，这个才是经典，前面的是蒙学。现在儿童读经，可以针对现实环境再作一些调整和丰富，慢慢地回到古代的教育传统。

我的求学、治学与教学
——专访蒋寅教授

访问：孟飞

蒋寅教授

曾任中国社会科学院文学所古代文学研究生室主任、研究员，现任华南师范大学文学院博士生导师，兼任日本京都大学研究生院和韩国国立庆北大学客座教授、中国古代文学理论学会副会长、国际东方诗话学会副会长、唐代文学学会常务理事、《文学评论》副主编等。

孟飞

西北大学中国文化研究中心讲师，曾任香港浸会大学饶宗颐国学院副研究员、博士后研究人员，主要研究领域为中古文学、文献学。

孟＿孟飞
蒋＿蒋寅

孟：蒋老师您好，有幸聆听您精彩的演讲，感觉获益匪浅。此次我受国学院的委托，代表国学院的同学，也包括我自己，就学术研究中遇到的疑问和困惑向您请教，请不吝赐教。首先，您能简单介绍一下您读书求学的经历吗？

蒋：我本科在扬州师范学院中文系读书，这个学校历史不长，但我们老师都是老一辈学者，学问很好。我经常请益的一位老师是赵继武先生，我后来写过一篇文章回忆他。赵老师是中央大学国学班出身，和沈祖棻先生是同班同学，后来他到泰州中学教书，再调到扬州师院，当时教授我们文学作品课。那时候的老师非常有个性，他们都很有看法，表达自己的意见决不含糊，自己怎么看就怎么讲。有次我跟戴伟华去他家聊天，他说现在这个学问真是让人搞不懂，《红楼梦》也招研究生？！他说那书谁看不懂？老先生还是老派的学问——经史之学，小说在他们眼里是不算学问的，可以看出老先生很有个性。还有一次，下课的时候我们同学去问他什么问题，老师听完了说，你要是向季刚先生（黄侃）这样提问，季刚先生会骂得你狗血喷头！意思是你不动脑子，随便提问。这样一些小事，对我们无形中都会产生影响。我硕士是在广西师范学院读的，后来改为广西师大。这个学校有历史，它是老的广西大学，抗战的时候桂林是文化城，很多有名的学者在那里做过教授。它们中文系资料室非常好，大约有七万多册藏书，主要是冯振先生捐的藏书。唐诗方面、诸子方面的书特别多，还有许多他（冯振先生）同辈人的著作，比如廖季平、唐文治的书，都是全集，而且对学生开放，在里面看书很方便。我们当时是四个老师指导四个学生，一位老师是彭泽陶先生，他是黄季刚先生武昌高师时代的学生，其他三位老师，两位是夏承焘先生的研究生，一位是王力先生的研究生。给我们讲授的知识都是原原本本从老辈学者那里传过来的。指导我论文的胡光舟老师，他不在四人小组里面，因为四个人里面没有做唐诗的。胡老师是朱东润先生的学生，他给我们讲版本学、目录学，用的都是当年听王欣夫先生课时记的笔记。当时开的课也很全，有古汉语、文字学、音韵学、目录学、版本学，诸子中几个主要的子一家一家地读，还有工具书使用方法。教外语的林焕平先生是现代文学的专家，他指导我们日语，直接就让我们翻译，翻译今道友信《东方美学》，翻译研究郁达夫的书。我硕士论文做的是戴叔伦研究，论文大概五万字，附录是戴叔伦诗集校注，后来在博士期间修订出版。戴叔伦集是《全唐诗》中最特殊的集子，其中混入了很多伪诗。

孟：感觉您读博之前偏文献考据，读博以后研究的路数似乎发生了变化，您能简单介绍一下程千帆先生是如何指导您读书的吗？

蒋：按我的兴趣，确实是很喜欢考据的。但程先生不一样，程先生是比较重视理论的。他自己教过文学理论课，在老辈学者里面理论意识比较强，包括做研究的方法，包括对当代学术的关注。在我接触的老辈学者中，程先生是最具有现代学术意识和现代学者素质的。他对学生的外语要求很高，要求有国际视野，做学问要严谨规范，这在当时都是很超前的。而且程先生对指导学生有一套想法。最早让他指导博士生的时候，他不敢接受，他说不知道博士生应该是什么样的，你们最好找一些论文给我看一看。后来就把港台的博士论文找给他看，他一看就说，哦，博士论文就是这样的，那么我可以指导。后来他关于培养博士生、硕士生有一些讲话，在山东讲过一次，在其他大学也讲过。这些关于培养研究生的意见，后来教育部都是作为文件发给学校的。程先生指导两个研究方向：一个是文献学，一个是唐宋诗学。他曾讲过，文献学专业不可以用古籍整理来做论文，不可以用标点一部书或注释一部书作为博士论文，一定要有个研究，古籍整理只能作为一个附录，这些后来都成为原则性的指导意见。程先生指导学生的方法，他自己说就是两条腿走路。他早年和沈（祖棻）先生合出过一个论文集《古典诗歌论丛》，沈先生在后记就讲到，"千帆和我尝试要运用一种把考据学和批评学结合起来的方式"，后来大家将其归纳为文献学加文艺学。程先生要求一个学生文献要好，理论也要好，这两方面都强，才能做一个合格的文学研究者。他要求我们在博士论文写作之前要读六本书。根据将来做研究的方向，我和张宏生、曹虹三个人，每个人的书目都不一样。这些书读完，要各写一篇水平达到省级以上刊物发表的论文。这相当于在写博士论文之前已经做了六篇文章，这对后来博士论文的写作是一个很好的训练。有了这六篇文章，后来写博士论文心里就比较有底，可以驾驭比较大一些的题目。直到现在，我也觉得这是一个很好的方式。

孟： 给您开的书目好像是《诗经》、《楚辞》、《左传》、《庄子》、《史记》、《文心雕龙》。这六部书是要求一个学期读完再来写六篇文章吗？

蒋： 情况是这样的，程先生希望我们在一年半内完成作业，六本书六篇作业。后面一年半写博士论文。程先生一入学就跟我们讲，他反对有的学校一入学老师就要求学生准备写博士论文。他认为这样培养的人才可能视野很窄、没有基础。

孟： 我注意到您每次都会把和程先生的谈话记录下来，当时有录音设备吗？

蒋： 基本上就是凭着记忆。

孟： 那您的记性真的很好，可以原滋原味地把程先生的话复述出来。

蒋： 对，基本上连他的语气词都保留着。我们几个人都记了，张伯伟、程章灿、巩本栋，只不过所记内容不一样，后来合起来编了一个学记。我记的基本上是前一年半的，后来写论文的时候，讲的都是论文的具体情况，就没有再记了。

孟： 程先生当时对江湖诗派、大历诗人好像都很关注，后来张宏生老师做的是江湖诗派，您做的是大历诗人。这其实也是我们比较关心的一个话题，就是现在博士论文找一个合适的题目不太容易，尤其是在一些研究特别多的领域。请问您当时的选题是怎样考虑的，以及对我们现在选题有何建议？

蒋：选题最好的方式就是自己通过阅读发现问题，然后提出选题。一开始我是想做一个从六朝一直到唐代的诗歌里描写女性的题材，程先生看了觉得这个题目太小。如果现在学生跟老师提这样的题目，老师一定会说题目太大，可见程先生的眼界。于是我就改做大历诗人研究。我以前硕士做过戴叔伦，虽然只做戴叔伦，但大历前后的文献我都很熟悉。我觉得大历正好是一个波谷阶段，好像大家不太重视，文学史都简单带过，程先生觉得这个题目还是蛮有意思的。他说文学史上总是有这种波谷，总是有这种历史转折期，这个研究对于文学史研究有举一反三的意义，于是同意做这个选题。二十世纪八十年代初，学术处于刚恢复阶段，还有很多空白，而且处于一个观念转变时期。我们用一种新的观念来看，能看到好多老辈学者不注意的地方。今天博士论文选题我也觉得很难，学生在读书的两年中压力比较大。我们那时候有助学金，虽然钱不多，但比一般工人的工资还要高，这样经济上就没有压力，可以专心读书。另外也不存在找工作的压力，现在学生花费很多精力找工作，写博士论文时还要四处应聘找工作。现在的学生很难在读书期间自己读书发现问题。你要提出一个具有博士论文要求的独创性、有相对量的要求的题目，靠自己读书去发现确实很难，所以我们经常给学生出题目。但是我后来发现这样也不好，我出的题目不一定对他们合适，或者他们不一定能理解你的意思，所以效果也不是太好。

孟：您是在一定学术高度和学术视野之下提出的题目，学生很难达到您的高度和视野。

蒋：因为现在空白点越来越少了，所以必须达到一定的深度，才能发现问题。仅靠一年多的时间去读书，是很难穿破那层茧的，很难达到那种深度。

孟：您现在指导学生和当年程先生指导您读书，有什么不同之处？或者说您对学生有什么新的要求吗？

蒋：我们现在指导学生，肯定比不上老师那时候对我们的指导。因为我们那辈老师的学问可以说是什么都拿得起放得下，学问比较广。我们现在只能在很小的一个方面指导一点。老师那个时候，诗文辞赋都拿得起，但像我的话就只能教诗歌，所以我的招生方向就是诗学，比较狭窄。第二，我们老师那个时候开课，课程相当扎实，但现在像社科院文学所，比如古汉语方面的课就开不出来，可能要自己到语言所去上。社科院的体制又比较松散，很多老师是在家上课，甚至有的老师是不上课的。从上课这个角度讲，可能是有不利的。我指导学生，以前是一星期一次，带学生一起读一种书。现在因为比较忙，有时也经常不在北京，只好集中一段时间，在七月底、八月初这段时间，和学生住在一起，读半个月的书，每天上午、下午都读，每年只读一种书。有选本，也有理论的书，有总集，也有别集，内容也不相同，还有一次是读《大戴礼记》。通过这样的细读，把一些平时自己研究的东西都讲出来了。我是用这样一种方式教学的。学生提交作业我都会很认真地批改，对他的写作提出一些要求。在做学问路数方面，当然还是秉承了程先生的教导，要求学生在文献和理论两方面都要好。而且他们在做作业的时候，我会要求他们做不同类型的作业。比如做考证的作业，做一段文学史的研究，做专书的研究，或者做手稿的研究，包括书评的写作，总之各种学术类型的写作都要尝试。

孟： 程先生好像是将自己学术上没有完成的想法，寄希望于学生，学生们各攻一端。您现在指导学生，也会像程先生一样吗？

蒋： 我希望学生有自己的爱好和兴趣。学生有自己的研究方向，我当然是最高兴的。如果学生没有，我会给他提供一个参考，根据他的才性，根据学术界学术发展的趋势、潮流，未来哪方面的研究拓展的余地比较大，要为他考虑以后学术的进步与发展，几方面结合起来选题。另外我也有意识地让学生不要集中在一个领域，有的学生我会建议他去做明代的研究，有的学生去做元代的研究，还有做唐代的。现在我的学生，基本上做各个朝代的都有。

孟： 我们通过学术训练，在写作论文时，发现问题、搜集资料，都还勉强可以应付，感觉最困难的是理论的提炼和升华。您是如何指导学生培养理论思维的，可否指点一二？

蒋：我觉得理论思维可以分成几个方面：站的高度，发现问题的能力，思维的能力，判断力，概括和提炼理论、命题的能力。我要求学生尽量多看理论书，多看相关学科的研究，多看人文科学中各种各样的理论。理论的重要性在于，它会教给人一些思考问题的方式，尤其是当代的文学理论。每种理论就是一个研究视角，前人看文学问题时有盲点，后来的理论就填补了这些盲点。王小波曾作过一个比喻，说爱情就像一颗果实，两人钻孔吸里面的蜜汁。学术也是如此，所有的理论都是在这个果实里面打的一个个孔。但是理论都会有盲点，新的理论是新打了一个孔，增加了一个新的理解的角度。所以你懂的理论越多，将来你发现问题的可能性越大。等到你去具体论述的时候，理论又成为你的一个工具，就像一个医生要有很多的手术刀，你不一定都要用，但你一定要会操作这些刀，遇到什么问题你就用什么刀来解剖，所以理论又会成为一个你把问题说得很清楚的工具。

孟：现在学术论文很多，充斥着大量粗制滥造、没有创见的论文，我们在写作论文回顾前人研究成果时，会耗费不少时间和精力，您认为应当如何处理呢？

蒋：只能披沙拣金。很多东西你不去看，不知道它有没有价值。我要求学生看《人大报刊复印资料》，每期哪怕正文不读，一定要把后面的索引看一看，浏览一下，知道最近有什么论文发表，心里要有数，等到你做研究的时候，你就知道哪些人做过什么。当然临时检索也可以，但临时检索和每期浏览效果是不一样的。我跟研究生讲，只要你一读书，就开始关注学术动态，等你毕业的时候，你就对行业的发展很清楚了。有些论文一看题目就知道它有没有价值，不需要通读，可以很快地处理。虽然多花点时间，但这个过程是不能少的。我认为读书分两个阶段，在学生学习的阶段，是打基础的时候，要多读经典著作，多读老辈的著作，不要去看今人著作，因为那个时候没有基础，容易被误导，老辈的著作平实，但不会乱说，看了以后是一种正的积累。但到研究的时候，要看最新的东西，因为中国的学术在二十世纪八十年代前后有很大的差别，老辈的著作虽然很扎实，但今天来看，很多地方还是做得比较粗。中国从二十世纪以来，学术始终没有一个很好的积累，文学研究的技术层面始终没有得到生长。等到二十世纪八十年代，新的"主义"一股脑涌了进来，西方一两百年发展起来的理论变成一种混乱的堆积状态，文本研究和文学的技术性的问题仍然没有生长，马上又被文化研究覆盖了。所以我觉得中国文学研究技术水平始终处在比较低的一个层面。这样来看前辈的著作，就会发现可资参考的东西比较少。我们现在的学术，最大的变化就是资料丰富，二十世纪八十年代以后，资料丰富了，整理得好了，学科基础性的工作做得比较好。唐代文学为什么大家公认做得好？就是唐代文学的资料工作和基础工作做得特别好，学者可以省很多的时间和精力，可以把起点提得比较高。这样看来，今人的成果还是不能忽视的。我做研究，会征引最新的文章，就是因为你要是不看到那篇文章，起点就会比较低。现代哪怕是一个年轻学者写的文章，对他做的基础工作，也一定不能忽略。尤其是做明清以后，一定是最新的研究是最值得参考的。

孟：谢谢您的提醒。您觉得在读的学生应当如何分配读书和写作的时间？

蒋：在任何人的一生当中，尤其是学者，肯定是书读得越多越好，尤其是人文学科。多看书可以弥补很多的不足，天分不高没关系，多看书自然就知道得多，知道得多就有判断力，看得多了就知道什么是老生常谈，什么是有价值的东西，读书可以培养你的判断力、眼界。古人讲将勤补拙，渊博可以弥补很多东西。我要求学生首先多看书，看书多了自然对很多问题就有看法。三年当中如何处理这个问题？我认为必要的书要看，打基础的、让你了解学术史的，这部分基础的书要看。比如研究古典文学，那起码要对版本目录学要有一个了解，对学术思想史要有一个了解，对你研究的这段时期内的重要著作必须要了解，重要学者著作也要了解。这是必读的书。在此基础上，还要泛览一些书，不一定要通读，可以去图书馆翻一翻，知道这些书什么内容，将来写作的时候需要就引用，不需要就不用。至于期刊论文，做研究的时候根据课题写作临时浏览即可。我的写作方式和钱锺书先生颇为相似，我读钱先生的《旧文四篇》，就体会到一个学者要读多少书才敢发言。看到一本书，产生想法，我会记下来，等攒到很多资料之后再写。我现在一年写好几篇论文，一篇论文甚至引用一百多种书，论文的题目可能十几年前就已经在我电脑里了。我电脑里现在就有很多这样的题目，都是慢慢地自然形成的。我上次演讲关于诗美概念的"老"，那个题目在我电脑里起码十几年了。过些天我还要讲"厚"、讲"涩"，这些都是很多年前的题目，资料只能靠看一点积累一点，慢慢就瓜熟蒂落了。我觉得写不写是一回事，如果有想法一定要记下来，要勤于动笔，写下来以后可以不断地去深化你的想法。

孟： 我注意到您在2000年发表过关于"清"的论文，原来您在十几年前已经开始关注这方面的研究。

蒋： 对，以后我可能一年再写一两篇，说不定若干年后会出一本类似《古典诗学的现代诠释》的续集，我已经又写了五六篇。

孟： 期待您大著的完成。另外您讲王渔洋"神韵"的概念，以及讲座中您两次提到纪晓岚的"意境"说，感觉您的研究很有系统性。

蒋： 其实也并非如此，学问是自然生长、相互发明、慢慢蔓延开来的。比如像"意境"，我以前觉得翻来覆去讲得太多了，后来感觉还是有些问题未被触及。我在读博士时就写了第一篇讲"意境"的文章，讲"意境"的本质特征和存在方式，那篇文章是在1987年写的。有人讲"意境"是文本里的，有人讲"意境"是作者脑中的，有人讲"意境"是读者脑中的，我的基本结论是，"意境"是属于文本的东西，就是一个意象结构，不然无法谈它的规定性。如果说是作者脑中的东西，那么作品生成的意义都不一样，你能说一个作者同时创造了五十种意境吗？不可能。他们创造的只是一个文本。最近学者又关注"意境"问题，古典的概念和现代的概念纠缠不清。我看到清人使用"意境"概念和现在讲的都不相同，就又写了一篇文章。以后有可能还会写一篇，来讲"意境"的本质属性。

所以说，一个人的学术道路有时是自己无法预料的。还有像上次讲韩愈谈到"现代性"，我之前也是很不喜欢学界动辄谈这个问题的，但可能有一天会变成自己不得不面对的问题。你的研究有一天不知道它会到什么地方，它们互相之间会发生什么关系。

孟：这就好像立足一个点，学问不断生长和激活。您对未来的学术研究有一个规划吗？

蒋：规划是有的。规划和学问的生长有一个自己的趋势，也是互动的。比如我最明显的一个调整就是在二十世纪九十年代初，《大历诗风》写完以后，程先生觉得我应该做一个系列——程先生觉得研究要系列化，像莫砺锋，做一个江西诗派研究——编一个江西诗派研究资料，做一个江西诗人的合谱，然后再整理江西诗派作家的集子——程先生讲究这样的系列化。他当初对我也是这样要求的：编一个大历诗人研究资料，做一个大历诗人合谱，然后再整理大历诗人的集子。但后来我发现大历诗人的资料编不出来——资料太少，评论太少。另外，编大历诗人合谱，之前傅璇琮先生他们都做过一些研究，做一个合谱大部分都是别人的考证，我觉得那样写成一本书太取巧，觉得没必要那么做。后来我就写了《大历诗人研究》。罗宗强先生说我的研究好像是拆卸式的，建议把中唐再拆下来研究一番。我发现也不可能，大历诗人都是些小作家，群体色彩比较鲜明，个性不太突出，所以我可以把他们当成一个整体来做一个综合研究。但到了中唐，全是大作家，每个人体量都很大，每人都不一样，没有办法当成一个整体的对象来处理。而且写完《大历诗人研究》以后我有一种被掏空的感觉，就像扬雄写完赋大病一场，感觉自己需要充电。这时就面临一个对自己下一阶段学术进行规划的问题。我的第一想法就是要研究诗学，加深对诗歌的理解，从事理论方面的工作。正好社科院文学所收藏的诗话特别多，清代的文献特别多，也很少有人利用，我就去看这些书。清代诗话文献当时还没有人专门加以整理，我就去做目录。这一工作完成之后，又想写一部清代诗学史。这是一个很大的题目，必须用一个适当的方式进入它。我的想法是先搞清楚一个作家，像王渔洋这样的人，通过把他搞清楚来带动这一个时代的研究。就这么一环连着一环，很多东西都是自然地生长。一边做一个作家研究，一边关注整个诗学史，又会带来很多的问题，比如一些文学理论概念的源流。现在就变成几块研究同时进行：一方面继续做清诗话资料的整理，一方面做清诗学史，另外就是思考一些诗学理论问题。

孟：关于唐代文学，您曾提出群体研究及在此基础上形成的时段和范式研究将会是此后一个时期内最有意义的研究取向。请问您是如何理解"范式"的？

蒋：国内讲"范式"问题比较早的是王兆鹏教授，他最早用"范式"讲苏词，提出一个"东坡范式"。在一个时代，不同领域的学者，他们都会遵循一种共同的理念，研究方法也大致相同，这就是科学史研究中所谓的"范式"，指的是一种研究方式的普遍性。在文学研究中使用，大多是指创作的普遍性，就是说一个时代的人，遵循一种共同的理念来写作。"范式"主要讲的是一种时代的风气，指写作里面的"范式"，它在当时不一定占据统计学意义上的优势，但会被后来的作家所追随，形成一股群体意识。

孟：韩孟、元白两个诗派诗风截然不同，您认为他们也是遵循共同的"范式"进行创作吗？

蒋：我觉得很难下结论，但这是可以研究的。他们之间，是否可以用"范式"来概括，也许可以斟酌，但他们确实会遵循某些共同的原则来写作。比如他们都追求表达一种超日常的经验，这就不同于白居易他们，元白是要发掘一种日常的经验。这两种倾向在当时都是创新，但路向并不一样。创新决定了他们取材、风格，甚至艺术表现里的某些倾向性。

孟：可以说是理念相同。

蒋：对，"范式"首先就是一种理念。比如说结构主义曾经是一个时代的"范式"，运用在文学、心理学、神话学、民族学等多个学科，那个时候大家都认为，在任何事物里面都是结构决定了它的本质，就形成一种共同的理解，研究的方法都是一样的。但过了一段时间，大家发现有问题，于是又换了新的"范式"。

孟：一些大作家，比如李白、杜甫，他们的意义似乎是超出那个时代的，那么对大作家的研究您有什么要提醒的吗？

蒋：关于这点，我在台湾发表的论文《家数·名家·大家》里谈过。最能代表一个时代的不是伟大作家，反而是二流作家，二流作家最典型地代表了时代风貌。一流作家、超一流作家他们是无所不有的，在他们身上，时代的特色反而比较淡。一流作家之所以伟大，就在于他有一分是所有人都达不到的。因此伟大的作家不太好研究，对研究者要求非常高。我觉得现在的研究，有些作家确实很遗憾，他们没有遇到好的研究者。一个伟大的作家，遇不到一个好的研究者，他的光辉难以被发掘，甚至会被淹没。我之前没怎么研究李白、杜甫这样的大家，除了偶尔写文章涉及，没有对他们做过很正面很全面的研究，也是这个原因。随着自己年龄变大，慢慢有了一些感觉，说不定哪天我也会写点文章。但确实，如果年轻学者一开始选题，我忠告尽量不要选一流的作家，因为即使你有才华和能力，要想在很短的时间超过前辈，也是不容易的。当然，借助于时代的转变、学风的转变、观念的转变，也可能带来一个全新的观察，但这是一种机遇。像二十世纪八十年代初就是一个机遇，当年汪晖的论文，很多老先生一看都很佩服，就是因为他用了一种全新的视角来看鲁迅。但那一种机遇，是可遇不可求的。现在学界又到了相持阶段，这个时候如果没有质的改变，很难带来一种新的思维，很难一下子超越前人。

孟：程千帆先生反复提醒，博士论文最好不要做作家研究。程先生当时是出于什么考虑呢？

蒋：我自己也有这样的体会，做作家研究其实挺难。研究作家是全方位的，尤其是研究一个大作家。假如你选择研究一位顾炎武、黄宗羲这样的作家，要涉及经学、理学、史学、地理学、思想史等多个领域，一个人很难懂得这么多东西，最后评论的时候，很可能在文学方面谈论得比较多一些，其他方面会比较弱。相对来说，研究一段文学史就不要紧。只要把资料搜集齐全，把文学史说清楚，基本上就成功了。作家研究就是八面受敌，要应付很多方面的问题，对研究者的能力要求真的很高。作家研究要想做得好的话，一定要等才力、知识积累得比较厚实的时候，才能奏效。

孟： 现在想要选一个切实可行、能保证顺利完成的博士论文题目，是不是只能找一些相对冷僻的题目？

蒋： 倒不是这个意思，做大作家可以做他的一个方面，不一定去做他的全面，不要做通论式的作家研究。比如只研究他的骈文，或只研究他的某一部分，这样就会好一些。做一个冷僻的题目也可以，因为没有人研究过，自我作古，从原始资料做起，可以得到一个很好、很完整的训练，独创性已经有了，稳妥地讲是可以的。但有一个前提，冷僻的东西，别人没有注意它，不是因为别人不知道，而是很可能别人认为它没有价值。所以事先一定要有权衡，一定要确保对象是有研究价值的，这样才不会啃了半天都是骨头没有肉，要避免这样的结果。

孟： 有些题目并不冷僻，只是因为难做，找不到合适的方法来研究。记得袁行霈先生曾说，像韩愈的文章就很难下手研究，因为没有一套像诗歌研究那样的话语。您对此有何看法？

蒋： 我基本上不涉猎文章学。只有两次偶然，一次是在台湾参加一个文章学的会，我写了一篇关于权德舆的赠序的文章，还有就是我过去写文学史的时候，唐代文学史陆贽那一章是我写的。我也认为，研究文章确实要比研究诗难，袁先生所说确实是甘苦之言。研究诗我们已经有一套比较成熟的批评话语、理论话语，拿到一个东西知道如何去说它，但文章我们好像还没有建立起这样一套批评话语。古人当然是有的，但古人的东西，一是没有得到较好的整理，另外，我们研究得也不够。所以，看当今关于文章学的论著，你会发现谈来谈去谈不出什么让人觉得可以清晰把握的东西。而且研究文章学要有童子功，必须有背诵的功夫，很多文章的差别，比如《史记》的文章，唐宋八大家的文章，桐城派的文章，它们的差别很可能就在虚字的使用，在句子的长短，在笔调转折等细微的差别上，真的要求背得很熟，否则就难以体会。

孟：以前老师教导我们，尽量少写商榷文章，您是如何认为的？

蒋：商榷不是一种方法，是一种写作的策略。做研究有的问题你必须面对它，和它讨论才行，但有的问题是不需要的。比如前几天我的学生发给我一篇文章，他说发现唐宋诗之争里面问题很大，很多人的论述都似是而非，很多问题都讲得不对头，他想写一篇文章来厘清。我同他说，那些书都出版得比较早，而且当时资料看到的比较少，那时人的观念很多时候都停留在比较低的水平上，你现在和他们商榷，很可能费了很多劲，出来是一个糊涂账。像这种问题，你如果要讲的话，可以直接做一个新的论述，并非不管前人，而是顺便提到他们的问题所在，但不要去商榷，商榷就会纠缠其中。我写《清代诗学史》，如果出现这种情况，我会点出他们的问题所在，但不会与他们商榷，那样会把你的问题拉得比较低。但有的问题是绕不过去的，就事论事，商榷只是一个是非问题。

孟：您觉得香港学术研究和内地有什么不一样的地方？

蒋：我对香港的学术其实了解不多，我熟悉的几位学者都是大陆或台湾过来的，也不能代表香港的学者，其他香港学者除了邝健行、陈国球、刘卫林等几位先生以外，我都不太熟悉。因为我研究清代，香港学者做这方面研究的比较少。但从我在香港参加的学术会议来看，香港学者多为国外名校毕业，都有很好的学术训练，谈问题的方式、理论意识，包括对资讯的掌握，我觉得都非常好。另外，香港的研究条件也很好，虽然古籍文献不如大陆丰富（主要指元明清以后，唐宋以前不存在这个问题），但香港的参考资料很齐全，图书馆所藏海内外研究著作都很多，做研究有时我感觉比在大陆还方便。

孟：上次座谈会您和国学院同学有过交流，您对同学们的学习有什么建议吗？

蒋：我听学生反映，这边研究生课程比较少。如果到博士阶段，我觉得可以自学，只要定期和导师交流心得即可。但硕士生我认为需要开一些课，有很多基础课程，包括文献学的课程，版本、目录、校勘、文字、音韵，还有思想史的课程，文学理论的课程，包括工具书的使用等，需要老师教授，仅靠自己摸索可能事倍功半。

孟：感谢您的赐教。最后，请问您有什么近期思考的问题想要和我们分享吗？

蒋：我最近在做清代乾隆一朝的诗学研究，越发感觉到，有很多问题现有的研究还是很浮泛的，只要稍微花一点功夫，稍微用点力气，就有一些发现。我也跟学生讲，不要被现有论著的数量吓倒，做研究还是应该充满信心。只要稍微用一点心思，就可以超过现有的研究。一方面要不断阅读，提高判断力，让自己的视野更加开阔，另外就是要认真地下功夫，还是有很多问题可做的。这是我的一点感想。

"道枢"之道
——专访傅熊教授

访问：伍焕坚　范旭艳

傅熊（Bernhard Führer）教授

汉学家，奥地利人。台湾大学中文系学士（1990），维也纳大学博士（1994）。德国洪堡学者、韩国东亚研究会"世界杰出学者"（2012）。现为伦敦大学亚非学院中国及亚洲内陆语言文化系荣誉退休教授。历任台湾大学、政治大学、香港中文大学、华东师范大学、北京大学、北京外国语大学、成均馆大学、名古屋大学等校客座教授、访问学人。出版南朝钟嵘所著《诗品》的德语版本：*Chinas erste Poetik: Das Shipin（Kriterion Poietikon）des Zhong Hong*（1995），以及专著《2007王梦鸥教授学术讲座演讲集》（2008）、《忘与亡：奥地利汉学史》（2011）、《闽南语入门》（*Southern Hokkien: An Introduction*，与杨秀芳合作，2014）等。

伍焕坚

香港浸会大学饶宗颐国学院"选堂博士"，主要研究方向为经学、古文字。现任广东财经大学华商学院中文系教师。

范旭艳

香港浸会大学中文系博士，现为香港明爱专上学院讲师。研究领域为清代学术思想史。

伍_ 伍焕坚
傅_ 傅熊
范_ 范旭艳

> 彼是莫得其偶，谓之道枢。枢始得其环中，以应无穷，是亦一无穷，非亦一无穷也。
>
> ——《庄子·齐物论》

伍：今天非常高兴，邀请到伦敦大学亚非学院教授，著名的汉学家傅熊教授，来到饶宗颐国学院接受我们的访问。我是伍焕坚，旁边那位是范旭艳。

傅：好，谢谢！

伍：很高兴见到傅教授。我们希望邀请不同地方的汉学家，来谈谈治汉学的心路历程，与年轻人以及大众分享一些研究的经验、有趣的研究成果，达到引起大家兴趣的目的。

赴台七年：从语言到学术

范：老师，我们还是从您是怎样进入汉学领域这个问题开始吧。您是怎样开始对汉学的研究产生兴趣的？

傅：这是很复杂的问题。我年轻的时候不知道要读什么，所以读了很多乱七八糟的东西。我读了鲁迅的一些小说，当然是翻译的，然后就以为中国是这么有趣的地方，有这种讽刺的幽默。我当时在维也纳辛辛苦苦地学了两年汉语，学年开始的时候，大概一百二三十个学生，几个礼拜后，剩下五十个，再过几个礼拜，就只有三十个人左右。第一年淘汰率非常非常高。然后，第二年在那边读书，我们就知道有机会可以拿到奖学金，选择去大陆或者去台湾。我就问了刚从那边回来的学长，那边情况怎样。我先问了从台湾回来的，他们说："那边很好玩，没有人管的，爱怎生活怎么生活。"我觉得这听起来不错。后来,又问了一些从大陆回来的学长,他们说:"你就被安排到一个学生宿舍,然后又怎样……"我想这样就够了,然后我就决定去台湾。当时,维也纳大学跟台湾师范大学的国语教学中心有合约,那个奖学金还可以。但是,最好玩的是他们也提供了飞机票。所以我就跟几个同学考虑:坐飞机多无聊,我们干吗不坐火车?我们申请了所有签证。申请蒙古签证,要去蒙古驻匈牙利大使馆。当时蒙古大使是个游牧者,他不是每天都在,一个月只有几天可以申请签证。我们用买飞机票的钱,买了到北京的火车票。然后我跟当时的同学在中国慢慢地旅行,从北往南,绕来绕去,看来看去。到了台湾的学年差不多开始的时候,我们终于到了香港,然后就坐飞机到了台湾,就这样开始了。

在大陆我就有点发现了,好像鲁迅给我的印象是有问题的。到了台湾,我就百分百可以确定我本来要学中文的兴趣和理由,实在是有问题的。所以我有点不知道怎么进行。想了老半天,以前我二年级的时候在维也纳花了很多时间读中国文学的译本。从《红楼梦》到《肉蒲团》,找到什么译本就读什么。我唯独没看的是儒家的书,我买了一本《论语》,觉得无聊死了,不要看。在台湾,我发现了我对环境的判断是彻底错误的,我就想怎么继续,花了这么多精神在这上面,怎么办啊?我想到了我以前读的小说,其实好像很有趣,那就决定开始学文言文。当时是一对一的课,搞了老半天,终于读完了课本。老师就问我说:"你现在要读什么?"老师没有等我回答,就说:"我们就从《孟子》开始吧?""不不不,从《列子》开始好不好?"我说。老师说了一大堆,觉得《列子》不适合,但后来我还是说服他了。我就跟他读《列子》,每天两小时,过了好几个月,把《列子》几乎全部看完了。我非常非常非常喜欢这本书。这是第一年。第二年在台湾的时候,另外一个朋友也有一对一的课,因为我们同一个老师,我们就商量,我旁听你的课,你也旁听我的课,所以我们就变成每人四个小时,两个学生一个老师。我们非常用功。我们读了《史记》的大部分和《庄子》。那个时候我们一年每天都读《史记》,我现在也还是很喜欢《史记》。

但是从那个时候开始,我发现我能在语言学校学到的也不过如此。想了老半天,维也纳大学与台大有学生交换的计划,我就申请了。他们给我一个考试,没想到我通过了,应该是当时的要求很低。然后就这样子转到台大去了。

台大一年级的时候,我们的外籍生大多是韩国的、香港的、新加坡的。负责国文补修课程的是叶国良老师,当时是个博士生、年轻老师,现在是鼎鼎有名的学者,我们到现在还是朋友。在台大的时候蛮辛苦的,我才发现我有多少东西不知道,有多少东西我根本赶不上。但是,因为当时他们对我的要求很严格,那个时候打了一个比较扎实的基础。不知不觉,在台大过了四年,突然发现,我要毕业了!那个时候,我可以在维也纳提交一个博士论文的题目。但是,在维也纳找不到我所需要的书,也找不到指导老师。所以我就决定不参加一门课的考试,保留一个学分,来上第五年的大学部。我还报了两个课,以防万一有一个不通过。然后,我用最后一年,准备我自己的论文的一些参考资料,收集起来,读一读。所以,我总共在台湾待了七年后回去维也纳大学写我的博士论文。

范:在台大学习了哪些相关的课程?
傅:所有的课程,除了军训,所有课程都学了,从国父思想到训诂到文字到声韵。

伍:老师,您在求学的过程中,有没有遇到一些对您影响比较大的老师、学者、朋友?
傅:有,当然了。我想第一位是王叔岷先生。当我是大学部学生时,他开了硕士班的课。我这个小喽啰问他这个老学者可不可以旁听他的课,他说可以,很欢迎。他的课程对我启发很大,他讲的那些东西,一开始我根本不懂。后面我在写自己的博士论文的时候,他也帮了很多忙,他刚好出了一本关于《诗品》的重要著作。他不只是给我提供材料，我记得好几次，我从维也纳回台湾的时候，和他讨论我的翻译。我把我的德文翻译成中文，再跟他讨论。那个时候没有他的帮忙，我也做不出这些研究。另外一位是龙宇纯先生，特别是他对学术的态度。我记得很清楚，我上他的文字学课，上了两次。第一次我没有完全搞清楚，考试的时候我当然就考不过，但他给了我一点同情分。我不想去补考。因为我如果补考，但还是没有把问题搞清楚，那我宁可重修。然后，第二次我就突然明白了他到底在讲什么，发现了问题在哪里，而且他是怎样处理这些自古以来就有的问题。他问问题的方式，从学术上来讲，打开了很多新的局面，非常非常不简单。还有一位当时年轻的老师，叶国良先生。我想我应该让他很头疼，因为我问了一大堆不应该问的问题。叶老师回去查，过一个礼拜再告诉我。如果他不知道的话，就说不知道。这个是一个很了不起的教学态度。所以，应该是这三位老师对我影响最深刻。如果还可以再加一位的话，张以仁先生。他当时教了我们训诂，大家都很怕他，但是我很欣赏他，我非常欣赏他。那个课程是四年级的必修课，他让我了解到，字典和我们平常用的一些参考书是多么没有用的东西，真的讨论起来，训诂比我们想的复杂多了。而且，这里面可以找出来的问题真的是无限的，是处理文本的一个关键步骤。我们要把古代文献翻译成任何其他语言，必须要做很多决定，必须要用我自己的语言说出来，这个文本到底在说什么，不然就不能算读"懂"了。这跟读一个大概意思出来是完全不一样的。当时我在张老师的课上搞清楚了，训诂学在这方面可以提供很大很大的帮助。所以一直到现在，我都非常强调训诂的必要性。

范：老师您在训诂、版本方面的功力很深厚，这是不是在台湾学习的这几年，受台湾学界学风的影响？

傅：有一些人是这样说的，我自己不这样分。我不分西方的汉学跟东方的汉学。我对这种简单的对比没有任何兴趣。当然了，我受过影响，台大那几年，永远是我受过的基本教育的很重要的部分。但是除此之外，我也受到很多别的影响。我在伦敦的时候，旁听过很多圣经学的课。因为我想，我看到中国传统学问的那一套研究，它有它的路子，不过它也没有办法回答一些我想要知道的问题。既然如此，那是不是可以借鉴圣经学那边的一些观念，来补充一下？我想一个人在长大的过程中，会影响他的地方、视角，应该是蛮多的，不只是一个。

伍：还要看自己兴趣的取舍。

傅：我在开始学中文之前，一直以为自己会变成一个音乐家，一个作曲家。所以我当然对作曲是很有兴趣的，特别对结构很有兴趣。往后我在读一些文学作品时，我也想知道它们是什么样的结构。作品（composition）的构造（structure）是在哪里，我怎么挖得出来？我怎么让自己了解到它的论述是怎么展开的？在古文献，到最后也是要传达出一个信息，才有说服力。这种情况下，它怎样传达这个信息，跟它结构上的设计是有密切关系的。所以，从这个角度来看，作曲的经验对我的影响也很深。我们可以这样想，但我们当然也可以说这完全是两回事，不相干。人的脑子是很复杂的。

至法无法："研究方法"的悖论

范：您曾经自述自己的学问是"圣经学、传统的文字学（philology）、中国经学的方法组合而成的"。其中，圣经学是我们比较陌生的，可不可以请您具体说说这方面的内容？

傅：我也没有真正地做很深入的研究。首先，当时我是从中国经学的背景来看圣经学。我主要的关注点在于这两个领域是不是有类似的问题发生。在不同地方发生的类似问题能不能互相比较？如果在某个程度上能比较的话，在一个环境里面，他们怎样解决这个问题？在另一个环境里面，他们又是怎样解决这个问题？这是在研究汉学的过程中，对我个人最重要的一点。我自己找出来了一个题目、一个问题、一个疑问，是在中国文化里的一个小小的点。我会问我自己："欧洲有没有曾经碰到这些问题？"在欧洲，在我们的学术史里，有没有发生一些可以跟它相比的问题？但是我不是只作比较，我是会想要知道他们是怎么解决问题的，他们是用什么工具、什么样的思考方式和脉络来解这个谜。然后我再回到我本来有兴趣的中国方面，再重新看这个问题，看看是不是可以从欧洲的系统中借用一些方法或工具，来了解中国。我最近写了一篇关于《孟子节文》的文章，里面充满着圣经学的概念，比如说，所谓的经，它真正的力量在哪里？它的力量是怎样被操纵的？它的新的诠释是怎么样被推行的？这些东西一直在我的脑子里。从另外一个角度而言，我有一个爱好，就是收集一些旧式的工具，比如说割草的工具。这是同样的问题：你有一个任务要做，你不可能总是用手来拔草。那你割草的刀，你怎么设计？同样是割草的刀，是不是还有别的设计？同一个工作，不同的工具，我对这种问题非常地好奇。其实在学术上也类似，我们用来分析一个问题的工具，有的地方是这样做，有的地方是那样做。那我可不可以倒过来，或者借用一下别人的工具？也就是说，我从对汉学的一些兴趣出发，绕回去自己的文化背景学了很多，然后再回到汉学。虽然好像是绕路，但是我觉得那个路不是白白走的。在这个过程中，我可以获得很多个人的心得。

伍：看到我们看不到的东西，这个应该是很好的。

范：您提到不同文化之间的交流，以及引发的思考。您能否分享一下，您在英国，讲授汉学研究方法的心得？

傅：在此之前，我再补充一些。十几年前，我种很多水果树的时候，看了《齐民要术》。我也看了罗马帝国时代留下的类似的书，关于怎样管理一个水果园的书。我问了法国的农夫，问了我老家奥地利的农夫，把他们的经验也拉进来。我觉得那是一件快乐的事情。因为我有拉丁文的文献可以看，我有这么多好玩的农夫，可以跟他们聊这些好玩的东西，除了这些以外，还有一本《齐民要术》，它讲的方法我就跟着做。（有用吗？）很难说。反正那些树都长起来了，可能各种方法都通嘛。那些都是一代一代累积下来的经验，当然有用。如果没有用的话，那很可能是我的阅读方法有问题。原则上，我首先会怀疑的是我自己对这个文本的了解到底正不正确。所以就是这样，我可以一边玩，一边研究。我从来没有做一个关于《齐民要术》的报告，不，报告我做过一次，种水果树的那个。但我没有这方面的文章，因为这不算是一个研究，主要是我自己在玩。但是我知道《齐民要术》里面说的让树根比较强壮的方法，我做过，完美！

然后，你刚刚说的汉学研究方法。"汉学方法"本来就是一个前后矛盾的词，汉学没什么方法，没有什么固定的方法。所以我在设计我们学校的课程的时候，我跟学生讲一些我们之前的学者是怎么样研究的。比如说，每一个学者都走一段路，你看他的原始材料，再看他的研究成果，这是两回事，中间的路，你怎么接？里面有一些什么样的分叉路？他受到什么样的影响？他是用哪些学术上的概念？他的路线是怎么设计的？怎么样发展的？他靠的什么样的参考资料？我是用这种方式来讲研究方法，不是一个方法，是很多很多种方法。研究方法是一个工具，很多问题是相当复杂的，一个方法不够。如果你光靠一个方法，那个方法就像监狱一样。你在那一套里，只能问某一些问题。但是如果我的兴趣超过这些，我需要解决的问题要超过某一种方法才能讨论，那到最后，我要用的方法就是一个混合体，可以从很多地方借过来，我们要自己建立起来自己的研究工具。所谓的方法论也没有什么方法论，只是想要学生了解曾经有人用某种方法处理过某个问题，给他们一个参考吧。总之，我们每个人兴趣不一样，我也没有兴趣告诉别人应该怎样做，那是他们自己要按照他们的兴趣去探索的。

我记得很清楚有一次在上课时，关于"国"字，一个人翻译成 nation，我说不行，这完全不行，应该是 state，然后还有 country。其实单独看"国"字，三个翻译都可以，但是在某一些情况下，只有一个是对的，要看历史背景。这次发生的问题是，一个人说是 nation，我说："那是不可能的。"学生说："但是某某老师说是对的。"我追问："某某老师读什么文献？"然后他说出来，我说："对啊，在那种文献里没有错，但我们现在讲的是完全不一样的历史背景。"这里其实是一个观念的问题，不管是古代还是现代。我们研究文本，就要非常注意文本中的语言以及我们用来分析文本的语言。有些词，看起来相似，其实有差别。古人也是，他们对语言有他们的感觉，而且每个人的敏感度不同。我们应该要形成一种意识，要去体会别人是如何处理那些细微的区分，以及他们为什么在某个情况下用某个词。如果我们可以体会到这些细微的区别，那应该是很快乐的事。并且，不应该由我来告诉学生其中的区别，而是让学生自己去体会那些区别，然后我们来讨论。到底是不是这样，我也不知道，但我希望这样体会之后的讨论是有意思的，虽然对学生来说可能比较辛苦。

范：亚非学院的学生，除了这个课程以外，还要接受什么样的训练？

傅：古文献的阅读课，翻译成英文。这个很好玩，因为我们有西方的学生，也有中国大陆、台湾、香港的学生。读比较早期的文献，各有各的困难。我也一直希望他们发现他们其实各有各的困难，然后互相帮忙。如果可以达到这点，那就不错。此外有一些课程可以自己选择，主要看他们自己有什么安排，只要他们有兴趣，也可以从别的系选一些课。

范：在亚非学院，他们是不是比较容易接触考古学、人类学方面的知识，还有非洲的、亚洲其他国家的文化？

傅：理论上是这样的，但实际上恐怕不是很多学生很乐意去接触。理论上这种机会多的是，真的去的人恐怕不多。

欧洲藏书的变迁

伍：欧洲的研究中心，包括亚非学院，可不可以介绍一下他们的藏书？

傅：你要分藏书的两种情况。一个是以前的某一个地方政府的藏书，不管是皇家的、国家的，这是一种；另外一种是大学所收藏的。大学所收藏的，每个图书馆都有很复杂的东西。比如十九世纪的一些教授跑去中国，把书带回来，但他的那些书是怎样选的，我们也不大清楚。加上后来图书馆是怎样发展的，后来有一些什么样的教授，他们怎么照顾那些藏书，各个地方情况不一样。当然也有图书馆是在第二次世界大战中被烧掉了，或者被炸掉了。原则上有这两个大类。

有一个趋向，就是最近这十几年左右，也许十几年，也许二十年，欧洲对这些藏书的处理方法有很大的改变。我还记得很清楚，有一些地方，他们专门在保管或保护这些书，根本不想让人看。现在好像这种地方少多了，而且他们还会相当乐意让你看这些东西，甚至是把它扫描在网上。这个差别非常非常大。我刚开始对敦煌的东西有兴趣时，在台大找到了一本敦煌资料影集，是一个日本人到法国图书馆拍的照片，书里还有日本帝国大学的印章。里面的照片上黑点一大堆，分不出到底是污渍还是墨迹。现在打开你的电脑，打开敦煌项目的网站，还有检索功能。我自己还是保留那本四十年代敦煌影集，但是我不会用它来做研究。我当然是用敦煌网站上那些漂亮的图片来做研究，还可以复制、下载，随时都可以看，非常方便。敦煌好像跑到我家里来，这是完全不一样了。在这方面，图书馆对读者的态度以及他们如何看待自己在这个社会的价值，实在有很大的改变。

在伦敦教闽南语

范：您与杨秀芳教授合作的《闽南语入门》一书，对闽南话的推广是很重要的贡献。

傅：我什么都不推广。

范：这本书，是您在亚非学院教学所使用的教材。请您谈谈在亚非学院教闽南话的初衷以及方法。

傅：亚非学院一直在教广东话，我们有很好的传统。十几年前我做系主任的时候，我问："广东话很好，那如果我们也教闽南话呢？"没有人反对，但是我们找不到合适的课本。搞了老半天，有一次我在向叶国良先生诉苦，他当时是台大文学院院长。他说："这个不是简单吗？"后来，我跟杨秀芳老师合作，合作得很快乐，一起编了我们现在用的这套《闽南语入门》。其实刚开始还是蛮辛苦的，因为我们两个刚开始也不是很熟，各有自己的传统，我们想象中的课本也不一致。后来，经过六七年的互相磨合，我们合作得很快乐，而且非常有意义。我的结论是没有杨老师，我编不出这样的教材。我跟她讨论，她说："那我跟你一样，没有你我也做不出来。"这是学术合作真正的意义。你看到成果时，不得不感慨，假如没有跟杨老师合作，这套书是不可能完成的。这真的是一件很快乐的事！那个时候，伦敦这边不开课的时候，我就到台大。有好几次我们工作了一个礼拜还是两个礼拜都没有休息。我一上飞机，就睡着了，醒了就已经到了伦敦。整个飞机上我都在睡觉，真是累死了。我的身体在告诉我说："该平静下来！"我们各自考虑一些问题，第二次见面的时候，又再讨论这些问题。但是，每一个人都考虑过。最后，我想我们完成了一件刚开始时我觉得不可能做到的事情。我们在写课本的时候是一边教，一边写。最可笑的是，我们课本写完的时候，我们反而变得没有课可以教。因为我们没有录音资料，旧的录音资料做得不是很理想。我们做了很多修改，旧的录音资料不能用，而新的还没有录。所以那一年我们不得不取消课程。没有录音资料，是很难教的。

我们怎么教？前一阵子我在台北"中央图书馆"的《汉学研究通讯》发表了一篇文章解释我们的课本，我们做了什么以及我们为什么要这样做。原则上，我们以我们一般的学生的语言能力为基础，就是说，他们学过基本的汉语、基本的文法、文字。我们就建立在这个基础上，比如说，这个闽南语的句型跟普通话的一模一样，就不用多作解释，我们把教学重点放在它们的不同上，让学生从他们学过的现代汉语知识慢慢转到闽南语上面来。我觉得还蛮成功的。更重要的是，我听学生说，其实学习压力还是比较大的，但至少很好玩，课本里面有很多句子是不会在一般课本里出现的句子。

"知识的传承"

范：最后可不可以跟我们分享一下您最近的研究？

傅：最近我有一个新的兴趣。我曾经花了一点精力研究经学教育，特别是皇侃《论语义疏》的敦煌残卷。我们可以从文本中看出当时的教学方法，但那是唐朝的事情。我最近开始注意到一些清末人对经的批注，而且是手写的，里面有很多不同的一层层的注解。自古以来就有人认真地读书，认真读书的人会在书里写来写去的，把各种资料引用过来。我找了生活在清末的这种读书人的资料，希望可以从中打开新的有趣的窗户。我很好奇，我想要知道在那个教室里面，他们那时候是怎样处理经典教学问题的。我知道南北朝、唐朝的时候，跟现在的学生一样，有如何集中注意力的问题，要学生真的注意听，他们能听多久？现在各有各的说法，五分钟？三分钟？古代的学生也有这些问题。所以老师就要用一些方法，把他们叫醒，把打瞌睡的叫起来，这个在皇侃的注里面可以看到。在清朝的资料里面，我到现在还没有在文本中看到那种鲜活的课堂互动的痕迹。不过，我还是抱着这个希望，也许哪天能找到。所以最近我常常到一些乡下的地方，看看能不能找到民间的这种资料。我的兴趣在于知识的传承，我所说的这些资料都是关于在教学现实中知识是怎样从一代人传到另一代人，如果可以从经学教学打开另一扇窗户的话，我相信对于了解历史上知识的传承会很有帮助。

伍：好像广东也有一些用白话讲的。

傅：那些相当普遍。但我的重点是不想用那种印出来的东西。那些资料很多，而且各说各的，你也不知道看这些资料的人是不是真的就照着书上说的做。我想看某一个老师或者学生在他们自己的书上加上去的批注。他们的参照点、诠释脉络跟课本上印的是不是有什么不同。目前为止，我对这个题目还有一点含糊，现在找到的资料不多，但是够我看，还需要一定的时间。

范：我们期待看到您的研究成果。谢谢老师接受我们的访谈。

编后记

此次《容兼阁问学集——海内外文史暨汉学名家访谈录》结集出版，是由院长陈致教授组织编纂，从二零一八年开始筹备，次年与南京大学出版社达成合作，再到今年最终定稿付梓，历时三年。筹备过程中，除作者外，编辑部兰倩、沈燕飞、陈竹茗、常慧琳四位同仁不辞辛苦协助编辑、校对。其中兰倩小姐付出大量时间和精力与近四十位学界专家、撰稿人、翻译者等多次沟通、核查以确保文字内容，出力尤多。学者们亦不厌其烦地在百忙之中拨冗复查，全力配合我们的出版工作，再加上南京大学出版社对于本书的重视和支持，这些都是本书得以较高质量顺利出版的重要保障。在此一并表示衷心感谢！

国学院一直致力于推广国学、汉学研究，本书希望通过"访谈录"这样一种极具亲和力的对话文体，以飨广大读者。

香港浸会大学饶宗颐国学院

2020 年 10 月

图书在版编目（CIP）数据

容兼阁问学集：海内外文史暨汉学名家访谈录 / 陈致主编 . -- 南京：南京大学出版社 , 2020.6
ISBN 978-7-305-23062-2

Ⅰ. ①容… Ⅱ. ①陈… Ⅲ. ①汉学家 – 访问记 – 世界 – 现代 Ⅳ. ① K815.81

中国版本图书馆 CIP 数据核字 (2020) 第 046607 号

出版发行	南京大学出版社
社　　址	南京市汉口路 22 号　邮　编 210093
出 版 人	金鑫荣
书　　名	容兼阁问学集——海内外文史暨汉学名家访谈录
主　编	陈　致
责任编辑	石　旻
书籍设计	瀚清堂 / 朱　涛
照　　排	南京紫藤制版印务中心
印　　刷	江苏苏中印刷有限公司
开　　本	635×965　1/16　印张 20　字数 306 千
版　　次	2020 年 6 月第 1 版　2020 年 6 月第 1 次印刷
ＩＳＢＮ	978-7-305-23062-2
定　　价	80.00 元

网　　址：http://njupco.com
官方微博：http://weibo.com/njupco
官方微信号：njupress
销售咨询热线：（025）83594756

* 版权所有，侵权必究
* 凡购买南大版图书，如有印装质量问题，请与所购图书销售部门联系调换